道路与桥梁专业"十一五"高职高专应用型规划教材

山东省优秀教材(一等奖)

道路工程测量

(第2版)

主　编　赵树青　甄红锋
主　审　周小安

黄河水利出版社
·郑州·

内容提要

本书是道路与桥梁专业“十一五”高职高专应用型规划教材，全书共分十章，第一章至第四章阐述道路工程测量的基本知识和测量仪器的操作及使用方法，第五章介绍测量误差的基本知识，第六章叙述小区域控制测量的方法，第七章介绍地形图的测绘与应用，第八章至第九章分别讲述道路中线测量和路线纵、横断面测量的工作原理及常用方法，第十章分道路、桥梁及隧道讲述施工测量的基本技术。

本书可作为高职高专院校的道路与桥梁专业及相关专业的教材，也可供相关专业工程技术人员学习参考。

图书在版编目(CIP)数据

道路工程测量/赵树青，甄红锋主编．—2版.—郑州：黄河水利出版社，2012.1（2025.8 修订重印）

道路与桥梁专业“十一五”高职高专应用型规划教材

ISBN 978－7－5509－0193－3

Ⅰ．道…　Ⅱ．①赵…②甄…　Ⅲ．道路测量－高等职业教育－教材　Ⅳ．U412.24

中国版本图书馆CIP数据核字(2011)第281270号

出 版 社：黄河水利出版社

地址：河南省郑州市顺河路黄委会综合楼14层　邮政编码：450003

发行单位：黄河水利出版社

发行部电话：0371－66026940　传真：0371－66022620

E-mail：hhslcbs@126.com

承印单位：郑州市今日文教印制有限公司

开本：787 mm×1 092 mm　1/16

印张：14.25

字数：329千字

版次：2008年2月第1版　印次：2025年8月第3次印刷

2012年1月第2版

定价：29.00元

再版前言

本教材的第一版于 2008 年 2 月由黄河水利出版社出版，是道路与桥梁专业"十一五"高职高专应用型规划教材之一。该教材出版以来，被全国多家高职高专院校采用，得到了广泛的好评。根据《山东省教育厅关于开展2010 年山东省高等学校优秀教材评选的通知》[鲁教高函(2010)13 号]要求，本教材被评为第二届山东省优秀教材一等奖。本教材在此基础上进行了修编，力求教材内容更加完善、更加实用。

本次修编贯彻高等职业技术教育改革精神，突出职业教育特点，以能力素质的培养为指导思想，不过分强调理论，叙述简练通俗，再版过程中，除对原书中个别存在的问题进行了修改、删去了少量过时的内容外，还邀请一线工程技术人员参加编写，使内容更突出实践性。在讲解道路工程测量的基本概念、原理、方法的同时，介绍了当今测绘学科发展水平的高新技术和先进仪器，如电子水准仪、电子经纬仪、全站仪、全球导航卫星定位系统（GNSS）等在工程实际中的应用，力求将新仪器和新技术的运用贯穿其中。

《道路工程测量》是一门专业性很强的专业技术基础课，本教材的系统性、实用性很强，全书在内容上力求结合我国公路工程测量的生产实际，同时也力求将现代测量领域的最新成果和技术反映出来，并注重实际，以培养学生的分析问题和解决问题的能力。为便于学生学习、复习及应用，每章前有重点内容介绍，每章后有复习思考题。

本教材编写人员及编写分工如下：山东交通职业技术学院赵树青编写第一章和第四章；黄河勘测规划设计有限公司测绘信息工程院孙登可编写第二章、第三章和第五章，丁文昌编写第六章、第九章和第十章；周口职业技术学院于晓伟编写第七章；山东水利职业学院甄红锋编写第八章。全书由赵树青、甄红锋担任主编，由江西交通职业技术学院周小安副教授担任主审。本教材在编写工程中参考了有关教材和资料，并得到了众多院校教师的热心帮助和指导，在此一并表示衷心的感谢。

由于编者水平有限，书中疏漏和不妥之处在所难免，恳请读者批评指正。

编　者

2025 年 6 月

前　言

《道路工程测量》是一门专业性很强的专业技术基础课，本教材的系统性、实用性很强，全书在内容上力求结合我国公路工程测量的生产实际，同时也力求将现代测量领域的最新成果和技术反映出来，并注重实际，以培养学生的分析问题和解决问题的能力。为便于学生学习、复习及应用，每章前有重点内容介绍，每章后有复习思考题。

本教材以讲解道路工程测量的基本概念、原理、方法为重点，同时介绍了当今测绘学科发展水平的高新技术和先进仪器，如电子水准仪、电子经纬仪、全站仪、全球定位系统（GPS）等，并力求将新仪器和新技术的运用贯穿其中。

参加本书编写工作的有：山东交通职业学院赵树青编写第一章和第四章，郑州经贸职业学院余培杰编写第二章，新乡学院郭兵编写第三章和第五章，江西应用技术职业学院彭志良编写第六章，周口职业技术学院于晓伟编写第七章和第九章，山东水利职业学院甄红锋编写第八章，洛阳理工学院马云玲编写第十章。

全书由赵树青、甄红锋任主编，彭志良、郭兵任副主编，江西交通职业技术学院周小安副教授任主审。

本教材在编写过程中参考了有关教材和资料，并得到了众多院校教师的热心帮助和指导，在此一并表示衷心的感谢。

由于编者水平有限，书中错误和疏漏在所难免，恳请读者批评指正。

编　者

2007 年 10 月

目　录

第一章　绪　论

本章重点

1. 测量学的任务及分类；
2. 大地水准面；
3. 常用的测量坐标系统；
4. 用水平面代替水准面的限度；
5. 测量工作的内容及基本原则。

第一节　道路工程测量的任务与作用

一、测量学及其任务

测量学是一门研究如何测定地球表面上点的位置，如何将地球表面的形状及其信息测绘成图，如何确定地球的形状和大小，并将设计图纸上的工程构造物在实地上定位的科学。它的任务包括两个部分：测绘和测设。

测绘是指运用测量仪器和工具，通过实地测量和计算得到一系列测量信息，把地球表面的地形绘制成图或编制成数据资料，供经济建设、规划设计、科学研究和国防建设使用。

测设是指把图纸上规划设计好的建筑物、构造物的位置在地面上用特定的方式标定出来，作为施工的依据，又称施工放样。

二、测量学的分类

测量学按照研究范围和对象的不同，可划分为如下几个分支。

(一)大地测量学

它是研究和测定地球的形状、大小和重力场、地球的整体与局部运动和测定地面点的几何位置以及它们的变化理论和技术的科学。由于全球定位系统(GPS)、卫星激光测距(SLR)、甚长基线干涉(VLBI)和卫星测高(SA)等新技术的引进，导致大地测量从分维式发展到整体式，从静态发展到动态，从描述地球的几何空间发展到描述地球的物理－几何空间，从地表层测量发展到地球内部结构的反演，从局部参考坐标系中的地区性大地测量发展到统一地心坐标系中的全球性大地测量。现代大地测量学包括几何大地测量学、物理大地测量学和卫星大地测量学。

(二)摄影测量与遥感学

它是研究利用摄影或遥感的手段获取目标物的影像数据，从中提取几何的或物理的信息，并用图形、图像和数字形式表达目标物的空间分布及相互关系的科学，这一科学过去称为摄影测量学。摄影测量本身已完成了“模拟摄影测量”与“解析摄影测量”的发展历程，现在正进入“数字摄影测量阶段”。由于现代航天技术和计算机技术的发展，当代遥感技术可以提供比光学摄影所获得的黑白像片更丰富的影像信息，因此在摄影测量中引进了遥感技术。目前，遥感技术不仅自身在飞速发展，而且与卫星定位技术和地理信息技术相集成，成为地球空间信息的科学技术。

（三）地图制图学与地理信息工程

它是研究利用地图图形科学地、概括抽象地反映自然界和人类社会各种现象的空间分布、相互关系及其动态变化，并对空间信息进行获取、智能抽象、存储、管理、分析、处理、可视化及其应用的科学。当今，随着计算机地图制图和地图数据库技术的快速发展，作为人们认知地理环境和利用地理条件的工具，地图制图学已经进入数字（电子）制图和动态制图的阶段，并且成为地理信息系统的支撑技术。地图制图学已发展成为研究空间地理环境信息和建立相应的空间信息系统的科学。

（四）海洋测量学

它是以海洋水体和海底为测绘对象，研究测量及海图编制的理论和方法的科学，主要包括海道测量、海洋大地测量、海底地形测量、海洋专题测量以及航海图、海底地形图、各种海洋专题图和海洋图集等的编制。同陆地测绘相比，海洋测绘具有其独自的特点，主要有：①测量内容综合性强，要同时完成多种观测项目，需多种仪器配合施测；②测区条件复杂，大多为动态作业；③肉眼不能通视水域底部，精确测量难度较大等。因此，海洋测绘的基本理论、技术方法和测量仪器设备有许多不同于陆地测量之处。

（五）工程测量学

它是研究工程建设和自然资源开发中各个阶段所进行的控制测量、地形测绘、施工放样和变形监测的理论和技术的科学。它是测量学在国民经济和国防建设中的直接应用。

工程测量按工程建设的规划设计、施工建设和运营管理等三个阶段分为“工程勘测”、“施工测量”和“变形监测”，而现代工程测量已远远突破了仅仅为工程建设服务的狭隘概念，向着所谓“广义工程测量学”发展，正如瑞士苏黎世高等工业大学马西斯教授所指出：“一切不属于地球测量，不属于国家地图集范畴的地形测量和不属于公务测量的应用测量，都属于工程测量”。现代工程测量的发展趋势和特点可概括为“六化”和“十六字”：

（1）“六化”。即测量内外业作业的一体化；数据获取及处理的自动化；测量过程控制和系统行为的智能化；测量成果和产品的数字化；测量信息管理的可视化；信息共享和传播的网络化。

（2）“十六字”。即精确、可靠、快速、简便、连续、动态、遥测、实时。

本教材主要介绍测量学在道路工程测量中的有关应用。

三、道路工程测量的任务和作用

道路工程测量是研究道路工程建设在道路勘测设计、施工过程和管理阶段所进行的各种测量工作的学科，是在数学、物理学等有关学科的基础上应用各种测量技术解决道路工程建设中实际测量问题的学科，它是一门应用科学。

道路工程测量工作在道路工程建设中起着重要的作用。在公路建设中，为获得一条最经济、最合理的路线，首先要进行路线勘测，绘制带状地形图和纵、横断面图，进行纸上定线和路线设计，并将设计好的路线平面位置、纵坡及路基边坡等在地面上标定出来，以便指导施工。当路线跨越河流时，拟设置桥梁之前，应测绘河流两岸的地形图，测定桥轴线的长度及桥位处的河床断面，为桥梁方案选择及结构设计提供必要的数据。当路线穿越高山，采用隧道时，应测绘隧址处地形图，测定隧道的轴线、洞口、竖井等的位置，为隧道设计提供必要的数据。

总之，道路、桥梁、隧道的勘测、设计、施工等各个阶段都离不开测量技术。因此，作为一名从事道桥专业的技术人员，必须具备测量学的基本理论、知识和技能，才能为我国的交通建设事业做出贡献。

第二节　地球的形状和大小

地球的自然表面十分复杂，有高山、丘陵、平原和海洋等，高低不平，很不规则。就整个地球而言，海洋面积约占地球总面积的71% ，陆地面积约占29% 。测量工作是在地球的自然表面上进行的，所以必须知道地球的形状和大小。

为了确定地面点的位置并绘制地形图，就有必要把直接观测的数据结果归化到一个参考面上，而这个参考面必须尽可能与地球形体的表面相吻合，因此我们有必要了解地球的形体和与测量有关的坐标系的问题。

一、大地水准面

尽管地球的表面高低不平，极不规则，甚至高低相差很大，如最高的珠穆朗玛峰高出海平面达8 844.43 m，最低的太平洋西部的马里亚纳海沟低于海平面达11 034 m。尽管有这样大的高低起伏，但它们均小于地球半径6 371 km的0.18%，故对地球形状的影响可以忽略不计。又由于地球表面的71%被海水所覆盖，因此可以把海水面延伸至陆地，将所包围的地球形体看做地球总的形状。

设想有一个自由静止的海水面，向陆地延伸而形成一个封闭曲面，这个曲面我们称之为水准面。水准面作为流体的水面是受地球重力影响而形成的重力等势面，是一个处处与重力方向垂直的连续曲面。由于海水有潮汐，海水面时高时低，因此水准面有无数个，我们将其中一个与平均海平面相吻合的水准面称为大地水准面，如图1-1(a)所示。大地水准面是测量工作的基准面。由大地水准面所包围的地球形体，称为大地体。

此外，我们将重力的方向线称为铅垂线，铅垂线是测量工作的基准线。

由于海水面受潮汐和风浪的影响，是个动态的曲面，平均静止的海水面实际在大自然中是不存在的。为此，我国在青岛设立验潮站，长期观察和记录黄海海水面的高低变化，取其平均值作为我国大地水准面的位置(其高程为零)，并在青岛建立了水准原点。

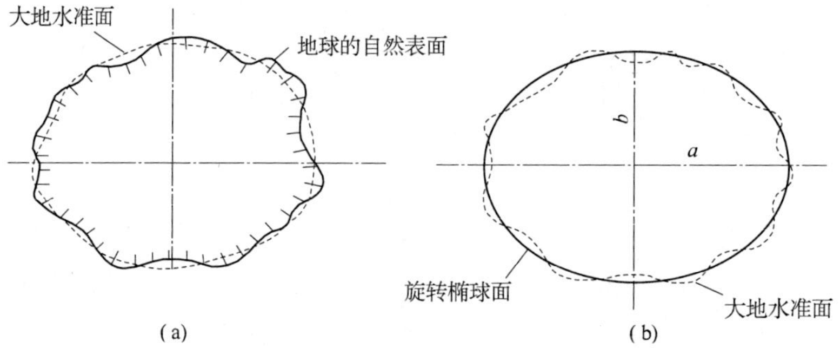

图 1-1　地球的自然表面、大地水准面和旋转椭球面

二、旋转椭球面

用大地体表示地球的形状是比较恰当的,但是由于地球内部质量分布不均匀,引起局部重力异常,导致铅垂线的方向产生不规则的变化,使得大地水准面上也有微小的起伏,如图 1-1(b)所示,成为一个复杂的曲面,因此无法在这个复杂的曲面上进行测量数据的处理。

长期的测量实践研究表明,地球形状接近于一个两极稍扁的旋转椭球。它是由一个椭圆绕其短轴旋转而成的,如图 1-1(b)所示。这样,测量工作的基准面为大地水准面,而测量计算工作的基准面为旋转椭球面。

旋转椭球的形状和大小可由其长半轴 a(或短半轴 b)和扁率 α 来表示。我国 1980 年国家大地坐标系采用了 1975 年国际椭球,该椭球的基本元素为

长半轴:$a = 6\ 378.140$ km;

短半轴:$b = 6\ 356.755$ km;

扁率:$\alpha = \frac{a-b}{a} \approx \frac{1}{298.257}$。

由于旋转椭球的扁率很小,因此当测区范围不大时,可近似地把旋转椭球看做圆球,其半径近似值为

$$R = \frac{1}{3}(2a + b) \approx 6\ 371 \text{ km}$$

第三节　测量坐标系

为了确定地面点的空间位置,需要建立测量坐标系。在一般工程测量中,确定地面点的空间位置,通常需要三个量,即该点在一定坐标系下的三维坐标,或该点的二维球面坐标或该点投影到平面上的二维平面坐标,以及该点到大地水准面的铅垂距离(高程)。为此,我们必须研究测量中常用的坐标系。

一、大地坐标系

用大地经度 L 和大地纬度 B 表示地面点投影到旋转椭球面上位置的坐标,称为大地

坐标系，亦称为大地地理坐标系。该坐标系以参考椭球面和法线分别作为基准面和基准线。

如图 1-2 所示，NS 为地球的自转轴（或称地轴），N 为北极，S 为南极。过地面任一点与地轴 NS 所组成的平面称为该点的子午面。子午面与球面的交线称为子午线或经线。国际公认通过英国格林尼治（Greenwich）天文台的子午面，是计算经度的起算面，称为首子午面。

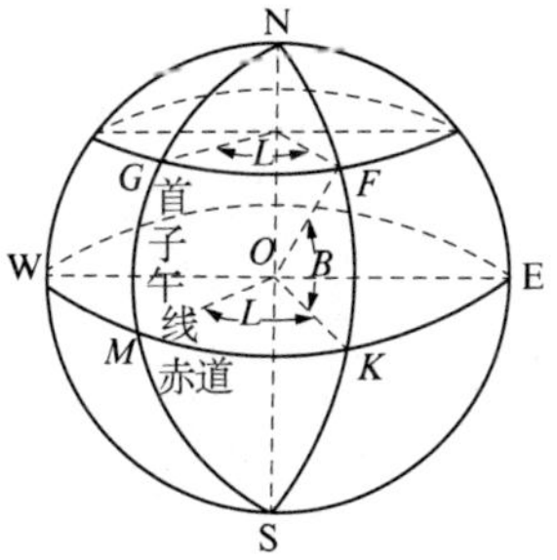

图 1-2　大地坐标系

过 F 点的子午面 NFKSON 与首子午面 NGMSON 所成的两面角，称为 F 点的大地经度。它自首子午线向东或向西由 0°起算至 180°，在首子午线以东者为东经或写成0° ~ 180°E，以西者为西经或写成 0° ~ 180°W 。

垂直于地轴 NS 的平面与地球球面的交线称为纬线；通过球心 O 并垂直于地轴 NS 的平面，称为赤道平面。赤道平面与球面相交的纬线称为赤道。过 F 点的法线（与旋转椭球面垂直的线）与赤道面的夹角，称为 F 点的大地纬度。在赤道以北者为北纬或写成 0° ~ 90°N，在赤道以南者为南纬或写成 0° ~ 90°S 。

例如，我国首都北京位于北纬 40°、东经 116°，也可用 $B=40°$N、$L=116°$E 表示。

用大地坐标表示的地面点，统称大地点。一般而言，大地坐标是由大地经度 L、大地纬度 B 和大地高 H 三个量组成的，用以表示地面点的空间位置。

新中国成立初期，我国采用的大地坐标系为“1954 年北京坐标系”，亦称“北京 -54 坐标系”（简称 P_{54}）。该坐标系采用了原苏联的克拉索夫斯基椭球体，其参数是：长半轴 $a=6\ 378.245$ km；扁率 $\alpha=1/298.3$；坐标原点位于原苏联的普尔科沃。

我国目前采用的大地坐标为“1980 年国家大地坐标系”，亦称“西安 -80 坐标系”（简称 C_{80}），是根据椭球定位的基本原理和我国的实际地理位置建立的，大地原点设在陕西省西安市泾阳县永乐镇。椭球参数采用 1975 年国际大地测量与地球物理联合会的推荐值：椭球长半轴 $a=6\ 378.140$ km；扁率 $\alpha=1/298.257$。

二、地心坐标系

地心坐标系属于空间三维直角坐标系，用于卫星大地测量。由于人造地球卫星围绕地球运动，地心坐标系取地球质心为坐标原点 O。x、y 轴在地球赤道平面内，首子午面与赤道平面的交线为 x 轴，z 轴与地球自转轴相重合，如图 1-3 所示。地面点 A 的空间位置用三维直角坐标 x_A、y_A 和 z_A 表示。

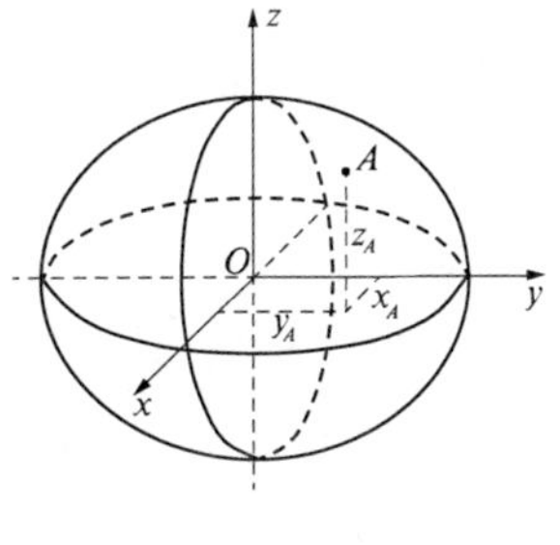

图 1-3　地心坐标系

地心坐标和大地坐标可以通过一定的数学公式进行换算。

三、高斯 - 克吕格平面直角坐标系

在工程测量中，常将椭球坐标系按一定的数学法则投影到平面上成为平面直角坐标系。为满足工程测量及其他工程上的应用，我国采用高斯 - 克吕格投影，简称高斯

(Gauss) 投影。

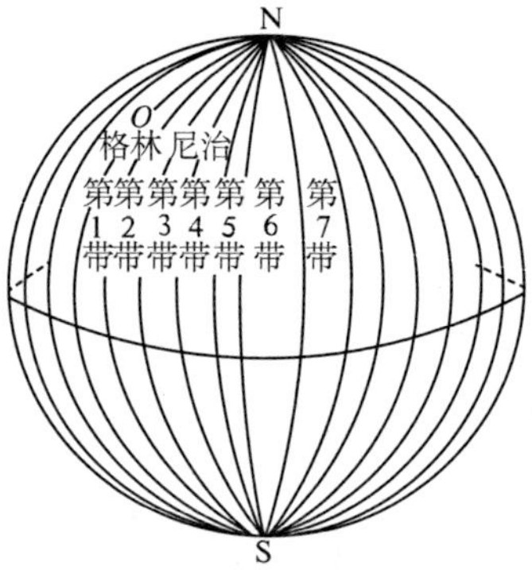

图 1-4　高斯投影分带

高斯投影法是将地球划分成若干带,然后将每带投影到平面上,如图 1-4 所示。投影带是从首子午线起,每隔经差 6°划一带(称为 6°带),自西向东将整个地球划分成经差相等的 60 个带,各带从首子午线起,自西向东依次用数字 1、2、3、…、60 表示。位于各带中央的子午线,称为该带的中央子午线。第一个 6°带的中央子午线的经度为 3°,任意带的中央子午线经度 L_0 可按下式计算

$$L_0 = 6N - 3 \tag{1-1}$$

式中　N——投影带的号数。

按上述方法划分投影带后,即可进行高斯投影。如图 1-5(a)所示,设想将一个平面卷成一个空心圆柱,把它横着套在旋转椭球外面,使圆柱的中心轴线位于赤道面内并通过球心,且使旋转椭球上某 6°带的中央子午线与圆柱面相切。在椭球面上的图形与圆柱面上的图形保持等角的情况下,将整个 6°带投影到圆柱面上。然后将圆柱沿着通过南北极的母线切开并展成平面,便得到 6°带在平面上的影像,如图 1-5(b)所示。中央子午线经投影展开后是一条直线,以此直线作为纵轴,即 x 轴;赤道是一条与中央子午线相垂直的直线,将它作为横轴,即 y 轴;两直线的交点作为原点,则组成了高斯平面直角坐标系。将投影后具有高斯平面直角坐标系的 6°带一个个拼接起来,便得到如图 1-6 所示的图形。

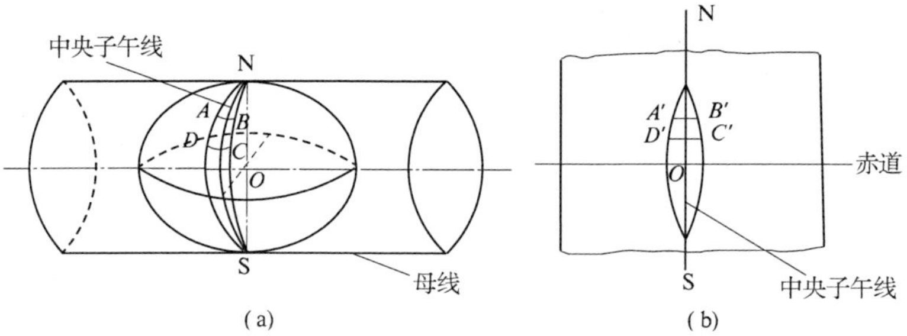

图 1-5　高斯投影

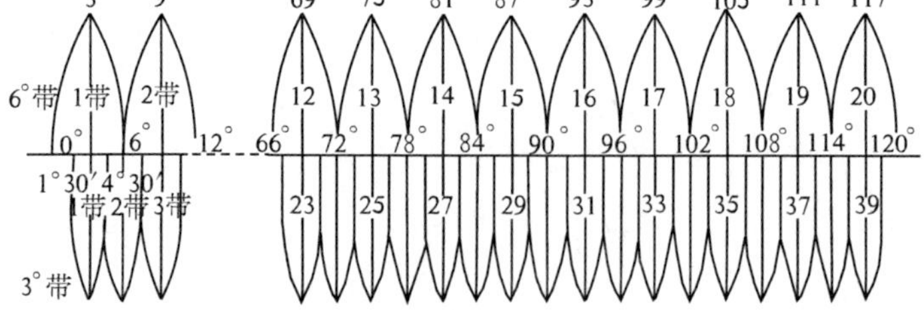

图 1-6　6°带和 3°带投影

我国位于北半球,x 坐标均为正值,而 y 坐标有正有负。为避免横坐标 y 出现负值,故规定把坐标纵轴向西平移 500 km,如图 1-7 所示。另外,为了根据横坐标能确定该点位

于哪一个 6°带内，还规定在横坐标值前冠以带号，例如，y_A = 20 225 760 m，表示 *A* 点位于第 20 带内，其真正的横坐标值为：225 760 m − 500 000 m = −274 240 m。

高斯投影中，离中央子午线近的部分变形小，离中央子午线愈远变形愈大，两侧对称。当测绘大比例尺图要求投影变形更小时，可采用 3°分带投影法。它是从东经 1°30′起，自西向东每隔经差 3°划分一带，将整个地球划分为 120 个带，每带中央子午线的经度 L'_0 可按下式计算

$$L'_0 = 3n \tag{1-2}$$

式中　*n* ——3°带的号数。

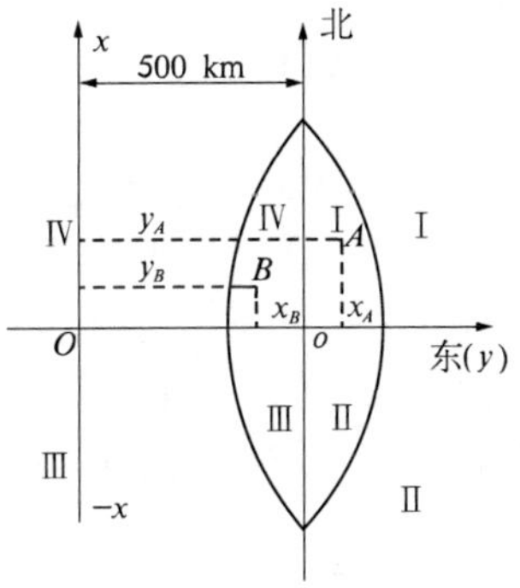

图 1-7　高斯平面直角坐标

四、独立平面直角坐标系

大地水准面虽然是曲面，但当测量区域较小（如半径不大于 10 km 的范围）时，可以用测区中心点 *a* 的切平面来代替曲面，如图 1-8 所示。地面点在切平面上的投影位置就可以用平面直角坐标来确定。测量工作中采用的平面直角坐标系如图 1-9 所示。以两条互相垂直的直线为坐标轴，两轴的垂点为坐标原点，规定南北方向为纵轴，并记为 *x* 轴，*x* 轴向北为正，向南为负；以东西方向为横轴，并记为 *y* 轴，*y* 轴向东为正，向西为负。地面上某点 *P* 的位置可用 x_P 和 y_P 表示。平面直角坐标系中象限按顺时针方向编号。

x 轴与 *y* 轴和数学上规定的互换，其目的是定向方便（测量上习惯以北方向为起始方向），且将数学上的公式直接照搬到测量的计算工作中，不需作任何变更。原点 *O* 一般选在测区的西南角，如图 1-9 所示，使测区内各点的坐标均为正值。

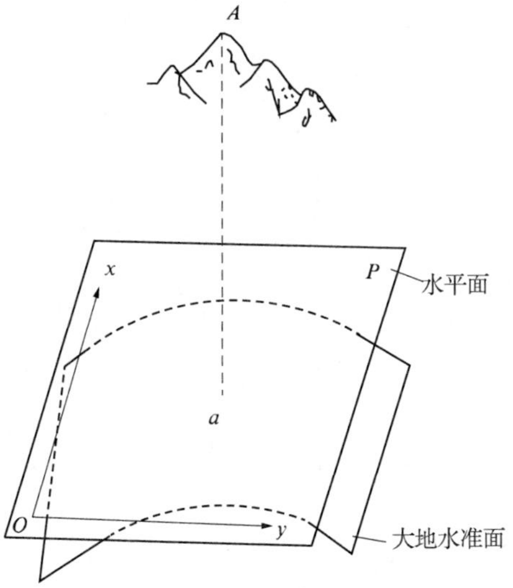

图 1-8　以切平面代替曲面

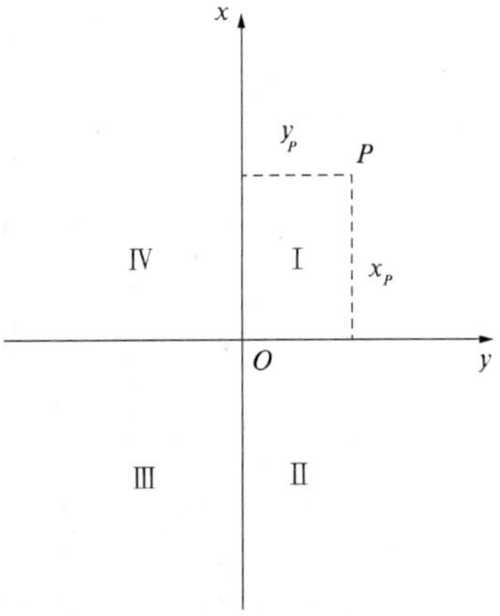

图 1-9　独立平面直角坐标系

五、高程系统

为了确定地面点的空间位置,除了要确定其在基准面上的投影位置外,还应确定其沿投影方向到基准面的距离,即确定地面的高程。

为了建立全国统一的高程系统,必须确定一个高程基准面。统一采用平均海水面代替大地水准面作为高程基准面,平均海水面的确定是通过验潮站多年验潮资料来求定的。我国确定平均海水面的验潮站设在青岛,根据青岛验潮站 1950 ~ 1956 年 7 年验潮资料求定的高程基准面,称为“1956 年黄海平均高程面”,以此基准面建立了“1956 年黄海高程系”。我国自 1959 年开始,统一采用 1956 年黄海高程系。

由于海洋潮汐长期变化周期为 18.6 年,经对 1953 ~ 1979 年验潮资料的计算,确定了新的平均海水面,称为“1985 年国家高程基准”。经国务院批准,我国自 1987 年开始采用“1985 年国家高程基准”。

为确定平均海水面的高程,必须设立与验潮站相联系的水准点作为高程起算点,这个水准点叫水准原点。我国水准原点设在青岛市观象山上,全国各地的高程都以它为基准进行测算。“1956 年黄海高程系”的水准原点高程为 72.289 m,“1985 年国家高程基准”的水准原点高程为 72.260 m。

在一般测量工作中均以大地水准面作为高程基准面。地面点到大地水准面的铅垂距离,称为该点的绝对高程或海拔,通常以 H_i 表示。如图 1-10 所示,H_A 和 H_B 即为 A 点和 B 点的绝对高程。

当个别地区引用绝对高程有困难时,可采用假定高程系统,即采用任意假定的水准面作为高程起算的基准面。如图 1-10 所示,地面点到假定水准面的铅垂距离,如 H_A' 和 H_B',称为假定高程。

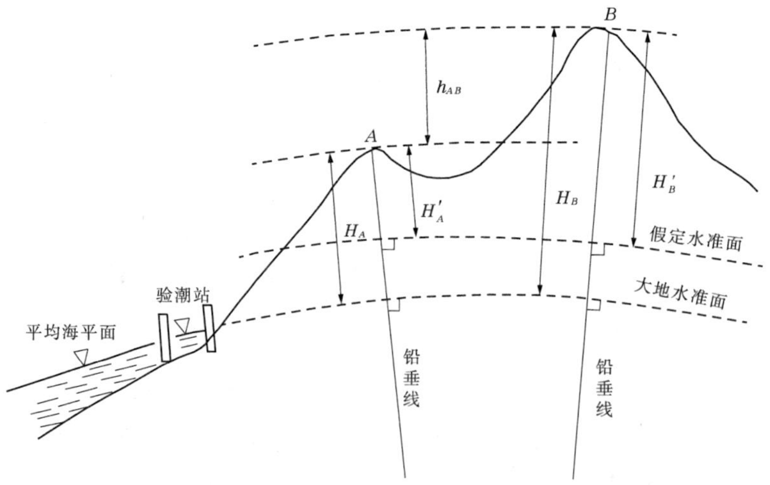

图 1-10　高程和高差

地面上两个点之间的高程差称为高差，通常用 h_{ij} 表示。如地面点 A 与点 B 之间的高差为 h_{AB}，即

$$h_{AB}=H_B-H_A=H'_B-H'_A \tag{1-3}$$

由此可见，两点间的高差与高程起算面无关。

第四节　用水平面代替水准面的限度

水准面是一个曲面。从理论上讲，即使将极小部分的水准面当做平面看待，也是要产生变形的。但是由于测量和绘图的过程中都不可避免地产生误差，若将小范围的水准面当做平面看待，其产生的误差不超过测量和绘图的误差，那么这样做是可以的，而且也是合理的。下面来讨论以水平面代替水准面时对距离和高程的影响，以便明确用水平面代替基准面的范围。

一、对距离的影响

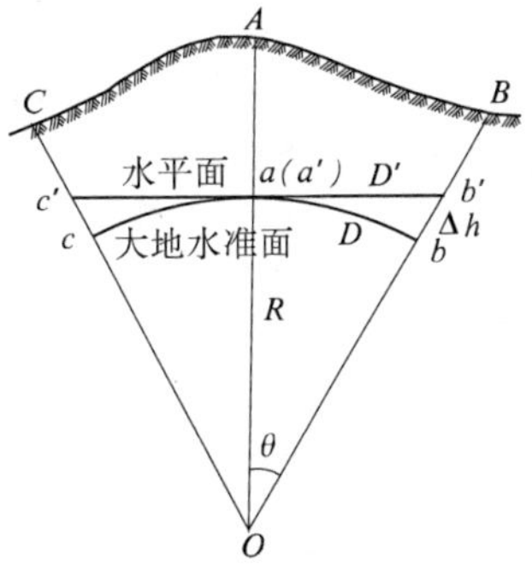

图 1-11　水平面代替水准面的影响

如图 1-11 所示，A、B、C 是地面点，它们在大地水准面上的投影点分别为 a、b、c，用该区域中心点的切平面代替大地水准面后，地面点在水平面上的投影点是 a'、b'、c'，现分析由此而产生的影响。设 A、B 两点水准面上的距离为 D，在水平面上的距离为 D'，则两者之差为 ΔD，即用水平面代替水准面所引起的距离差异。在推导公式时，近似地将大地水准面视为半径为 R 的球面，则有

$$\Delta D=D'-D=R(\tan\theta-\theta) \tag{1-4}$$

将 $\tan\theta$ 展开成级数：　　$\tan\theta=\theta+\frac{1}{3}\theta^3+\frac{2}{15}\theta^5+\cdots$

由于 θ 角很小，因此可略去三次方以上的高次方项，只取其前两项代入式(1-4)中，得

$$\Delta D=R(\theta+\frac{1}{3}\theta^3-\theta)$$

又因 $\theta=D/R$，故

$$\Delta D=\frac{D^3}{3R^2} \tag{1-5}$$

或

$$\frac{\Delta D}{D}=\frac{D^2}{3R^2} \tag{1-6}$$

在式(1-5)、式(1-6)中，取地球半径 $R=6\ 371$ km，当距离 D 取不同的值时，则得到不同的 ΔD 和 $\Delta D/D$，其结果列入表 1-1 中。

从表 1-1 可以看出，当 $D=10$ km 时，所产生的相对误差为 1∶1 250 000，这样小的误差，对精密量距来说也是允许的。因此，在半径为 10 km 的面积之内进行距离测量时，用水平面代替水准面所产生的距离误差可以忽略不计，即可不考虑地球曲率对距离的影响。

表 1-1　用水平面代替水准面的距离误差和相对误差

距离 D (km)	距离误差 ΔD (cm)	相对误差 $\Delta D/D$	距离 D (km)	距离误差 ΔD (cm)	相对误差 $\Delta D/D$
10	0.8	1∶1 250 000	50	102.6	1∶49 000
25	12.8	1∶200 000	100	821.2	1∶12 000

二、对高程的影响

在图 1-11 中，地面上点 B 的高程应是铅垂距离 bB，如果用水平面作基准面，则 B 点的高程为 $b'B$，两者之差为 Δh，即为对高程的影响。从图中可得

$$\Delta h = bB - b'B = Ob' - Ob = R\sec\theta - R = R(\sec\theta - 1) \tag{1-7}$$

将 $\sec\theta$ 展开成级数　　$\sec\theta = 1 + \frac{1}{2}\theta^2 + \frac{5}{24}\theta^4 + \cdots$

因 θ 角很小，因此只取其前两项代入式(1-7)，又因 $\theta = D/R$，则得

$$\Delta h = R(1 + \frac{1}{2}\theta^2 - 1) = \frac{1}{2}R\theta^2 = \frac{D^2}{2R} \tag{1-8}$$

取 $R = 6\ 371$ km，用不同的距离 D 代入式(1-8)，便得表 1-2 所列的结果。

表 1-2　用水平面代替水准面的高差误差

D(km)	0.10	0.20	0.30	0.40	0.50	1.00	2.00	5.00	10.00
Δh(cm)	0.08	0.31	0.71	1.26	1.96	7.85	31.39	196.20	784.81

从表 1-2 可以看出，用水平面作基准面对高程的影响是很大的。例如，距离为 200 m 时就有 0.31 cm 的高程误差，在 500 m 时高程误差达 1.96 cm，这在测量中是不允许的。因此，就高程测量而言，即使距离很短，也必须用水准面作为测量的基准面，即应考虑地球曲率对高程的影响。

第五节　测量工作的程序与原则

地球表面的各种形态(或简称为地形)，可分为地物和地貌两大类。地面上所有人工或自然形成的固定性物体如河流、湖泊、道路和房屋等，称为地物；地面上高低起伏形态如山岭、谷地和陡崖等，称为地貌。下面以地物和地貌测绘到图纸上为例，介绍测量工作的程序和原则。

图 1-12(a)所示为一幢房屋。其平面位置由房屋轮廓线的一些折线组成，如能确定 1～8各点的平面位置，则这幢房屋的位置就确定了。图 1-12(b)所示是一条河流，它的岸边线虽然很不规则，但弯曲部分可看成是由折线所组成，只要确定 9～16 各点的平面位置，这条河流的位置也就确定了。至于地貌，其地势起伏变化虽然复杂，但仍可看成是由许多不同方向、不同坡度的平面相交而成的几何体。相邻平面的交线就是方向变化线和坡度变化线。只要确定出这些方向变化线与坡度变化线上转折点的平面位置和高程，地

貌的形状和大小的基本情况也就反映出来了。因此,不论地物还是地貌,它们的形状和大小都是由一些特征点的位置所决定的。这些特征点也称碎部点。

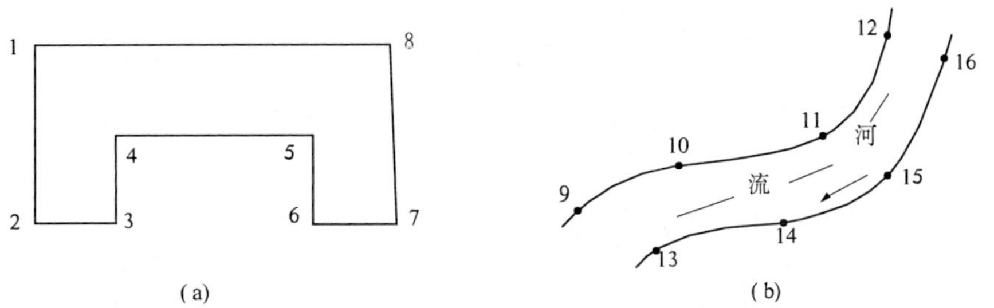

图 1-12　地物的轮廓线及碎部点

测量时,主要就是测定这些碎部点的平面位置和高程。测定碎部点的位置,其程序通常分为两步:

第一步为控制测量。如图 1-13(a)所示,先在测区内选择若干具有控制意义的点 A、B、C 等,作为控制点。以精密的仪器和准确的方法测定各控制点之间的距离 D,各控制边之间的水平夹角 β。如果某一条边(如图 1-13(a)中的 AB 边)的方位角和其中某一点(如 A 点)的坐标已知,则可计算出其他控制点的坐标。另外,还要测出各控制点之间的高差,设点 A 的高程为已知,则可求出其他控制点的高程。

第二步为碎部测量。即根据控制点测定碎部点的位置。例如,在控制点 A 上测定其周围碎部点 M、N 等的平面位置和高程。这种"从整体到局部"、"先控制后碎部"的方法是组织测量工作应遵循的原则。它的优点是可以减少误差累积、保证测图精度,而且还可以分幅测绘,加快测图进度。

从上述可知,当测定控制点的相对位置有误时,以其为基础所测定的碎部点位也就有误,而当碎部测量中有误时,以此为资料绘制的地形图也就有误。由此看来,测量工作必须严格进行检核,前一步测量工作未作检核就不能进行下一步测量工作,故"步步有检核"是组织测量工作应遵循的又一个原则。它的优点是可以防止错漏发生,保证测量成果的正确性。

上述测量工作的程序和原则,不仅适用于测绘工作,也适用于测设工作。如图 1-13 所示,欲将图上设计好的建筑物 P、Q、R 等测设于实地,作为施工的依据,须先实地进行控制测量,然后安置仪器于控制点 A 和 F 上,进行建筑物测设。在测设工作中也要严格进行检核,以防出错。

另外,无论控制测量、碎部测量和施工测设,其实质都是确定地面点的位置,而地面点的位置往往又是通过测量水平角(方向)、距离和高差来确定的。因此,高程测量、水平角测量和距离测量是测量学的基本工作,水平角(方向)、距离和高差是确定地面点位的三个基本要素。

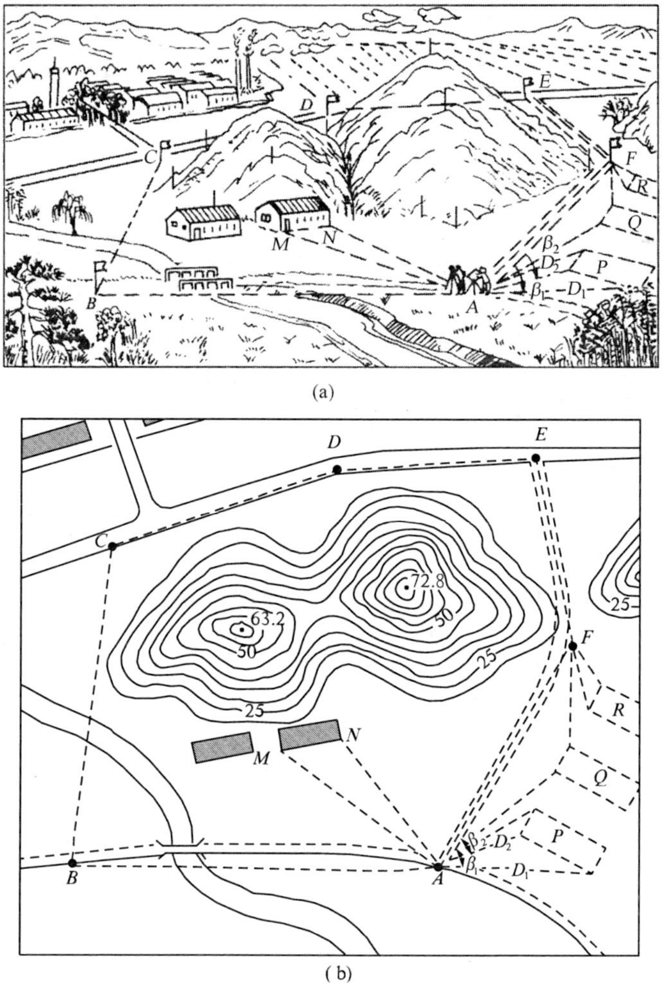

图 1-13　控制测量与碎部测量

复习思考题

1-1　测量学的研究对象和任务是什么？

1-2　简述道路工程测量的任务和作用。

1-3　地球的形状近似于怎样的形体？大地体与参考椭球有什么区别？

1-4　参考椭球的元素包括哪些？我国目前采用的椭球元素值是多少？

1-5　若把地球看做圆球，其半径约有多大？

1-6　测量工作的基准面和基准线分别指什么？

1-7　确定地球表面上点的位置常用哪几种坐标系？

1-8　简述水准面的定义及其特性。

1-9　什么叫水准面？什么叫大地水准面？测绘中的点位计算及绘图能否投影到大

地水准面上进行？为什么？

1-10 何谓绝对高程？何谓相对高程？

1-11 某地假定水准面的绝对高程为 67.758 m，测得一地面点的相对高程为 243.168 m，试推算该点的绝对高程，并绘一简图加以说明。

1-12 测量中的独立平面直角坐标系与数学中的平面直角坐标系有什么区别？为什么要这样规定？

1-13 简述高斯－克吕格投影的基本概念。

1-14 高斯投影如何分带？为什么要进行分带？

1-15 设某地面点的经度为东经 130°25′32″，问该点位于 6°投影带和 3°投影带时分别为第几带？其中央子午线的经度各为多少？

1-16 若我国某处地面点 A 的高斯平面直角坐标值为 $x = 3\ 230\ 568.55$ m，$y = 38\ 432\ 109.87$ m，问 A 点位于第几带？该带中央子午线的经度是多少？A 点在该带中央子午线的哪一侧？距离中央子午线多少米？

1-17 说明测量工作中用水平面代替水准面的限度。若在半径为 7 km 的范围内进行测量并用水平面代替水准面，则地球曲率对水平距离和高差的影响各为多大？

1-18 确定地面点位的三个基本要素是什么？三项基本测量工作是什么？

1-19 测量工作的基本原则是什么？

第二章　水准测量

本章重点

1. 水准测量的原理；
2. 普通水准测量；
3. 水准测量的误差及注意事项。

第一节　高程测量的概念

在工程的勘测设计与施工放样中，都必须测定地面点的高程。高程测量是根据一点的已知高程，测定该点与未知点的高差，然后计算出未知点高程的一种方法。它是测量工作的重要组成部分，是进行各种比例尺测图、工程测量及建筑放样的基础。

一、建立高程控制网的方法

建立高程控制网的方法有：水准测量、三角高程测量、GPS 高程测量、物理高程测量等。

（一）水准测量

水准测量是利用水准仪提供的水平视线，借助于带有分划的水准尺，直接测定地面上两点间的高差，根据已知点高程和测得的高差，推算出未知点高程的过程。

（二）三角高程测量

三角高程测量是测量已知点与未知点之间的水平距离和垂直角，计算未知点高程的方法。

（三）GPS 高程测量

利用 GPS 测量得出数据，计算未知点高程的方法。

（四）物理高程测量（气压高程测量、重力水准测量）

通过测量气压、重力的变化，计算未知点高程的方法。

二、国家高程控制网概述

国家高程控制网是用水准测量的方法建立起来的，也称国家水准网，是确定地面点高程的基础。国家高程控制网采用由高级到低级、从整体到局部的办法分为四个等级，逐级进行控制、加密。

一等水准网是国家高程控制网的骨干，是进行有关科学研究的主要依据，水准路线应沿地质构造稳定、路面坡度平缓的交通路线布设成环形，环形周长在平原和丘陵地区应在 1 000 ~ 1 500 km，一般山区应在 2 000 km 左右。

二等水准测量是国家高程控制网的基础，应沿铁路、公路、河流布设成环形，周长一般为 500 ~ 750 km。

三、四等水准测量是直接为地形测量和工程建设提供所必需的高程控制点，应在高等级水准网内加密成闭合环线或附合路线，周长不超过 300 km 或者 80 km。

为了进一步满足工程施工和测绘大比例尺地形图的需要，以三、四等水准点为起始点，尚须再用普通水准测量即五等水准测量的方法布设并测定工程水准点或图根水准点的高程。

三、水准点

我们将用水准测量的方法测定的高程控制点，称为水准点（Bench Mark），记为 *BM*。水准点有永久性水准点和临时性水准点两种。

（一）永久性水准点

能较久远保存使用的水准点，一般用混凝土浇筑成柱状的标石，埋设在不易损毁的坚实土质内，柱石上部中间有顶部为半球形的金属作为标志，如图 2-1（a）所示为国家等级永久水准点。建筑工地上的永久水准点一般用混凝土制成，顶部嵌入半球形金属作为标志，如图 2-1（b）所示。在城镇、厂矿区也可将水准点标志埋凿在坚固的建筑物墙角适当高度处，如图 2-1（c）所示。

水准点的高程位置都在金属标志凸出的最高顶面处。

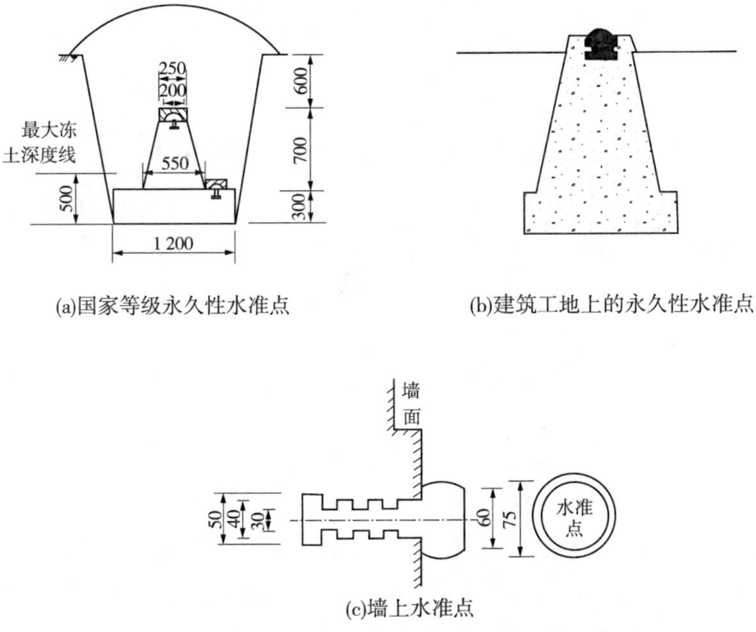

(a)国家等级永久性水准点　(b)建筑工地上的永久性水准点

(c)墙上水准点

图 2-1　永久性水准点示意图（单位：mm）

(二)临时水准点

如果水准点只用于一个时期而不须永久保留,则可以打入地下的大木桩(10 cm×10 cm)或中木桩(7 cm×7 cm)作为临时性标志,木桩顶部中心钉入圆头钉,如图 2-2 所示。

水准点埋设后均应编号,标注在点上。一般要绘制点位地面情况略图,即点之记,如图 2-3 所示,注明周围情形和水准点编号 BM_i。

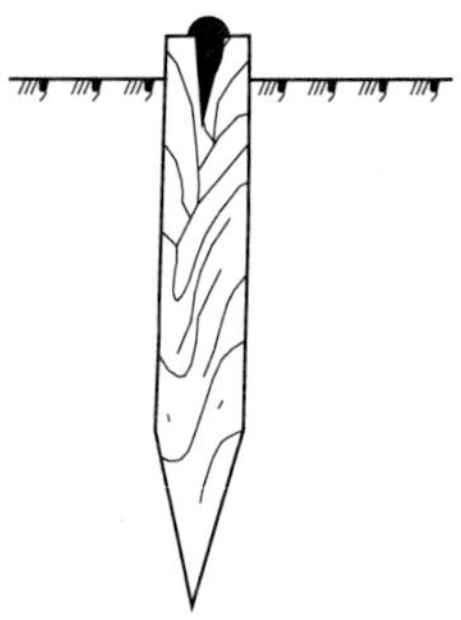

图 2-2　临时水准点

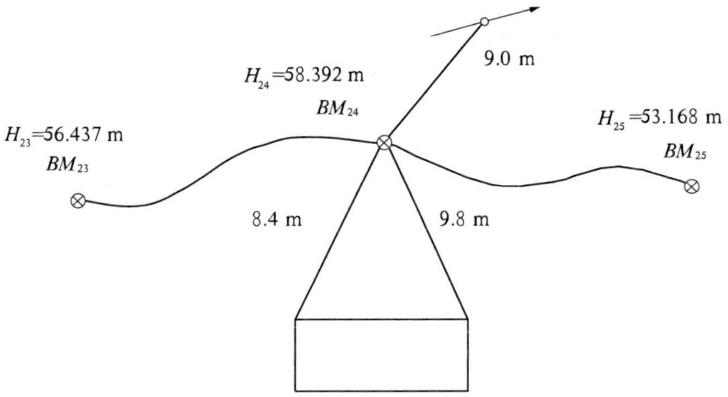

图 2-3　点之记

第二节　水准测量的原理

水准测量的原理是利用水准仪提供的水平视线,直接读取竖立在两点的标尺上的读数,以测定两点间的高差,从而由已知点的高程推算未知点高程的过程。测定待定点高程的方法有两种:高差法和仪高法。

一、高差法

如图 2-4 所示,设已知点 A 的高程是 H_A,欲求 B 点的高程 H_B,在 A、B 两点之间安置水准仪,在 A、B 两点竖立水准标尺,标尺的零点朝下,用水准仪的水平视线照准 A、B 标尺并读数,设读数分别为 a、b,则 B 点对 A 点的高差为

$$h_{AB} = a - b \tag{2-1}$$

B 点的高程为

$$H_B = H_A + h_{AB} \tag{2-2}$$

在水准测量中,是从已知高程点 A,测向待定高程点 B,故以 $A \rightarrow B$ 为前进方向,因而 A 点为后视点,B 点为前视点。a 称为后视读数,b 称为前视读数。用文字表述则为

两点间的高差 = 后视读数 − 前视读数

高差值有正负,若 $a > b$,即高差为正值,表示前视点高于后视点,如图 2-4 所示的情况;若 $a < b$,即高差为负值,表示前视点低于后视点。高差一般用 h 加注两个下标字母表示,如 h_{AB} 表示 B 点对 A 点的高差,h_{BA} 表示 A 点对 B 点的高差,它们的数值相等,符号相反。

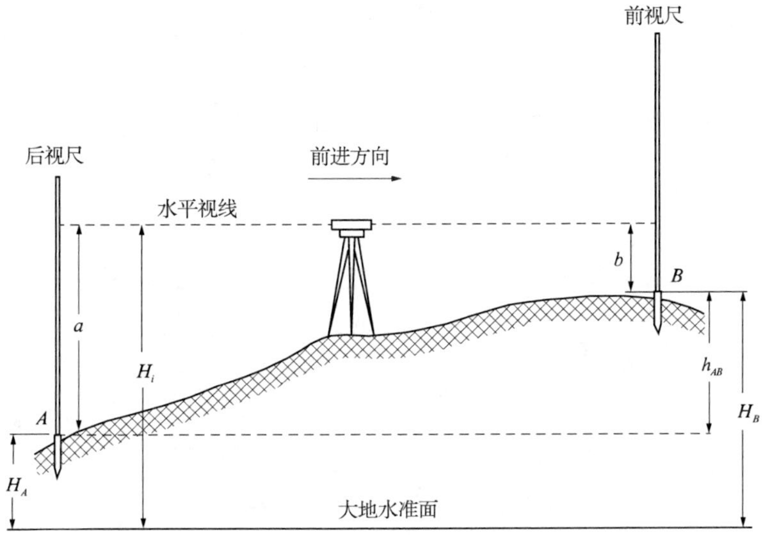

图 2-4　水准测量的原理

二、仪高法

仪高法又称视线高法，前视点的高程也可以通过仪器的视线高 H_i 求得。如图 2-4 所示，B 点高程可用下式计算

$$H_i = H_A + a \tag{2-3}$$

$$H_B = H_i - b \tag{2-4}$$

后视点的高程加后视读数称为视线高，即 H_i，前视点的高程则通过视线高减前视读数求得。此法利用一个已知点的高程，就能较简便地测出数个前视点的高程。

第三节　水准测量的仪器和工具

水准仪和水准尺是水准测量的主要仪器，按其精度和安平方式不同分为多种类型。我国对大地测量仪器的总代号规定为“D”，水准仪的代号规定为“S”，即汉语拼音的首字母。按精度划分我国的水准仪目前有 $DS_{0.5}$、DS_1、DS_3 等，其中“0.5”、“1”、“3”分别代表每 1 km 往返测高差中数的中误差，以 mm 计。按安平方式可分为微倾式水准仪（title level）和自动安平水准仪（compensator level）。

一、DS_3 微倾式水准仪的构造

如图 2-5 所示，微倾式水准仪主要由望远镜、水准器和基座组成。

（一）望远镜

望远镜由物镜、目镜、对光螺旋和十字丝分划板组成，它的作用就是使观测者能看清远处的目标，并依据其提供的一条水平视线读出水准尺的读数。如图 2-6（a）所示，是 DS_3

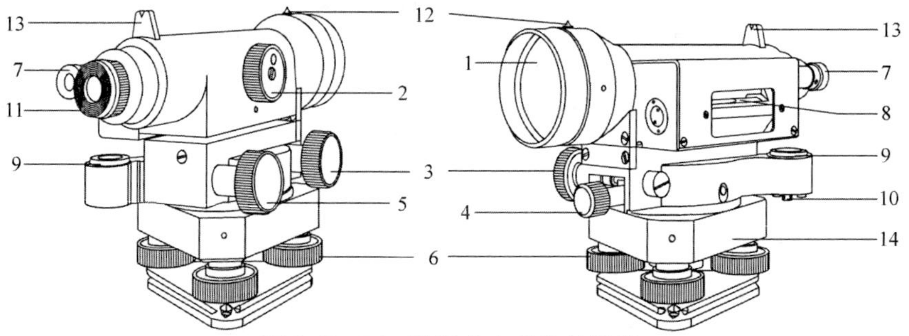

图 2-5　DS_3 微倾式水准仪的构造

1—物镜;2—物镜对光螺旋;3—微动螺旋;4—制动螺旋;5—微倾螺旋;6—脚螺旋;7—符合气泡观察镜;8—管水准器;9—圆水准器;10—校正螺钉;11—目镜;12—准星;13—照门;14—连接板

微倾式水准仪内对光式倒像望远镜构造图。观测目标的光线透过物镜后,在镜筒内形成一个倒立的实像,对光凹透镜通过镜筒上对光螺旋的转动可在镜筒内前后移动,使小实像清晰地落在十字丝分划板上,人眼通过目镜可看到小实像经目镜放大后的虚像目标。

十字丝分划板是在一块圆形平板玻璃上刻有互相垂直精细的横丝(中丝)与竖丝组成的十字丝,在横丝上下各有一根短视距丝(上丝和下丝),由上丝和下丝在标尺上的读数可求得仪器到标尺的距离。物镜的光心与十字丝中心交点的连线称为视准轴。分划板装在一个金属环内,如图 2-6(b)所示。十字丝分划板的作用是提供照准目标的标志,横丝则是读数的位置线。

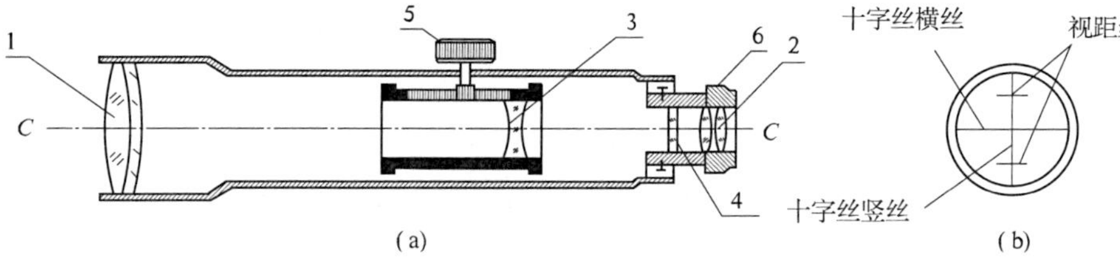

图 2-6　望远镜的构造

1—物镜;2—目镜;3—对光凹透镜;4—十字丝分划板;5—对光螺旋;6—目镜筒

(二)水准器

水准器是用来标志视准轴是否水平,竖轴是否铅垂的仪器。水准器分为圆水准器和管水准器两种。

1. 圆水准器

圆水准器又称水准盒,是一内壁光滑的玻璃球面与玻璃圆盒的固联体,其内注有冰点低、附着力小、流动性强的液体,并形成一个真空气泡,用石膏固定在金属架上,如图 2-7 所示。圆水准器顶部中心 O 为零点,过零点与球面垂直的直线($L'L'$),称为水准轴。当气泡居中时,水准轴处于垂直方向,过零点的切面为水平面。为了便于判断气泡的居中程度,通常以 O 点为圆心,刻有间隔为 2 mm 的同心圆,同心圆间隔弧距所对的球心角,称为圆水准器的分划值,一般为 8′~60′,精度较低,故用做概略置平之用。圆水准器的座架上有三个品字形分布的螺丝,作校正之用。

2. 管水准器

管水准器又称水准管，是一内壁具有一定曲率半径的光滑玻璃管，其内也充有液体，留有一个真空气泡，亦称水准气泡，如图 2-8 所示。通常用石膏将其固定在金属支架内，并在一端设置有可调升降的改正螺丝。管水准器纵断面内壁的中点，称为水准器的零点 O，过该点作圆弧的切线 LL，称为管水准器的水准轴。在重力的作用下，静止的液面是一个水平面，且气泡总是居于最高处，故当气泡中心与水准器的零点重合时，表明水准轴 LL 已处于水平位置。因此，可依据气泡居中作标志，用以安置面、线水平。

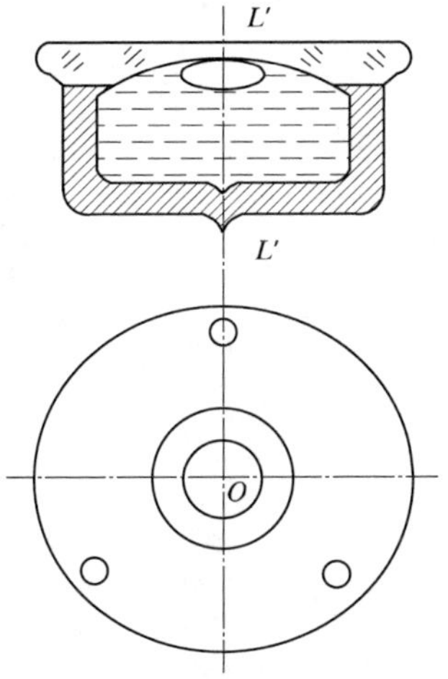

图 2-7 圆水准器

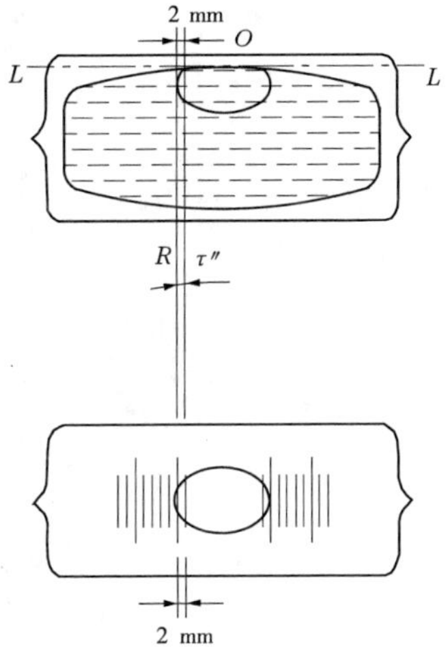

图 2-8 管水准器

由于气泡很长，为准确判断气泡的居中程度，通常不刻出 O 点，而以 O 点为中心在两端刻出对称的分划线，如图 2-9 所示，并以气泡两端是否与对称分划线相切，作为判断气泡是否居中以及倾斜程度的依据。水准器相邻两分划的弧长一般为 2 mm，它所对的圆心角 τ''，称为水准管的分划值。水准管分划愈小，水准管灵敏度愈高，用其整平仪器的精度也愈高。DS_3 型水准仪的水准管分划值为 20″，记为 20″/2 mm。

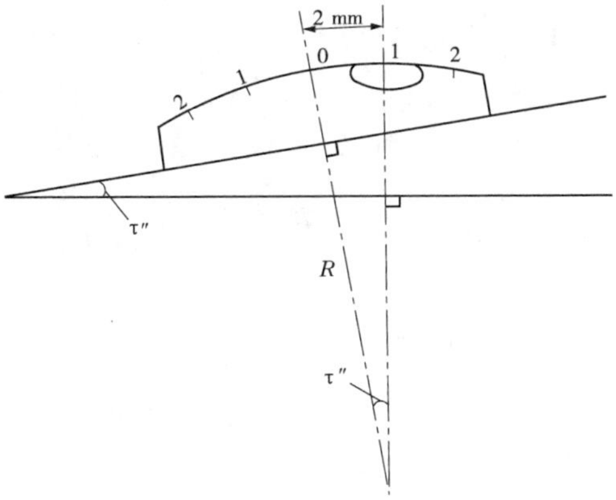

图 2-9 水准管分划值

二、水准尺和尺台

水准尺是与水准仪配合进行水准测量的工具。常用干燥的优质木料、玻璃钢、铝合金等材料制成。水准尺有双面尺、折尺和塔尺，如图 2-10(a)所示。

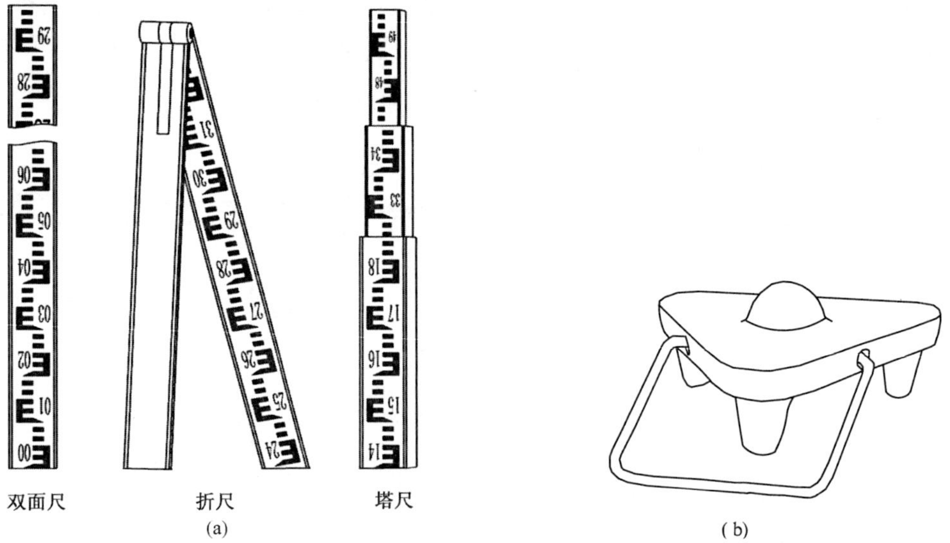

图 2-10　水准尺和尺台

塔尺仅用于等外水准测量，有 3 m 和 5 m 两种，分两节或三节套接而成。塔尺可以伸缩，尺底为零点，尺上黑白格相间，每格宽度为 1 cm，有的为 0.5 cm，每米和分米处注有数字。数字有正字和倒字两种。

双面尺多用于三、四等水准测量。其长度为 3 m，两根尺为一对。尺的两面均有刻划，一面为红白相间称红面，一面为黑白相间称黑面，两面的刻划均为 1 cm，并在分米处注字。两根尺的黑面底部均为零，而红面底部，一根为 4 687 mm，一根为 4 787 mm。

尺台又称尺垫，用生铁铸成，一般为三角形，中央有一凸起的半球体，下部有三个支脚，如图 2-10(b)所示。水准测量时，将支脚牢固地踩在地下，然后将水准尺立于半球顶上，用以保持尺底高度不变。尺台仅在转点处竖立水准尺时使用。

三、水准仪的技术操作

DS_3 水准仪的基本操作步骤为安置仪器、粗平、照准、精平和读数。

(一) 安置仪器

先将木制三角架架腿上的紧固螺旋松开，抽出第二节，使其高度适中，拧紧松开了的紧固螺旋。然后张开三条腿，置于地面上，三角张开的角度不应过大或者过小，否则脚架不稳，易碰倒。用脚将三条腿的铁脚尖踩入土中，踩时应注意使架头大致水平。检查三角架是否安设牢固，然后打开仪器箱取出仪器，置于架头上，一只手扶住仪器，一只手将脚架中心螺旋旋入仪器连接板的螺母中，把仪器安置在测站上。

(二)粗平

粗平就是通过调整脚螺旋,将圆水准气泡居中,使仪器竖轴处于铅垂位置,视线概略水平。具体做法是:用两手同时以相对方向分别转动任意两个脚螺旋,此时气泡移动方向和左手大拇指旋转方向相同,如图 2-11(a)所示。然后再转动第三个脚螺旋使气泡居中,如图 2-11(b)所示。如此反复进行,直至在任何位置水准气泡均位于分划圆圈内。

在操作熟练之后,不必将气泡的移动分解为两步,视气泡的具体位置而转动任意两个脚螺旋,使气泡居中。

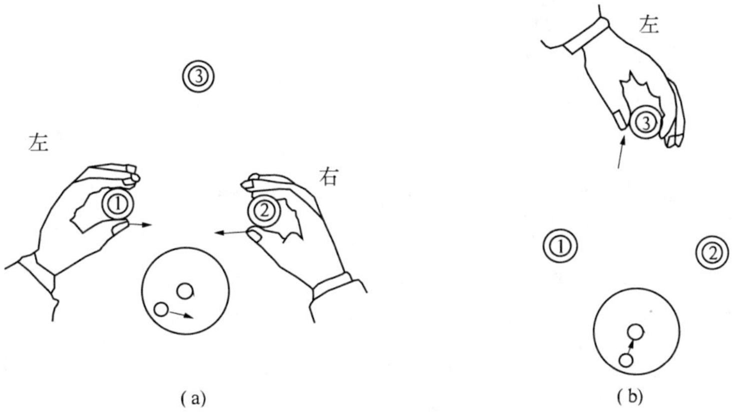

图 2-11 圆水准器气泡居中

(三)照准

(1)目镜调焦:在用望远镜之前,必须首先转动目镜对光螺旋,使十字丝成像清晰。

(2)初步瞄准:松开水平制动螺旋,转动望远镜,通过望远镜镜筒上方的照门和准星瞄准水准尺,基本照准后旋紧制动螺旋。

(3)物镜调焦:转动物镜对光螺旋,调节对光凹透镜的位置,使水准尺在望远镜上成倒立,影像清晰。

(4)精确瞄准:转动微动螺旋,使望远镜镜筒微小移动,将水准尺的影像移至竖丝,使十字丝的竖丝瞄准水准尺边缘或中央,如图 2-12 所示。如尺歪斜,应指挥扶尺者扶正。

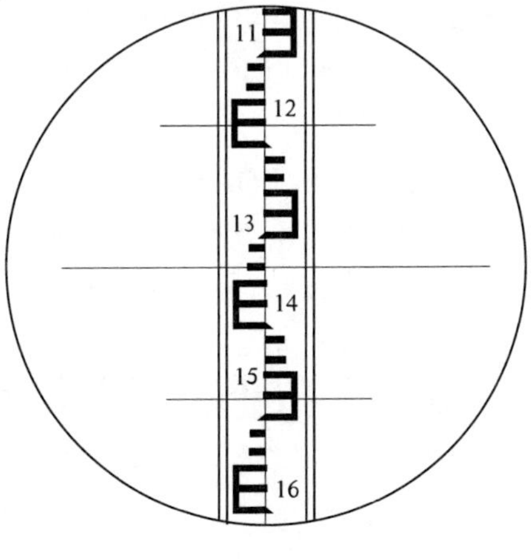

图 2-12 十字丝瞄准与读数

(5)消除视差:眼睛在目镜端上下移动,有时可看见十字丝的中丝与水准尺影像之间相对移动,这种现象叫视差,如图 2-13(a)所示。产生视差的原因是水准尺的尺像与十字丝平面不重合。视差的存在将影响读数的正确性,必须予以消除。消除视差的方法是仔细地转动物镜对光螺旋,直至尺像与十字丝平面重合,如图 2-13(b)所示。

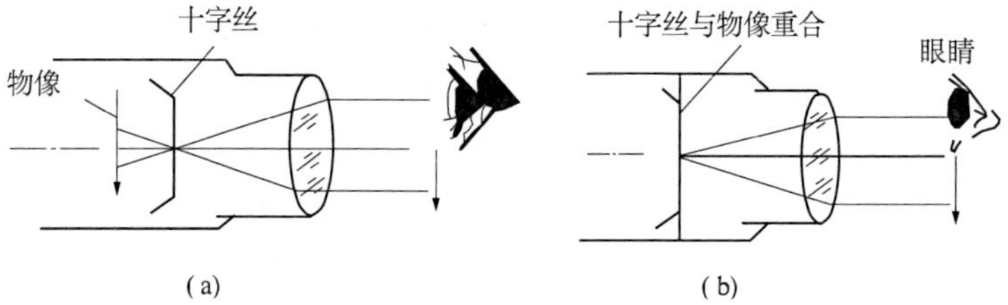

图 2-13　十字丝视差

(四)精平

精平就是转动微倾螺旋使水准管气泡居中,从观察窗中看到气泡的影像如果符合成一条弧线,则此时管水准器轴位于水平。操作时,观测者右手转动微倾螺旋,同时用单眼观察孔中影像的移动,转动微倾螺旋的速度不能快,两端影像将要对齐符合时,更应缓慢微小转动,当弧线稳定吻合时,即获得了水平视线。每次读数前均进行此项操作。

用微倾螺旋调整的规律是观察孔左侧的像移动方向要与微倾螺旋方向一致,如图 2-14所示。

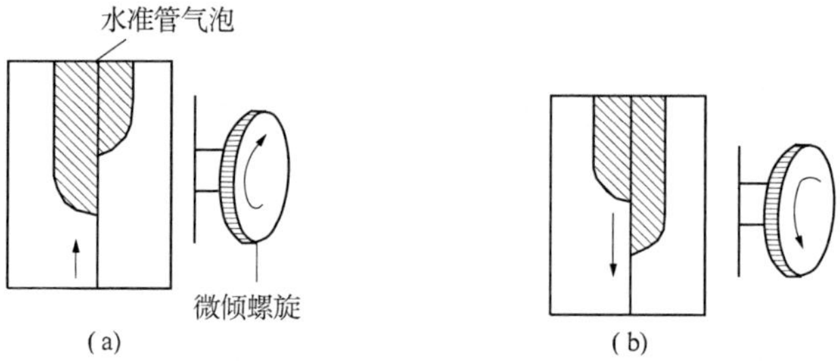

图 2-14　水准管气泡居中

(五)读数

当确认水准管气泡居中时,应立即根据中丝在尺上读数,先估读毫米数,然后报出全部读数。如图 2-12 所示,读数为 1. 337 m。但习惯上只念"1337"四位数而不读小数点,即以 mm 为单位。

精平和读数虽是两项不同的操作步骤,但在水准测量实施过程中,却把两项的操作作为一个整体,即整平后再读数,读数后还要检查水准管气泡是否符合,只有这样才能获得正确的结果。

第四节　普通水准测量

一、水准点和水准路线

水准点是测区的高程控制点,一般缩写为"*BM*"。水准点有永久性水准点和临时性水准点两种。本章第一节已讲,不再赘述。

水准路线依据工程的性质和测区的情况,可布设成以下几种形式。

(一)闭合水准路线

如图2-15(a)所示,从已知高程的水准点 BM_1 出发,经过测量各测段的高差,测定路线上未知点1、2的高程,最后回到已知点 BM_1 上,这样一条环形水准路线即闭合水准路线。

(二)附合水准路线

如图2-15(b)所示,从已知水准点 BM_1 出发,经过测量各测段的高差,求得沿线1、2、3点的高程,最后附合到另外一个已知水准点 BM_2 上,这样的水准路线形式称为附合水准路线。

(三)支水准路线

如图2-15(c)所示,从已知水准点 BM_1 出发,沿选定的路线施测到高程未知的水准点 A,其最终既不闭合也不附合,这样的水准路线称为支水准路线。支水准路线一般要求往返各测一次以进行检核。

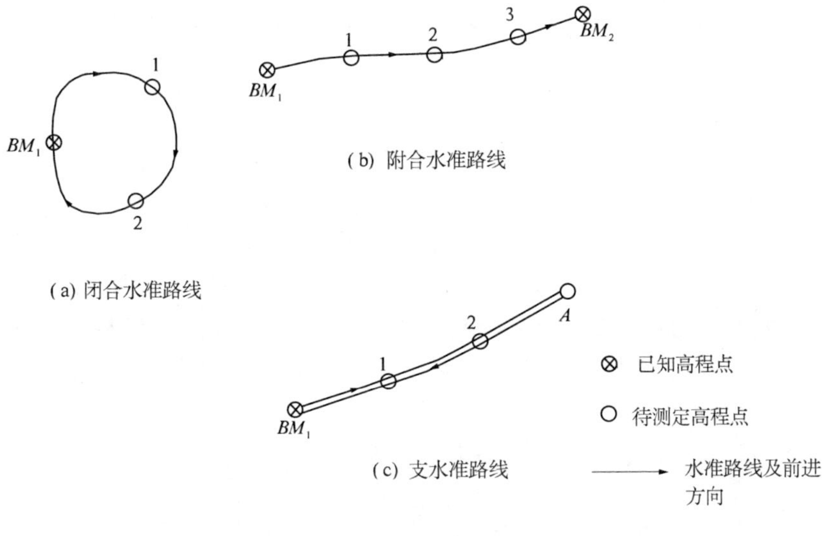

图2-15 水准路线的形式

水准路线采用哪种形式,是根据已知水准点的多少和待定点的分布情形而选择。附合水准路线需要两个以上的已知水准点,待定点多沿一条延伸线分布,此种形式最为理想,检查条件严密。闭合水准路线一般布设在只有一个已知水准点,待定点连成环状分布的情况。此种形式也有检查条件,但如果出发点高程用错或起始点点位找错,则这类错误无法检查,因而要核对点位与高程。

二、施测方法

普通水准测量通常用经检校后的 DS_3 型水准仪施测。水准尺一般采用塔尺,测量时水准仪应置于两水准尺的中间,并使前后视距尽可能相等。

(一)施测程序

如图 2-16 所示，是一条水准观测路线示意图，由已知水准点 A 起始，经待定点 TP_1、TP_2、TP_3、TP_4，最后附合到另一个已知水准点 B 上（如为闭合水准路线，则最后回到起始点，施测情况相似），具体施测方法如下：

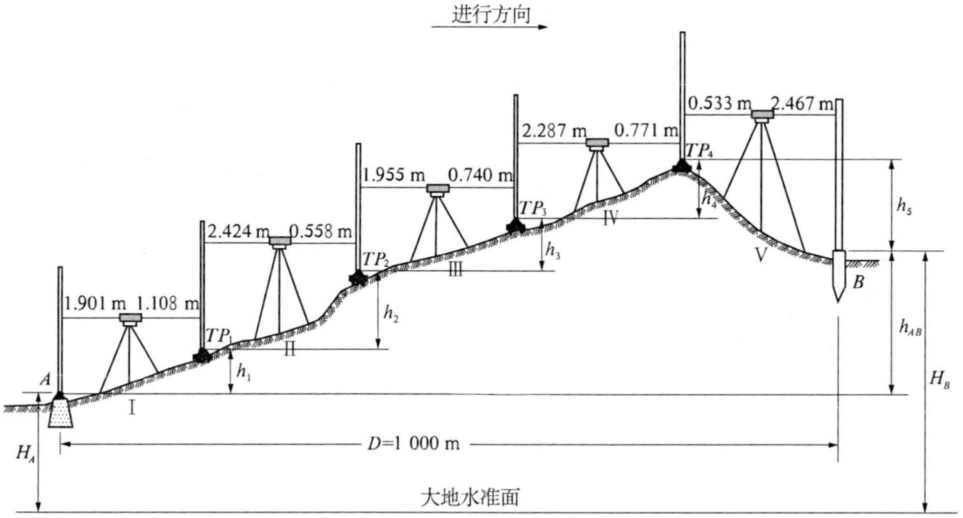

图 2-16　水准测量的实施

（1）在已知水准点 A 上立水准尺，为后视尺。在适当远处（50 ~ 100 m）的测站 Ⅰ 处安置水准仪，进行粗平。沿施测路线的前进方向，取后视距大约相等的前视点 TP_1，放置尺台，踩实放稳。在尺台上立另一支水准尺，为前视尺。水准仪望远镜照准后视尺，精确整平后，用横丝读得后视读数 a_i，记录在观测手簿中，如表 2-1 所示。然后将望远镜转向前视尺，照准并精平，读取前视读数 b_1，并记录。完成第一个测站观测，在手簿中可按下式计算

$$h_1 = a_1 - b_1 \tag{2-5}$$

$$H_{TP_1} = H_A + h_1 \tag{2-6}$$

即高程已由起始点 A 传递到临时立尺点 TP_1 处尺台半球形顶面上，故在 Ⅰ 站观测完成后，该尺台不能动，将作为Ⅱ站的后视点。临时立尺点 TP_1 是高程的传递点，称为转点。

（2）观测者将仪器搬至 TP_1 的前方测站Ⅱ处，并同时令原后尺手移至 TP_2 处为前视点，TP_1 成为后视点。观测者重复进行一个测站的操作，分别读取测站Ⅱ的后视读数 a_2 与前视读数 b_2，从而计算得

$$h_2 = a_2 - b_2 \tag{2-7}$$

$$H_{TP_2} = H_{TP_1} + h_2 \tag{2-8}$$

高程又由后视点 TP_1 传至前视点 TP_2 尺台半球形顶面上。完成第二测站的观测与计算。

（3）将仪器搬至测站Ⅲ处，转点 TP_2 即为后视点，待定点 TP_3 为前视点。继续重复前面两站的操作，待定点 TP_3 处不需再放置尺台，水准尺直接立在点的标志上，从而推算出该点的高程。如上所述，依次沿水准路线方向逐站进行施测，多次重复一个测站的操作程序，直至整条路线的终点 B，陆续推算得各个待测点的高程。

路线水准测量经各站观测后，可得到各站高差，即

$$h_1 = a_1 - b_1$$
$$h_2 = a_2 - b_2$$
$$\vdots$$
$$h_n = a_n - b_n$$

将各测站的高差相加，便得到 A 至 B 高差 h_{AB}，即

$$\sum h_i = \sum a_i - \sum b_i = h_{AB} \tag{2-9}$$

则地面点 B 的高程为

$$H_B = H_A + h_{AB} = H_A + \sum h_i = H_A + (\sum a_i - \sum b_i) \tag{2-10}$$

B 点高程计算一般不求转点高程，而直接用上式求得。

(二)三项检核

1. 计算检核

由公式(2-9)可以看出，B 点对 A 点的高差等于各转点之间高差的代数和，也等于后视读数之和减去前视读数之和，见表 2-1 。

表 2-1　水准测量手簿

工程名称：＿＿＿＿＿日期：＿＿＿＿＿地点：＿＿＿＿＿仪器型号：＿＿＿＿＿

天　　气：＿＿＿＿＿观测：＿＿＿＿＿记录：＿＿＿＿＿

测站	点号	后视读数(m)	前视读数(m)	高差(m)		高程(m)	备注
				+	−		
Ⅰ	A	1.901		0.793		32.186	
	TP_1		1.108			32.979	
Ⅱ	TP_1	2.424		1.866			
	TP_2		0.558			34.845	
Ⅲ	TP_2	1.955		1.215			
	TP_3		0.740			36.060	
Ⅳ	TP_3	2.287		1.516			
	TP_4		0.771			37.576	
Ⅴ	TP_4	0.533			1.934		
	B		2.467			35.642	
计算校核	Σ	9.100	5.644	5.390	1.934	$H_B - H_A = +3.456$	
	$\sum a_i - \sum b_i = +3.456$			$\sum h_i = +3.456$			

$$\sum h_i = +3.456(\text{m})$$
$$\sum a_i - \sum b_i = +3.456(\text{m})$$

上两式说明高差计算无误。

最后，利用公式(2-10)由 A 点高程推算 TP_1 的高程 H_1，由 TP_1 的高程推算出 TP_2 的高程 H_2，依此类推，计算出 B 点的高程 H_B，即

$$H_1 = H_A + h_1 = 32.186 + 0.793 = 32.979(\mathrm{m})$$
$$H_2 = H_1 + h_2 = 32.979 + 1.866 = 34.845(\mathrm{m})$$
$$\vdots$$
$$H_B = H_{n-1} + h_n = 37.576 - 1.934 = 35.642(\mathrm{m})$$

而利用公式(2-10)可以直接得到 B 点高程 H_B,即

$$H_B = H_A + (\sum a_i - \sum b_i) = 32.186 + 3.456 = 35.642(\mathrm{m})$$

高程计算是否有误可以通过式(2-9)检核

$$H_B - H_A = \sum h_i = h_{AB}$$

在表 2-1 中为

$$35.642 - 32.186 = +3.456(\mathrm{m})$$

两式结果相等说明计算无误。

2. 测站检核

测站检核的方法有两种:双仪高法和双面尺法。

(1)双仪高法:在一个测站用不同的仪器高度测出两次高差,测得第一次高差后,改变仪器高度(至少 10 cm),然后再测一次高差。当两次高差之差值在 3 ~5 mm 时,则认为观测值符合要求,取平均值作为最后结果。若大于 5 mm,则需要重测。

(2)双面尺法:仪器高度保持不变,用双面水准尺的红黑面高差进行校核。红黑面高差之差不能大于 5 mm。

3. 成果检核

在水准测量实施的过程中,进行计算检核只能发现计算是否有误,进行测站检核只能检核每一个测站上测量是否有误。对于一条水准路线来说,测站检核还不足以说明所求得水准点的高程精度是否符合要求。由于温度、风力、大气折射和水准尺下沉等外界条件的影响而引起的误差,尺子倾斜和估读误差,以及水准仪本身的误差等,虽然在一个测站上反映不是很明显,但随着测站数量的增多使误差累积,有时也会超过规定的限差。因此,还需进行整个水准路线的成果检核,即进行高差闭合差的检核。在水准测量中,由于测量误差的影响,使沿水准路线测得的始终点的高差值与实际的始终点高差值不相等,其二者之差称为高差闭合差,一般以 f_h 表示。高差闭合差的计算随着水准路线形式的不同而不同,现分述如下:

1)闭合水准路线

在闭合水准路线中,高差的总和理论上应等于零,即

$$\sum h_{理} = 0$$

若实测高差的代数和不等于零,则高差代数和即为高差闭合差

$$f_h = \sum h_{测} \tag{2-11}$$

2)附合水准路线

在附合水准路线中,理论上各段的高差总和应与 A、B 两点的已知高差相等,如果不等,其差值即为高差闭合差

$$f_h = \sum h_{测} - (H_B - H_A) = \sum h_{测} - (H_{终} - H_{始}) \tag{2-12}$$

3)支水准路线

支水准路线应进行往返测量，从理论上讲，往返测高差的绝对值应相等而符号相反。若往返测高差的代数和不等于零则其为高差闭合差，亦称较差，即

$$f_h = \sum h_{往} + \sum h_{返} \tag{2-13}$$

支水准路线不能过长，应根据等级限制其长度。

上述水准路线中，当高差闭合差在容许范围内，即 $f_h \leqslant f_{容}$（$f_{容}$为容许高差闭合差）时，认为精度合格，成果可用。若超过容许值，应查明原因，进行重测，直到符合要求。

普通水准测量的容许闭合差按下式计算

$$f_{h容} = \pm 40\sqrt{L}(\mathrm{mm}) \tag{2-14}$$

或

$$f_{h容} = \pm 12\sqrt{n}(\mathrm{mm}) \tag{2-15}$$

式中 L——水准点间的路线长度，km；

n——水准路线总测站数。

在计算时，若 $L>1$ km，按其实际距离计算，若 $L<1$ km，则按 1 km 计算。平均 1 km 测站数少于 15 站的，按式(2-14)计算；平均 1 km 测站数多于 15 站的，按式(2-15)计算。

三、成果处理

水准测量的外业测量数据经检核无误后，就可以根据其观测高差计算高差闭合差，若闭合差满足了精度的要求，则调整闭合差，计算各点高程。这项工作称为水准测量的内业。

（一）附合水准路线高差闭合差的调整及各点高程的计算

如图 2-17 所示，A、B 为两个已知高程的水准点，$H_A = 65.376$ m，$H_B = 68.623$ m。各测段的高差分别为 h_1、h_2、h_3 和 h_4。表 2-2 为图 2-17 中附合水准路线成果计算的实例。

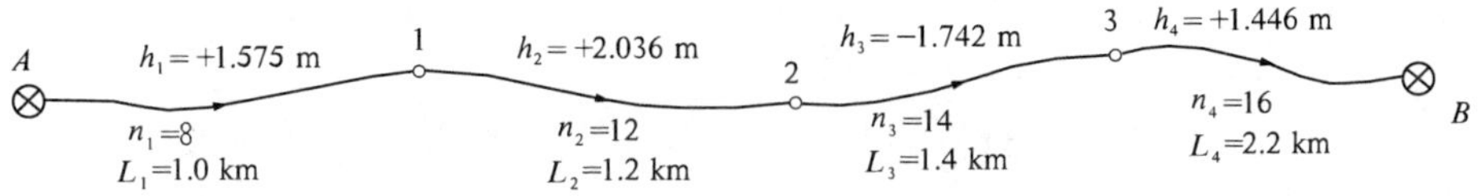

图 2-17　附合水准路线观测成果

表中按距离调整计算（一般适用于平坦地区），具体步骤如下。

1. 高差闭合差的计算

水准路线高差闭合差

$$f_h = \sum h_m - (H_B - H_A) = 3.315 - (68.623 - 65.376) = +0.068\ (\mathrm{m}) = +68(\mathrm{mm})$$

高差容许闭合差

$$f_{h容} = \pm 40\sqrt{L} = \pm 40\sqrt{5.8} = \pm 96(\mathrm{mm})$$

因 $|f_h| < |f_{h容}|$，符合精度要求，可以进行调整。

2. 高差闭合差调整

闭合差的调整就是计算各段高差改正数。其调整原则是将闭合差取反符号后按各段长度或测站数成正比改正。即

$$v_i = -\frac{f_h}{\sum L} L_i \tag{2-16}$$

或

$$v_i = -\frac{f_h}{\sum n} n_i \tag{2-17}$$

式中　v_i——第 i 测段的高差改正数,mm;

$\sum n$——水准路线总测站数;

$\sum L$——水准路线总长度,km;

n_i——某测段的测站数;

L_i——某测段的长度,km。

在本例中,各测段改正数为

$$v_1 = -\frac{f_h}{\sum L} L_1 = -\frac{68\ \text{mm}}{5.8\ \text{km}} \times 1.0\ \text{km} = -12\ \text{mm}$$

$$v_2 = -\frac{f_h}{\sum L} L_2 = -\frac{68\ \text{mm}}{5.8\ \text{km}} \times 1.2\ \text{km} = -14\ \text{mm}$$

$$v_3 = -\frac{f_h}{\sum L} L_3 = -\frac{68\ \text{mm}}{5.8\ \text{km}} \times 1.4\ \text{km} = -16\ \text{mm}$$

$$v_4 = -\frac{f_h}{\sum L} L_4 = -\frac{68\ \text{mm}}{5.8\ \text{km}} \times 2.2\ \text{km} = -26\ \text{mm}$$

在计算出各测段改正数之后应进行如下检核

$$\sum v_i = -68\ \text{mm} \qquad -f_h = -68\ \text{mm}$$

所以

$$\sum v_i = -f_h$$

即各测段改正数的总和等于反符号的高差闭合差,说明闭合差已全部改正。如不相等,则说明改正数计算有误。

为方便计算可先计算每 1 km(或每站)的改正数 $v_{\text{每km}}$(或 $v_{\text{每站}}$),然后再乘以各测段长度(或站数),就得到各测段的改正数。在该实测中每 1 km 的高差改正数为

$$v_{\text{每1 km}} = -f_h / \sum L \tag{2-18}$$

各段高差的改正数

$$v_i = v_{\text{每1 km}} \times L_i$$

最后把各测段改正数分别记入表 2-2 第 5 栏内。

3. 改正后的高差

各测段改正后高差等于各测段观测高差加上相应的改正数,即

$$\bar{h}_i = h_i + v_i \tag{2-19}$$

式中　$\bar{h}_i$——第 i 段的改正后高差,m。

本例题中,各测段改正后高差分别为

$$\bar{h}_1 = h_1 + v_1 = +1.575\ \text{m} + (-0.012\ \text{m}) = +1.563\ \text{m}$$

$$\bar{h}_2 = h_2 + v_2 = +2.036\ \text{m} + (-0.014\ \text{m}) = +2.022\ \text{m}$$

$$\bar{h}_3 = h_3 + v_3 = -1.742\ \text{m} + (-0.016\ \text{m}) = -1.758\ \text{m}$$

$$\bar{h}_4 = h_4 + v_4 = +1.446\ \text{m} + (-0.026\ \text{m}) = +1.420\ \text{m}$$

表 2-2　水准测量成果整理

点号	距离（km）	测站数	实测高差（m）	改正数（mm）	改正后高差（m）	高程（m）
1	2	3	4	5	6	7
A						65.376
	1.0	8	+1.575	−12	+1.563	
1						66.939
	1.2	12	+2.036	−14	+2.022	
2						68.961
	1.4	14	−1.742	−16	−1.758	
3						67.203
	2.2	16	+1.446	−26	+1.420	
B						68.623
$\sum$	5.8	50	+3.315	−68	+3.247	
辅助计算	$f_h = +68\ \text{mm}$　$\sum L = 5.8\ \text{km}$　$-f_h/\sum L = -68\ \text{mm}/5.8\ \text{km} = -12\ \text{mm/km}$ $f_{h容} = \pm 40\sqrt{L} = \pm 40\sqrt{5.8} = \pm 96(\text{mm})$					

计算检核

$$\sum \bar{h}_i = H_B - H_A = +3.247\ \text{m}$$

最后把各测段改正后高差分别记入表 2-2 第 6 栏内。

4. 高程计算

根据已知水准点 A 的高程和各测段改正后高差，即可依次推算出各待定点的高程，即

$$H_1 = H_A + \bar{h}_1 = 65.376\ \text{m} + 1.563\ \text{m} = 66.939\ \text{m}$$

$$H_2 = H_1 + \bar{h}_2 = 66.939\ \text{m} + 2.022\ \text{m} = 68.961\ \text{m}$$

$$H_3 = H_2 + \bar{h}_3 = 68.961\ \text{m} + (-1.758\ \text{m}) = 67.203\ \text{m}$$

$$H_{B(推算)} = H_3 + \bar{h}_4 = 67.203\ \text{m} + 1.420\ \text{m} = 68.623\ \text{m} = H_{B(已知)}$$

最后推算出的 B 点高程应与已知的 B 点高程相等，以此作为计算检核。把计算高程记入表 2-2 第 7 栏内。

（二）闭合水准路线高差闭合差的调整及各点高程的计算

闭合水准路线成果计算的步骤与附合水准路线计算的步骤相同，不再赘述。

（三）支水准路线高差闭合差的调整及各点高程的计算

因支水准路线只求一个点的高程，如图 2-15(c) 所示的 1 点，其高差闭合差计算见公式(2-13)，故只取往返高差的平均值即可（平均高差的符号与往测的高差值的符号相同），即

$$h = (\sum h_{往} - \sum h_{返})/2 \tag{2-20}$$

第五节　微倾式水准仪的检验与校正

微倾式水准仪经过长期使用和搬运，会使某些螺旋产生微小磨损和松动，从而使轴线之间原来的几何关系遭到破坏，给观测带来误差，影响测量成果的精度。为了使仪器恢复轴线之间原有的几何关系，对仪器应定期或及时进行检验和校正。

一、水准仪轴线间应满足的条件

水准仪有四条轴线，即视准轴（CC）、水准管轴（LL）、圆水准器轴（$L'L'$）和仪器的竖轴（VV），如图 2-18 所示。

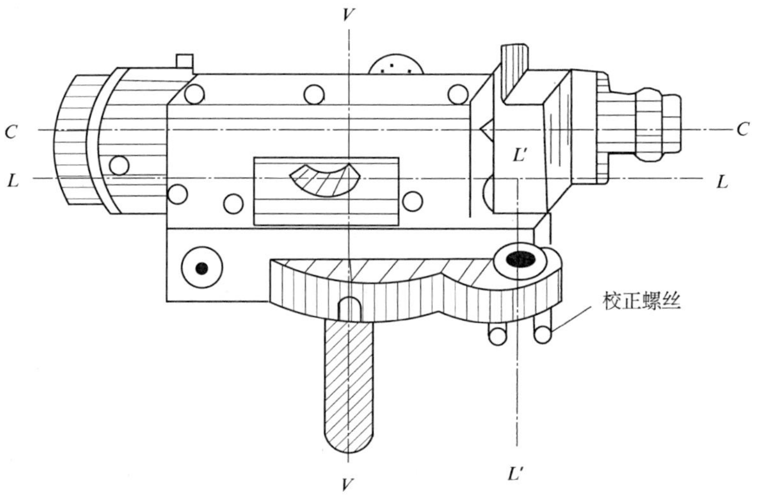

图 2-18　微倾式水准仪的轴线

根据水准测量原理，水准仪轴线应满足的几何条件是：

(1)水准管轴 LL 平行于视准轴 CC；

(2)圆水准轴 $L'L'$平行于竖轴 VV；

(3)横丝要水平（即十字丝横丝垂直于竖轴 VV）。

二、水准仪的检验与校正

（一）圆水准器的检验与校正

1. 目的

使圆水准器平行于仪器竖轴，也就是当圆水准器的气泡居中时，仪器的竖轴应处于铅垂位置。

2. 检验原理

如图 2-19 所示，VV 为仪器的旋转轴，即竖轴。$L'L'$为圆水准器轴。假设两轴不平行而有一个交角 δ，如图 2-19(a)所示。当气泡居中时，圆水准器轴 $L'L'$是处于铅垂位置，而仪器的竖轴相对铅垂线倾斜了 δ 角。将仪器绕竖轴旋转 180°，由于仪器旋转时是以 VV 为旋转轴，即 VV 的空间位置是不动的，但圆水准器从竖轴的右侧转到左侧，圆水准器中的液体受重力作用，使气泡处于最高处，圆水准器轴相对铅垂线倾斜了 2δ 角，造成了气泡中点偏离零点，如图 2-19(b)所示。这说明圆水准器轴 $L'L'$ 不平行于竖轴 VV，需要校正。

3. 校正方法

如图 2-20 所示，校正前应先拧松中间的固定螺丝，然后调整三个校正螺丝，使气泡向居中的位置移动偏移量的一半，如图 2-19(c)所示，这时，竖轴已经处于铅垂状态，再用脚螺旋整平，使水准气泡居中，圆水准器轴 $L'L'$ 则处于竖直状态，如图 2-19(d)所示。校正工作一般都难以一次完成，须反复进行，直到仪器旋转到任何位置，圆水准器气泡均居中。最后应注意拧紧固定螺丝。

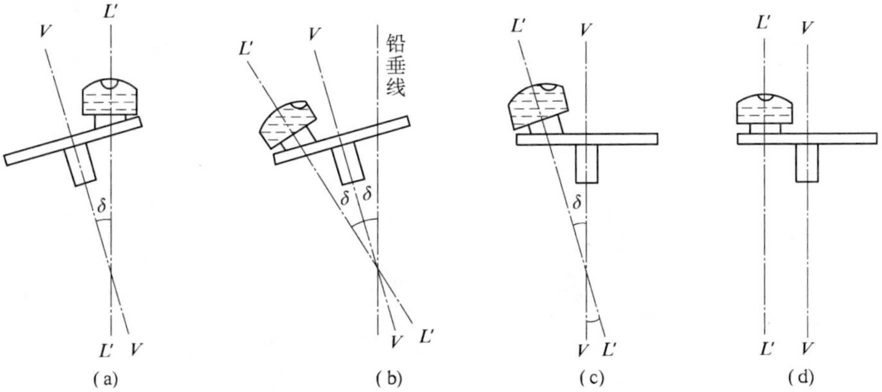

图 2-19　圆水准器的检校

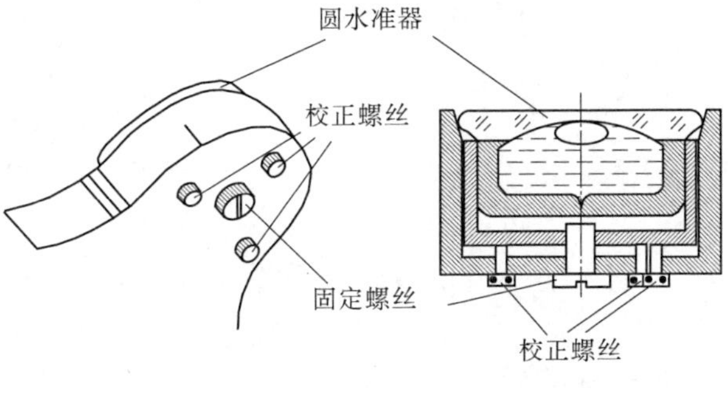

图 2-20　圆水准器校正结构

(二)十字丝的检验与校正

1. 目的

使十字丝横丝垂直于仪器的竖轴，也就是竖轴铅垂时，横丝应水平。

2. 检验原理

整平仪器后，用十字丝横丝一端对准远处一固定明显的目标点 P，如图 2-21(a)所示。拧紧制动螺旋，转动微动螺旋，使望远镜视准轴绕竖轴转动，如果 P 点沿着横丝移动，如图 2-21(b)所示，则表示十字丝横丝与竖轴垂直。如果 P 点离开横丝，如图 2-21(c)、(d)

所示，则表示十字丝横丝不垂直于竖轴，需要校正。

3. 校正方法

由于十字丝装置不同，校正的方法也有所不同。一般情况下是卸下目镜处十字丝环外罩，如图 2-21(e)所示，松开十字丝分划板座的固定螺丝，按横丝倾斜的反方向，微微转动十字丝环，再作检验，直到满足要求。最后将固定螺丝拧紧。十字丝校正结构如图 2-21(f)所示。

一般为避免或减少校正不完善的残余误差的影响，应该用十字丝交点照准目标进行读数。

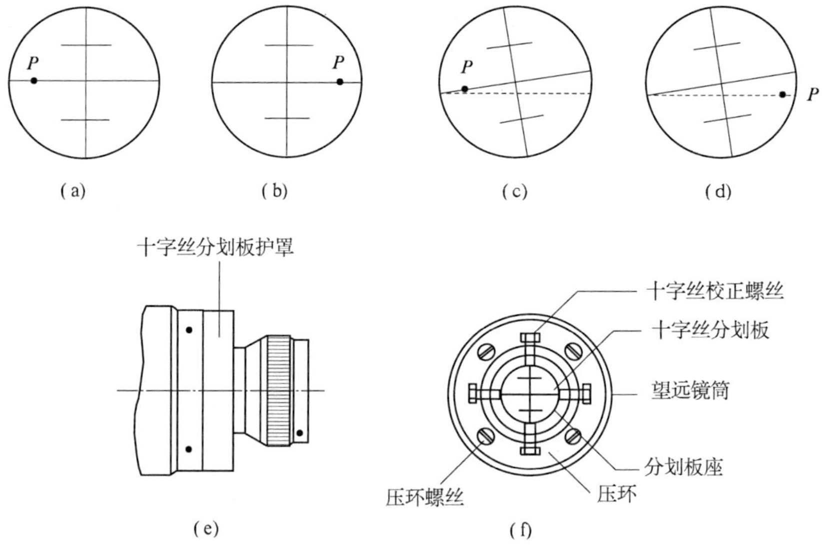

图 2-21　十字丝校正及结构

(三) 水准管的检验与校正

1. 目的

使水准管轴平行于视准轴，也就是当管水准器气泡居中时，视准轴应处于水平状态。

2. 检验原理

设水准管轴不平行于视准轴，它们之间的交角为 i，如图 2-22 所示。当水准管气泡居中时，视准轴不是水平线而是倾斜了 i 角，水准仪至水准尺的距离越远，由此引起的读数偏差也越大。当仪器至尺子的前后视距相等时，则在两根尺子上的读数偏差 Δ 也相等，因此不影响所求的高差。前后视距相差越大，则 i 角对高差的影响也越大。视准轴不平行于水准管轴的误差也称 i 角误差。

检验时，在平坦地面上选择同一直线上的 A、B、C 三点，使 $AC = BC$，A、B 相距 60 ~ 80 m，如图 2-22 所示。

首先，将水准仪安置于 C 点，在 A、B 两点竖立标尺，瞄准、精平后分别在 A、B 点水准尺上读数 a_1 和 b_1，则 A、B 点间的正确高差(一般用变动仪器高法或双面尺法测定高差取其平均值)为

$$h_{AB} = (a_1 - \Delta) - (b_1 - \Delta) = a_1 - b_1 \tag{2-21}$$

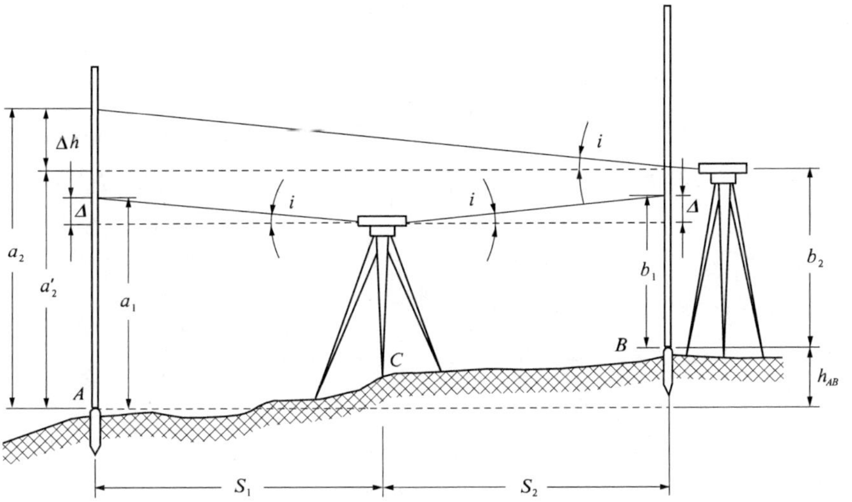

图 2-22　水准管轴不平行于视准轴的检验

然后将水准仪安置于 B 点附近处，离 B 点大约 3 m，精平后，读取 B 点尺上读数 b_2。因为仪器离 B 点很近，两轴不平行引起的误差可忽略不计。根据 b_2 和高差 h_{AB} 得出 A 点尺上水平视线的读数为

$$a'_2 = b_2 + h_{AB}$$

最后，瞄准 A 点水准尺，精平并读取 A 点尺上读数 a_2。如果 $a'_2 = a_2$，说明两轴平行。否则，存在 i 角，其值为

$$i = (a_2 - a'_2)\rho''/D_{AB} \tag{2-22}$$

式中　D_{AB}——A、B 两点间的平距，m；

$\rho'' = 206\ 265''$。

对于 DS_3 水准仪来说，i 角值大于 20″时，则需要校正。

3. 校正方法

保持仪器不动，转动微倾螺旋，使十字丝的中丝对准 A 点尺上读数 a_2，此时，视准轴处于水平位置，而水准管气泡却偏离了中心。用拨针先拨松水准管一端左边（或右边）的校正螺丝，使偏离的气泡重新居中，然后将校正螺丝旋紧。此项工作应反复进行，直至达到要求。

注意：对于这种成对的校正螺丝，在拨动上、下校正螺丝时应“先松后紧”，否则容易损坏校正螺丝。

第六节　自动安平水准仪

自动安平水准仪不需要水准管和微倾螺旋，只有一个圆水准器。安置仪器时，圆水准器的气泡居中后，借助于一种补偿装置，使视线自动处于水平状态。因此，使用这种水准仪，不仅操作简便，而且能大大缩短观测时间，还可把由于水准仪整置不当、地面有微小震动或脚架的不规则下沉等影响视线水平的因素做迅速调整，从而得到正确的读数值，提高

水准测量的精度。

一、自动安平水准仪原理

自动安平水准仪的基本原理是：在水准仪望远镜的光学系统中，设置一种利用地球重力作用的补偿器，以改变光路。如图2-23所示，视准轴水平时在水准尺上的读数为 a，当视准轴倾斜了一个小角度 α 时，按视准轴读数为 a'，显然，a' 不是水平视线的读数。为了使十字丝横丝的读数仍为视准轴水平时的读数 a，在望远镜的光路中加一个补偿器，使通过物镜光心的水平视线经过补偿器的光学元件后偏转一个 β 角，使成像仍然位于十字丝中心。由于 α、β 都是很小的角度，如果式(2-23)成立，即能达到补偿的效果。

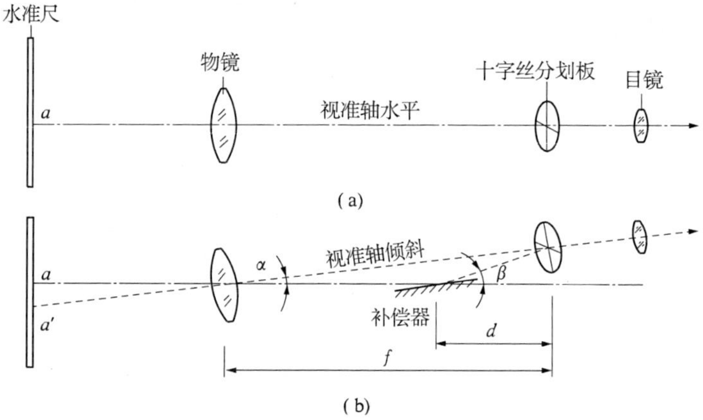

图2-23　自动安平水准仪安平原理

$$f \cdot \alpha = d \cdot \beta \tag{2-23}$$

式中　f——物镜到十字丝的距离，mm；

d——补偿器到十字丝的距离，mm。

二、补偿器

自动安平水准仪的补偿器，目前比较常见的有两种：一种是悬挂的十字丝板，一种是悬挂的棱镜组。

如图2-24所示，是一有代表性的自动安平补偿器的结构示意图。在该仪器望远镜内部的物镜和十字丝分划板之间装置一个补偿器。当视准轴水平时，如图2-24(a)所示，水平视线经过转向棱镜和补偿棱镜的反射，最后不改变原来的方向，射向十字丝的中心，即水平视线与视准轴重合；当视准轴有微小倾斜时，如图2-24(b)所示，水平视线开始与视准轴不重合，但是，经过转向棱镜和受重力作用而改变原来位置的补偿棱镜的反射，最后仍能与视准轴相重合，达到自动整平的目的。

补偿器既要灵敏地反映望远镜倾斜的变化，又要使视准轴迅速稳定，便于读数。因此，补偿器通常由补偿元件、灵敏元件和阻尼元件三部分组成。

(1)补偿元件。当望远镜视准轴倾斜后，为使水平视线的目标物像经折射后仍然落在十字丝分划板中心的一组光学元件，称为补偿元件。也就是确定 α 和 β 关系所需的一

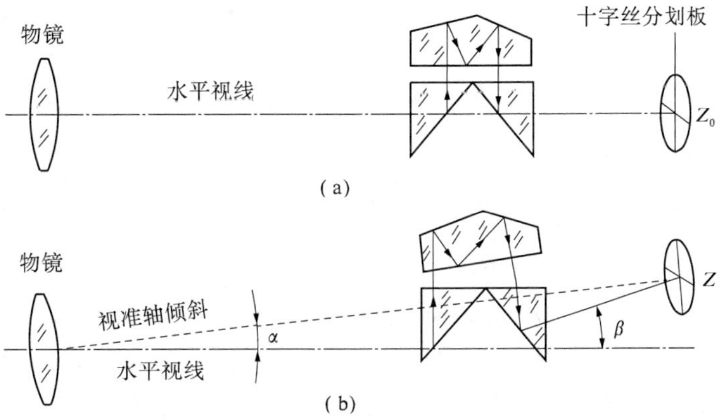

图2-24　自动安平补偿器的结构原理

组棱镜、透镜、光楔、平面镜等。

(2)灵敏元件。在望远镜倾斜时,能使补偿元件作相应倾斜或位移的元件,称为灵敏元件,常用的有吊丝、弹簧片、扭丝、滚珠轴承等。

(3)阻尼元件。补偿器通常是悬挂的,在微倾时会产生摆动。为尽快使其稳定,采用制动系统进行快速制动,这种快速制动系统称为阻尼元件。在一般的自动安平水准仪中,补偿器的稳定时间在2 s以内。

三、自动安平水准仪的技术操作

自动安平水准仪的使用与一般的微倾式水准仪的操作方法基本相同,不同的就是自动安平水准仪在整平时不需要精平。自动安平水准仪仅有圆水准器,因此安置自动安平水准仪,只转动脚螺旋,使圆水准器气泡居中即可,补偿器能使其自动安平。

有的仪器装有揿钮,具有检查补偿器功能是否正常的作用。按下揿钮,轻触补偿器,待补偿器稳定后,看标尺读数有无变化。如无变化,说明补偿器正常。若无揿钮装置,可稍微转动脚螺旋,如标尺读数无变化,同样说明补偿器作用正常。

此外,在使用仪器前,还应重视对圆水准器的检验校正,因为补偿器的补偿功能有一定限度。若圆水准器不正常,会使气泡居中时,仪器竖轴仍然偏斜,当偏斜角超过补偿功能允许的范围时,补偿器将失去补偿作用。

四、自动安平水准仪的检验校正

自动安平水准仪的圆水准器以及十字丝横丝的检验与校正和微倾式水准仪相同。因自动安平水准仪无水准管,视线水平完全由“补偿器”来安平,但由于受到各种因素的影响,视准轴也不可能成为理想的水平视线,总存在一个夹角即i角。校正时,一般先松开目镜镜筒护盖,用拨针拨动十字丝分划板上下校正螺丝,使十字丝中心对准远标尺的正确读数,再旋上目镜镜筒护盖。此项校正应重复进行,直到符合要求。

第七节　电子水准仪简介

一、电子水准仪概述

电子水准仪又称数字水准仪，是在自动安平水准仪的基础上发展起来的。它采用条码标尺，各厂家标尺编码的条码图案不相同，不能互换使用。目前仍需目视进行照准标尺和调焦。人工完成照准和调焦之后，标尺条码一方面在望远镜分划板上成像，供目视观测，另一方面通过望远镜的分光镜，又在光电传感器（又称探测器）上成像，即线阵 CCD 器件上，供电子读数。因此，如果使用传统水准标尺，电子水准仪又可以像普通自动安平水准仪一样使用。不过这时的测量精度低于电子测量的精度。特别是精密电子水准仪，由于没有光学测微器，当成普通自动安平水准仪使用时，其精度更低。

1963 年 Fennel 厂研制出了编码经纬仪，20 世纪 40 年代已经出现的电磁波测距技术，随着光电技术、计算机技术和精密机械的发展，到 20 世纪 80 年代已开始普遍使用电子测角和电子测距技术，而到 20 世纪 80 年代末水准测量还在使用传统仪器。这是由于水准仪和水准标尺不仅在空间上是分离的，而且两者的距离可以从 1 m 多变化到 100 m，因此在技术上会引起数字化读数的困难。

为实现水准仪读数的数字化，人们进行了近 30 年的尝试，如蔡司厂的 RENI002A 已使测微器读数能自动完成，但粗读数还需人工读出并按键输入，与精读数一起存入存储器，因此还算不上真正的电子水准仪；又如利用激光扫平仪和带探测的水准标尺，可以使读数由标尺自动记录，由于这种试验结果还不能达到精密几何水准测量的要求，因此也没有解决水准测量读数自动化的难题。

1990 年威特厂首先研制出数字水准仪 NA2000。可以说，从 1990 年起，大地测量仪器已经完成了从精密光机仪器向光机电测一体化的高技术产品的过渡，攻克了大地测量仪器中水准仪数字化读数这一最后难关。

到 1994 年蔡司厂研制出了电子水准仪 $D_iN_i10/20$，同年拓普康厂也研制出了电子水准仪 DL101C/102C。这意味着电子水准仪也将普及，并开始了激烈的市场竞争。同时也说明，目前还是几何水准测量的精度高，没有其他方法可以取代。GPS 技术只能确定大地高，大地高换算成工程上感兴趣的正高，还需要知道高程异常，确定高程异常还少不了精密水准测量。这也是各厂家努力开发电子水准仪的原因之一。

电子水准仪具有测量速度快、读数客观、能减轻作业劳动强度、精度高、测量数据便于输入计算机和容易实现水准测量内外业一体化的优点，因此它投放市场后很快受到用户青睐。国外的低精度高程测量，盛行使用各种类型的激光定线仪和激光扫平仪。因此，电子水准仪定位在中精度和高精度水准测量范围，分为两个精度等级。中等精度的标准差为 1.0 ~ 1.5 mm/km，高精度的标准差为 0.3 ~ 0.4 mm/km。

二、电子水准仪的特点

(一)电子水准仪的特点

电子水准仪是以自动安平水准仪为基础,在望远镜光路中增加了分光镜和探测器(CCD),并采用条码标尺和图像处理电子系统而构成的光机电测一体化的高科技产品。采用普通标尺时,又可像一般自动安平水准仪一样使用。它与传统仪器相比有以下共同特点:

(1)读数客观。不存在误差、误记问题,没有人为读数误差。

(2)精度高。视线高和视距读数都是采用大量条码分划图像经处理后,取平均得出来的,因此削弱了标尺分划误差的影响。多数仪器都有进行多次读数取平均的功能,可以削弱外界条件影响。不熟练的作业人员也能进行高精度测量。

(3)速度快。由于省去了报数、听记、现场计算的时间以及人为出错的重测数量,测量时间与传统仪器相比可以节省1/3左右。

(4)效率高。只需调焦和按键就可以自动读数,减轻了劳动强度。视距还能自动记录,检核,并能输入电子计算机进行后处理,可实现内外业一体化。

(二)拓普康DL(C)系列的具体特点

拓普康DL系列作为电子水准仪家族中的一员,以高性能、低价格深受广大用户的欢迎。DL系列造型美观、内置功能强、菜单功能丰富、操作界面友好,有各种信息提示,大大方便了实际操作。

主要特点有:

(1)在字母状态下,可输入数字、大小写字母及常用标点符号(如“!”、“#”、“%”、“§”、“$”、“’”、“()”、“*”、“_”、“+”、“@”、“<>”等)。

(2)既可以进行自动测量(用条码标尺,目前可使用三种标尺:铝合金标尺SA-5 m、玻璃纤维尺SG-3 m和铟钢尺SI-3/T或SI-3),又可以进行人工读数(普通标尺)。

(3)有多次测量、自动求平均值、统计测量误差的功能。

(4)有三种线路水准测量模式:后前前后、后后前前、后前。给定测量限差值,仪器可自动判断测量现差,超限时提示重测,能自动计算线路闭合差等。

(5)DL系列有三种记录模式:即RAM方式,直接存在仪器内部RAM中(128 K),可存大约2 400组数据;RS-232C方式,可通过电缆将测量数据存到外接计算机或用户开发的电子手簿上,进行联机实时测量;OFF方式,测量结果只显示在仪器屏幕上,不进行存储。DL系列主机内存可存储约1 100个点的数据,并在前一型号DL系列基础上增加了PCMCIA卡存储功能。目前,PCMCIA卡的容量主要有256 K、512 K、1 M。

(6)虽然仪器的显示屏较小,但保存在仪器内部的测量结果可在仪器上用SRCH键进行查阅。

(7)具有高程放样和测量水准支点的功能。

(8)当测量键不起作用(如光线太暗、遮挡太多)时,可输入人工测量的高程和平距读数，以使线路水准测量程序能继续进行。

(9)有倒置标尺功能，适合于天花板、地下水准测量。

(10)DL(C)系列具有独立的测距功能，可方便地用于前、后视距离测量，精度为 1 cm 至 5 cm。

(11)可用来概略测定水平角，精度为 1°。

(12)标尺为等间距分划，可以像检验普通水准标尺一样，检验它的分划误差。

(13)仪器有 i 角检验程序，在野外可方便地进行 i 角检验。

第八节　水准测量误差及注意事项

一、水准测量的误差

水准测量误差包括仪器误差、观测误差和外界条件影响误差三方面。在水准测量作业中，应根据产生误差的原因，采取相应措施，尽量减小或消除其影响。

(一)仪器误差

1. i 角误差

即望远镜视准轴与水准管轴经过校正仍然不平行时对观测值的影响，这是仪器误差的主要来源。因为 i 角的校正不可能为零，人眼生理条件的限制又不能使水准气泡精确居中，所以观测时总会有 i 角存在。这种误差属于系统误差，它的大小与仪器至水准仪的距离成正比。因此，只要在观测时做到前后视距相等，即可消除该项误差的影响。

2. 水准尺误差

水准尺刻划不准确、尺长变化、尺身弯曲及底部零点磨损等，都会直接影响水准测量的精度。因此，对水准尺要进行检定，凡刻划达不到精度要求及弯曲变形的水准尺，均不能使用。对于零点差，可采取在起终点之间设置偶数站的方法消除其对高差的影响。

(二)观测误差

1. 水准管气泡居中误差

水准测量时，视线的水平是根据水准管气泡居中来实现的。由于气泡居中存在误差，致使视线偏离水平位置，从而带来读数误差。减少此误差的办法就是每次读数时使气泡严格居中。

2. 水准尺估读误差

在水准尺上估读毫米数的误差与人眼的分辨能力、望远镜的放大倍率，以及视线长度有关。视线愈长，估读误差愈大。因此，在测量作业中，应遵循不同等级的水准测量对望远镜放大倍率和最大视线长度的规定，以保证估读精度。

3. 水准尺倾斜误差

测量时水准尺应扶直，当水准尺倾斜时，其读数总比尺子竖直时的读数大，而且视线愈高，水准尺倾斜引起的读数误差愈大，所以在高差大、读数大时，应特别注意将尺扶直。

测量时，可以采用“摇尺法”读数：在读数时，将尺子缓缓向前后俯仰摇动，尺上的读数也会缓缓改变，观测者读取尺上最小读数，即为尺子竖直时的读数。

（三）外界条件的影响

1. 仪器下沉误差

当仪器安置在土质松软的地面时，会产生缓慢下沉现象，致使后视读数、后视线降低，前视读数减小，而引起高差误差。减小这种误差的方法有：①尽可能将仪器安置在坚硬的地面上，并将脚架踏实；②加快观测速度，尽量缩短前后视读数时间差；③采用后前前后的观测顺序。

2. 尺台下沉误差

如果转点选在土质松软的地面上，尺台受水准尺的撞击及重压后也会下沉，将使下一站后视读数增加，也会引起高差误差，因为往测和返测高差本身符号相反，所以尺台下沉误差在往返测高差中会得到一定程度的抵消和减弱。

3. 地球曲率的影响及大气折光差

用水平视线代替大地水准面的平行曲线，对尺上的读数产生影响为

$$c = D^2/2R \tag{2-24}$$

由于大气折射，视线并不是水平的，而是一条曲线，曲线的半径大致为地球半径的6～7倍。其折射量的大小对水准尺读数产生的影响为

$$r = D^2/(2\times 7R) \tag{2-25}$$

折射影响与地球曲率之和为

$$f = c - r = D^2/2R - D^2/(2\times 7R) = 0.43D^2/R$$

计算高差时，应从前后视读数中分别减去f，方能得出正确的高差，即

$$h = (a - f_a) - (b - f_b) \tag{2-26}$$

若前后视距相等，则$f_a = f_b$，地球曲率与大气折射的影响在计算高差中相互抵消。所以，在水准测量中，前后视距应尽量相等。同时，视线高出地面应有足够的高度，在坡度较大的地面观测应缩短视线。此外，还应选择有利的时间进行观测，尽量避免在不利的气象条件下进行作业。

4. 温度的影响

温度的变化不仅引起大气折射的变化，而且当烈日照射水准管时，水准管和管内液体温度升高，气泡移向温度高的一端，从而影响仪器水平，产生气泡居中误差。因此，应随时注意撑伞遮阳，防止阳光直接照射仪器。

二、注意事项

水准测量时，除要求测量人员要认真负责外，还要注意以下事项：

（一）观测时的注意事项

（1）仪器使用一段时间后，应进行检验校正，保证仪器轴线的几何条件。

（2）安置仪器时要尽量保证前后视距相等。

(3)仪器安置要稳,防止下沉。连接螺旋要拧紧,防止仪器摔落地面,并做到至少一人不离开仪器。

(4)每次读数前,应严格消除视差。水准管气泡要严格居中,读数时要仔细、迅速。

(5)迁站前,应保证记录员记录无误。迁站时,应将三脚架合拢,一只手抱住脚架,另一只手托住仪器,稳步前进。远距离迁站时,仪器应装箱。

(6)晴天阳光下测量时,应撑伞保护仪器。

(二)扶尺时的注意事项

(1)使用塔尺时应注意接合部是否衔接好,注意防止上部尺节下滑,尺长不正确。

(2)转点应选在坚实、稳固的地方。经前视读数后,尺台不得随意挪动。

(3)扶尺者应双手正对仪器扶尺,尺子立直,不应有偏斜。

(4)后视立尺者,在未得到观测者通知时,不得随意挪动尺子,以避免造成整段路线的返工重测。

(三)记簿时的注意事项

(1)将表格应先填好的各个项目在记录开始前填好,注意测站编号与点号的填记。

(2)记录员应集中注意力听取观测者的读数,并复述读数,确定无误后记入表内。

(3)如有记错、算错,皆用横线正规将错处划去,并在其上方记入正确数字。不允许用橡皮擦掉或涂改。

(4)当站应记录、计算的数据,必须当站完成,并检查计算无误后,通知观测者迁站。

(5)不允许先记录在草稿纸上,而后进行誊抄。记录时必须用铅笔。

复习思考题

2-1 何谓高程基准面?水准测量分哪些等级?

2-2 进行水准测量时,设 A 为后视点,B 为前视点,后视水准尺读数 $a=1.124$ m,前视水准尺读数 $b=1.428$ m,问 A、B 两点的高差 h_{AB} 为多少?设已知 A 点的高程为 20.016 m,问 B 点的高程为多少?

2-3 水准仪由哪些主要部分构成?各起什么作用?

2-4 测量望远镜由哪些主要部分构成?各起什么作用?

2-5 用测量望远镜瞄准目标时,为什么会产生视差?如果存在视差,如何消除?

2-6 何谓水准管的分划值?水准管的分划值与其灵敏度的关系如何?

2-7 什么叫做水准测量的测站检核,其目的是什么?经过测站检核后,为什么还要进行路线检核?

2-8 何谓水准测量的高差闭合差?如何计算水准测量的容许高差闭合差?

2-9 图 2-25 为一附合水准路线的略图,BM_A 和 BM_B 为已知高程的水准点,BM_1 ~ BM_4 为高程待定的水准点,各点间的路线长度、高差观测值及已知点高程如图中所示。计算高差闭合差、容许高差闭合差,并进行高差改正,最后计算各待定水准点的高程(见表 2-3)。

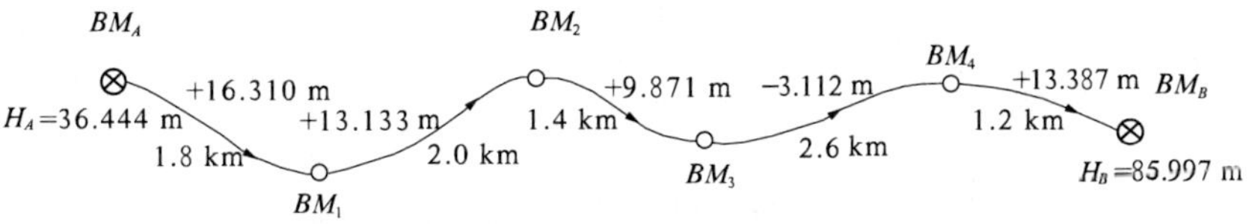

图 2-25　题 2-9 图

表 2-3　题 2-9 表

点号	距离 (km)	测量高差 (m)	改正数 (m)	改正后高差 (m)	高程 (m)
Σ					

高差闭合差 f_h =

高差容许闭合差 $f_{h容}$ =

每 1 km 改正数 =

2-10　水准仪有哪些轴线？请把各轴线标于图 2-26 中。

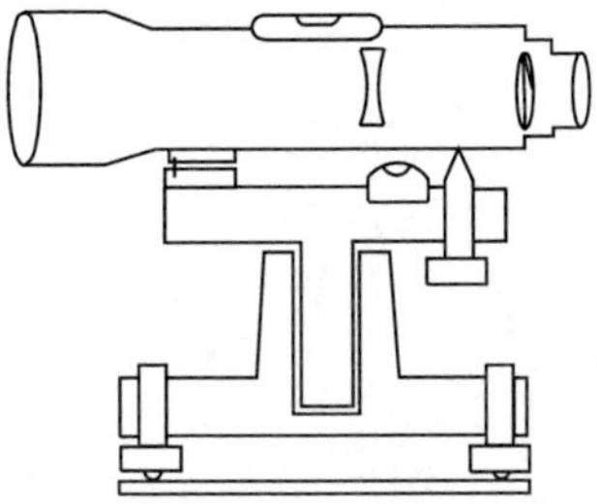

图 2-26　题 2-10 图

2-11　水准仪各轴线之间应满足什么条件？其中什么是主要条件？为什么？

2-12　水准仪有哪几项检验和校正？如何进行各项检验和校正？

2-13　如图 2-27 所示，进行水准仪的水准管轴平行于视准轴的检验与校正时，仪器首先放在相距 80 m 的 A、B 两桩中间，用两次仪器高测得 A、B 的高差 $h_1 = +0.204$ m，然后将仪器移至 B 点近旁，测得 A 尺读数 $a_2 = 1.695$ m 和 B 尺读数 $b_2 = 1.466$ m。

试问：(1) 根据检验结果，水准管轴是否平行于视准轴？

(2) 如果不平行，视线水平时的正确读数为多少？

(3) 如何进行校正？

2-14　自动安平水准仪有什么特点？如何使用？

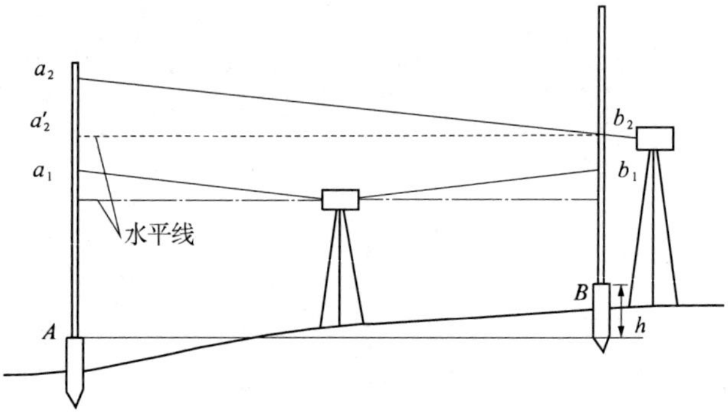

图 2-27　题 2-13 图

2-15　水准测量有哪些误差来源？进行水准测量时，有哪些注意事项？

第三章　角度测量

本章重点

1. 角度测量的基本原理；
2. 光学经纬仪的使用及操作步骤；
3. 水平角测量及竖直角测量；
4. 水平角观测误差来源及削减措施。

第一节　角度测量原理

角度测量是测量的三项基本工作之一，它包括水平角测量和竖直角测量。水平角测量用于确定地面点的平面位置，竖直角测量用于间接测定地面点的高程。经纬仪是进行角度测量的主要仪器。

一、水平角的测量原理

由一点到两个目标的方向线垂直投影在水平面上的夹角称为水平角。

如图3-1所示，A、B、C 是三个位于地面上不同高程的点，B_1A_1、B_1C_1 分别为空间直线 BA、BC 在水平面上的投影，B_1A_1 与 B_1C_1 的夹角 β 即为地面点 B 上由 BA、BC 两方向线构成的水平角。

为了测出水平角 β，可设想在过角顶 B 点上方架设一个安置成水平的带有顺时针刻划、注记的圆盘，即水平度盘，并使其圆心 O 在过 B 点的铅垂线上，直线 BC、BA 在水平度盘上的投影分别为 Om、On；这时，若能读出 Om、On 在水平度盘上的读数 m 和 n，水平角 β 就等于 m 减 n，用公式表示为

$$\beta = 右目标读数\ m - 左目标读数\ n$$

由此可知，用于测量水平角的仪器，必须有一个能安置水平且能使其中心处于过测站点铅垂线上的水平度盘；必须有一套能精确读取度盘读数的装置；还必须有不仅能上下转动成竖直面，还能绕铅垂线水平转动的照准方向、高度、远近不同的目标。

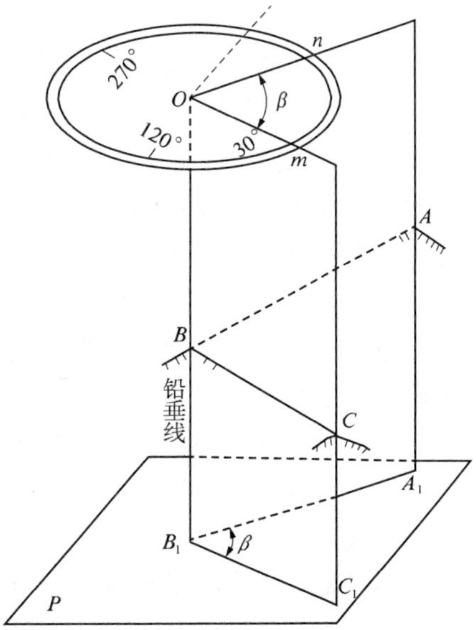

图3-1　水平角观测原理

二、竖直角的测量原理

在竖直面内,测站点到目标点的视线与水平线的夹角称为竖直角。如图 3-2 所示,视线 AB 与水平线 AB' 的夹角 α,为 AB 方向线的竖直角。其角值从水平线算起,向上为正,称为仰角;向下为负,称为俯角。范围为 $0° \sim \pm 90°$。

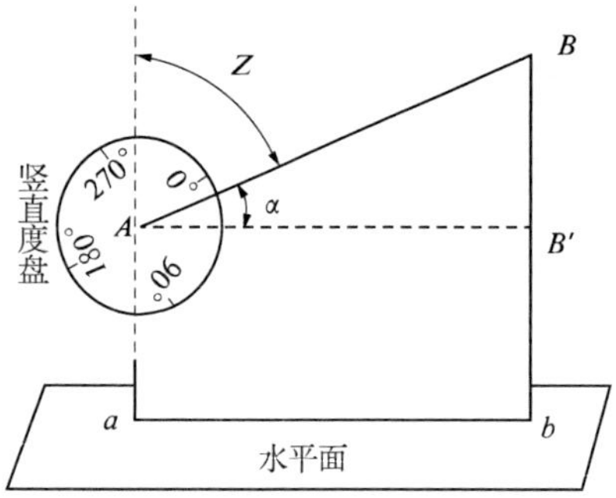

图 3-2　竖直角观测原理

视线与测站点天顶方向之间的夹角称为天顶距。图 3-2 中以 Z 表示,其数值为 $0° \sim 180°$,均为正值。显然,同一目标的竖直角 α 和天顶距 Z 之间有如下关系

$$\alpha = 90° - Z$$

为了观测天顶距或竖直角,经纬仪上必须装置一个带有刻划注记的竖直圆盘,即竖直度盘,该度盘中心在望远镜旋转轴上,并随望远镜一起上下转动;竖直度盘的读数指标线与竖盘指标水准管相连,当该水准管气泡居中时,指标线处于某一固定位置。显然,照准轴水平时的度盘读数与照准目标时度盘读数之差,即为所求的竖直角 α。

光学经纬仪就是根据上述测角原理而设计制造的一种测角仪器。

第二节　光学经纬仪

经纬仪的种类很多,但基本结构大致相同。目前,我国常用的经纬仪按精度不同分为 $DJ_{0.7}$、DJ_1、DJ_2 和 DJ_6 等几种类型,其中“D”、“J”分别是“大地测量”和“经纬仪”汉语拼音的第一个字母,数字“0.7”、“1”、“2”、“6”等分别表示该级仪器一测回方向观测值中误差的秒数。

一、DJ_6 型光学经纬仪

DJ_6 型光学经纬仪是工程测量中常用的一种测角仪器,由于生产厂家不同,仪器结构和部件也不尽相同。按照读数装置不同可分为两类:一类是测微尺读数装置;另一类是单平板玻璃测微器读数装置。

(一)测微尺读数装置的光学经纬仪

国产 DJ_6 型光学经纬仪外型及部件名称如图 3-3 所示。它主要由照准部、水平度盘和基座三个主要部分组成。

图 3-4 所示为仪器主要部分的分装图。

1. 基本构造

1)照准部

照准部是光学经纬仪的重要组成部分,主要有望远镜、照准部水准管、竖直度盘(或简称竖盘)、光学对中器、读数显微镜及竖轴等各部分组成。照准部可绕竖轴在水平面内转动,由水平制动螺旋和水平微动螺旋控制。

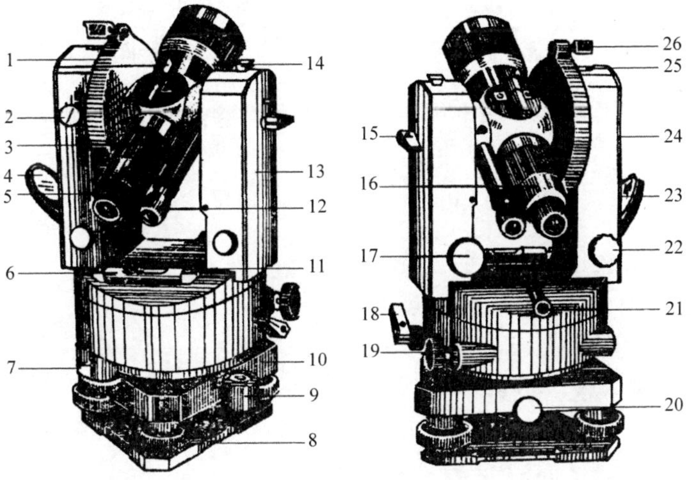

图 3-3　DJ$_6$ 光学经纬仪

1—粗瞄器;2—护盖;3—望远镜调焦环;4—照明反光镜;5—望远镜目镜;6—照准部水准器;7—度盘变换器;8—基座脚螺旋;9—圆形水准器;10—底座;11—校正螺丝;12—读数显微镜目镜;13—右侧盖板;14—磁针插榫;15—望远镜制动手柄;16—分划板护罩;17—望远镜微动螺旋;18—水平制动手柄;19—水平微动螺旋;20—底座制紧螺丝;21—光学对中器目镜;22—竖盘水准器微动螺旋;23—照明窗;24—左侧盖板;25—竖盘指标水准器;26—指标水准器反光镜

(1)望远镜:它固连在仪器横轴(又称水平轴)上,可绕横轴俯仰转动而照准高低不同的目标,并由望远镜制动螺旋和微动螺旋控制。

(2)照准部水准管:用来精确整平仪器。

(3)竖直度盘:用光学玻璃制成,可随望远镜一起转动,用来测量竖直角。

(4)光学对中器:用来进行仪器对中,即使仪器中心位于过测站点的铅垂线上。

(5)竖盘指标水准管:在竖直角测量中,利用竖盘指标水准管微动螺旋使气泡居中,保证竖盘读数指标线处于正确位置。

(6)读数显微镜:用来精确读取水平度盘和竖直度盘读数。

2)水平度盘

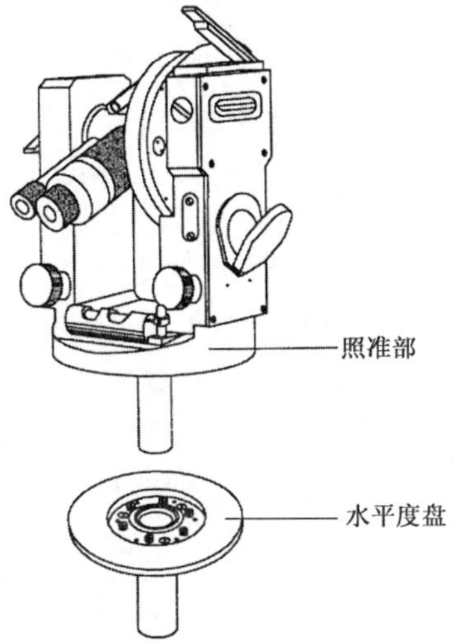

图 3-4　DJ$_6$ 经纬仪结构分装图

水平度盘是由光学玻璃制成的带有刻划和注记的圆盘,装在仪器竖轴上,度盘边缘按顺时针方向在 0°～360°每隔 1°刻划并注记度数。测角过程中,水平度盘和照准部是分离的,不随照准部一起转动,当转动照准部照准不同方向的目标时,移动的读数指标线便可在固定不动的度盘上读得不同的度盘读数及方向值。如需要变换度盘位置时,可利用仪器上的度盘变换手轮,把度盘变换到需要的读数上。

3）基座

基座即仪器的底座。照准部连同水平度盘一起插入基座轴座，用中心锁紧螺旋固紧。在基座下面，用中心连接螺旋把整个经纬仪和三脚架相连接，基座上装有三个脚螺旋，用于整平仪器。

2. 光路系统和读数方法

1）光路系统

如图3-5所示，光线经度盘照明反光镜进入仪器内部后分为两路：一路是水平度盘光路，另一路是竖直度盘光路。

水平度盘光路进入仪器内部的光线经棱镜3转向90°后，经聚光透镜4照射在水平度盘无刻划部分，透过度盘经底棱镜6将光线转向180°后折返向上，第二次照射在度盘上有刻划注记的地方，向上透过度盘，带着度盘上不透光的刻划和注记影像，经水平度盘显微物镜组7对影像进行第一次放大，再经棱镜8转向90°成像在读数窗场镜9的测微尺上。

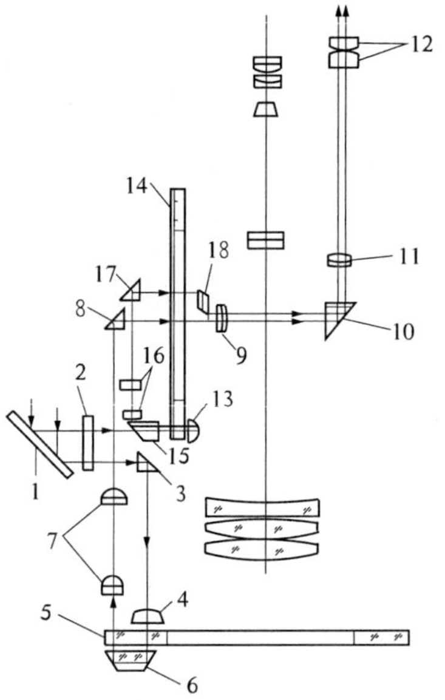

图3-5　DJ_6 经纬仪光路图

1—反光镜；2—照明进光窗；3—转向棱镜；4—水平度盘聚光透镜；5—水平度盘；6—水平度盘照明棱镜；7—水平度盘显微物镜组；8—水平度盘转向棱镜；9—读数窗场镜；10—转向棱镜；11—转像透镜；12—读数显微镜目镜；13—竖盘照明棱镜；14—竖盘；15—竖盘转向棱镜；16—竖盘显微物镜组；17—竖盘转向棱镜；18—菱形棱镜

竖直度盘光路进入仪器内部的光线经竖盘照明棱镜13转向180°后透过度盘，带着竖盘刻划注记影像经棱镜15折转90°向上，通过竖盘显微物镜组16对影像进行第一次放大，再经棱镜17和18转向90°也成像在读数窗场镜9的另一块测微尺上。

水平和竖直两路光线透过读数窗场镜后，分别带着水平度盘、竖直度盘及两块测微尺的影像，经棱镜10转向90°进入读数显微镜，通过透镜组11对影像进行第二次放大，观测时，调节读数显微镜目镜12即可同时清晰地看到水平度盘、竖直度盘及两块测微尺的影像。如图3-6所示。

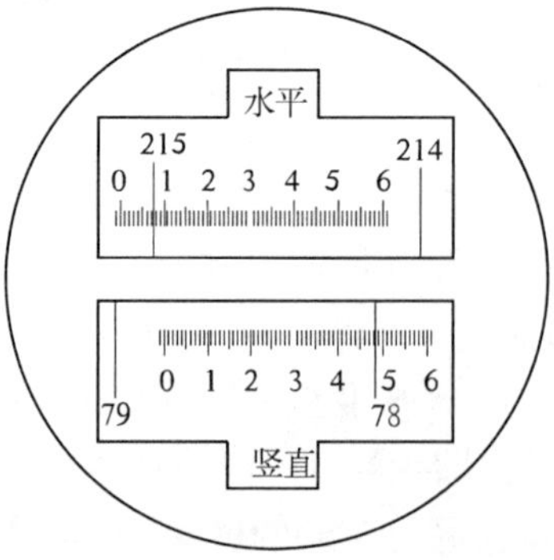

图3-6　测微尺读数窗

2）测微装置

测微装置及测微尺，用来量测度盘上不足一个分划间隔的微小角值。测微尺的影像宽度恰好等于度盘上相差1°的两条分划线经光路第一次放大后的宽度，即总宽度为1°，共分60个小格，则每格为1′。在测微尺上可直接读到1′，估读到0.1格即6″。每10格加一注记，注记数值为0～6，显然，测微尺上数值注记为整10′的数值。

3）读数方法

读数时，先读出位于测微尺0～6度盘分划线的度数，再读出该分划线所在处测微尺上的分、秒值，两数之和即为读数结果。如图3-6中，水平度盘读数为215° 07.3′，即215°07′18″；竖盘读数为78°48′12″。

（二）单平板玻璃测微器读数装置的光学经纬仪

图3-7所示为北京光学仪器厂生产的DJ_6-1型光学经纬仪。DJ_6-1型光学经纬仪没有水平度盘变换手轮，而是采用离合器（又称复测扳手）装置。打开离合器（复测扳手向上扳）时，水平度盘与照准部分离，此时转动照准部照准不同方向的目标时，可读取不同的度盘读数；关上离合器（复测扳手向下扳）时，水平度盘与照准部扣合在一起，水平度盘随照准部一起转动，读数保持不变。

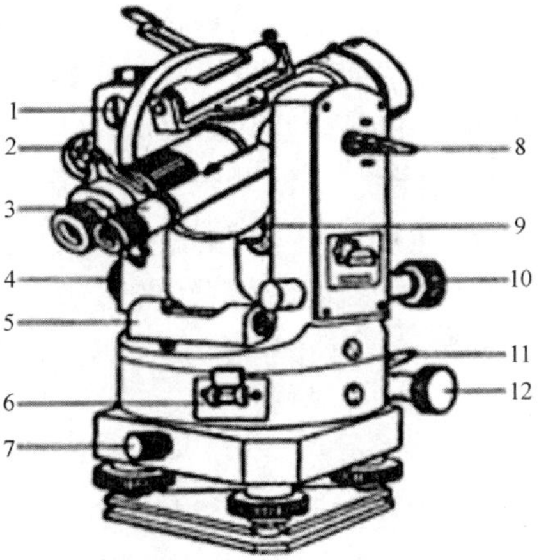

图3-7　DJ_6-1型光学经纬仪

1—竖盘指标水准管；2—反光镜；3—读数显微镜；4—测微轮；5—照准水准管；6—复测扳手；7—中心锁紧螺旋；8—望远镜制动螺旋；9—竖盘指标水准管微动螺旋；10—望远镜微动螺旋；11—水平制动螺旋；12—水平微动螺旋

该类仪器的水平度盘每隔30′有一刻划线，每隔1°注记，即度盘最小刻划值为30′。与最小度盘刻划相对应的测微器总宽度为30′，共刻有90小格，每5格有一注记。显然，测微器上最小刻划值为20″（不足20″的值可估读）。

图3-8所示为在读数显微镜中看到的度盘及测微器影像。最上面的小窗为测微器读数窗，中间和下面两窗内分别为竖直度盘和水平度盘的影像。读数时，需先转动测微器手轮（简称测微轮），使度盘分划线精确地移至双线指标的正中间，读出度和整30′数值，然后读出单线指标在测微器读数窗中所指的分、秒值，两数之和即为读数结果。

如图3-8（a）所示，双线指标所夹水平度盘数值为49°30′，单线指标在最上面测微器读数窗中读数为22′20″，故读数为49°30′＋22′20″＝49°52′20″。图3-8（b）中竖盘读数为107°00′＋02′30″＝107°02′30″。

二、DJ_2型光学经纬仪

DJ_2型光学经纬仪其构造与DJ_6型基本相同，区别主要在读数设备和读数方法。

DJ_2与DJ_6型光学经纬仪相比，具有如下特点：

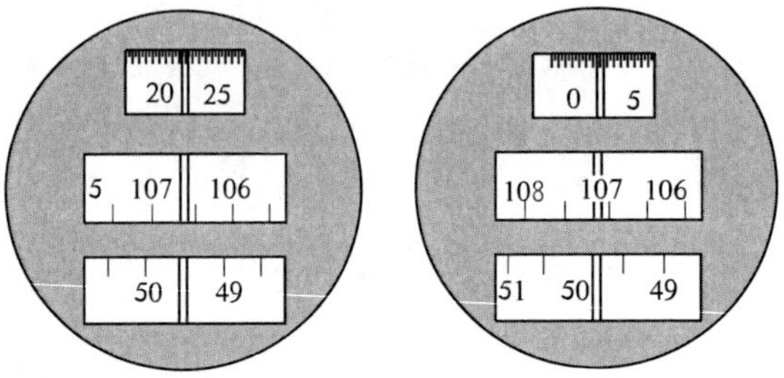

(a) (b)

图 3-8 单平板玻璃测微器读数视场

(1)有换像手轮。通过换像手轮选择所需的水平度盘或竖直度盘的影像。测水平角时转动手轮使"—"安置在水平位置,测竖直角时转动手轮使"|"安置在竖直位置。

(2)采用对径符合读数法。对于精度较高的 DJ_2 型经纬仪,广泛采用这种符合读数法,可直接读取度盘对径相差 180°的两处读数的平均值。它是利用一组光学零件,使度盘对径两端分划线的影像同时反映到读数显微镜内同一平面上,且被一横线隔开分成主像和副像,如图 3-9(a)所示。一般取正字为主像,倒字为副像。度盘分划值为 20′。旁边的小窗为测微尺的影像,注记由 0~10′, 分划值为 1″。当转动测微手轮,测微尺由 0′转到 10′时,度盘主、副像的分划线各移动半格。

读数时转动测微手轮,使主、副像的分划线符合,如图 3-9(b)所示,再按下列原则选取一对主副像上的读数:

(1)相差 180°。

(2)其对径副像的读数刻线必须在主像注记增大的方向上,则主像注记为度数,主、副像度数分划线间的格值乘以 10′为整 10′数,在测微尺上按指标线读取不足 10′的分数和秒数。

(3)相距最近。

根据上述原则,如图 3-9(b)所示的全读数为:度盘上的度数为 174° + 度盘上的整 10′为 40′ + 测微尺上的分秒数为 4′25.3″, 即 174°44′25.3″。

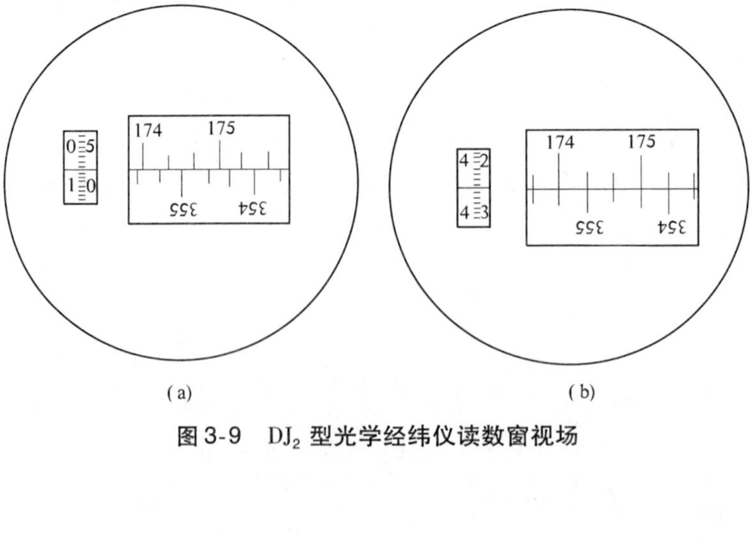

(a) (b)

图 3-9 DJ_2 型光学经纬仪读数窗视场

为了便于读数和避免错误，近年生产的 DJ_2 型光学经纬仪采用了数字化读数窗。中间是度盘对径分划线影像。读数前（如图 3-10（a）所示）先用测微轮使影像重合；重合后上面是度盘的度数和整 10′注记，小框是整 10′数；下面是测微秒盘读数，图 3-10（b）的读数为 84°15′22.6″。

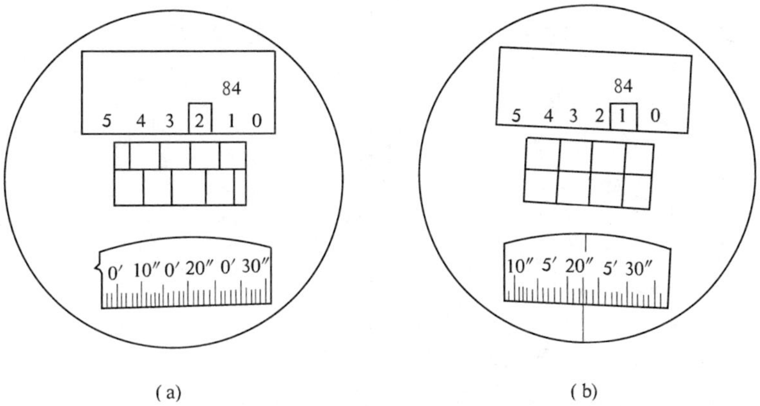

图 3-10　DJ_2 型光学经纬仪数字化读数窗视场

第三节　水平角测量

一、经纬仪的操作

经纬仪的操作，主要包括安置经纬仪、照准目标、读数或置数三项内容。

（一）安置经纬仪

进行角度测量时，首先要在测站上安置经纬仪，即进行对中和整平。对中的目的是使仪器中心（或水平度盘中心）与测站点的标志中心位于同一铅垂线上；而整平则是为了使水平度盘处于水平位置。由于经纬仪的对中设备不同，对中和整平的方法步骤也不一样，现分述如下。

1. 用锤球对中的安置方法

1）对中

（1）先张开三脚架将其安放在测站点上方，使其高度适中，架头大致水平，并使架顶中心大致对准测站点标志中心。

（2）将仪器放在架头上，并随手拧紧连接仪器和三脚架的中心连接螺旋，挂上锤球。当锤球尖端离开测站点较远时，可平移三脚架使垂球尖端粗略对准测站点；如果锤球尖端与测站点相距较近，可适当放松中心连接螺旋，在三脚架头上缓缓移动仪器，使锤球尖端精确对准测站点。对中完成后，应随手拧紧中心连接螺旋。

2）整平

（1）先旋转脚螺旋使圆水准器气泡居中，然后，松开水平制动螺旋，转动照准部使照准部管水准器平行于任意两个脚螺旋的连线，如图 3-11（a）所示。

(2)根据气泡的偏离方向,两手同时向内或向外旋转脚螺旋,使气泡居中(气泡移动方向与左手大拇指的转动方向一致)。

(3)转动照准部90°,如图3-11(b)所示,旋转第三个脚螺旋使气泡居中。如此反复进行,直至照准部转到任何位置时,气泡都居中。

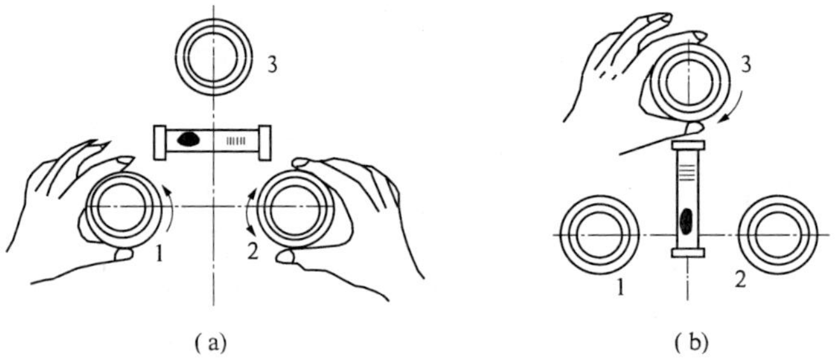

图3-11　整平

2. 用光学对中器对中的安置方法

目前生产的经纬仪大多数都装有光学对中器,图3-12为光学对中器光路图。测站点地面标志的影像经棱镜4转向90°,通过透镜组3放大后成像在分划板2上,如果从目镜1处观察到测站点标志中心位于分划板2的圆圈中心,则说明水平度盘中心已位于过测站点的铅垂线上。

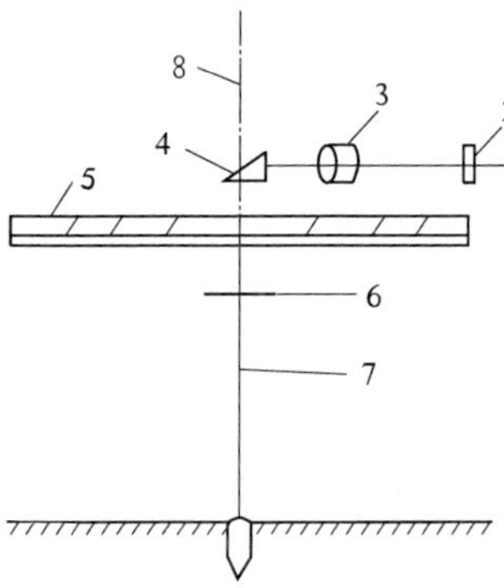

图3-12　光学对中器光路图

1—目镜;2—分划板;3—物镜;4—棱镜;5—水平度盘;6—保护玻璃;7—光学垂线;8—竖轴中心

使用光学对中器对中,不但精度高,而且受外界条件影响小,在工作中被广泛使用。该项操作需使对中和整平反复交替进行,其操作步骤如下:

(1)将仪器三脚架安放在测站点上,目估使架头水平,并使架头中心大致对准测站点标志中心。

(2)装上仪器,先将经纬仪的三个脚螺旋旋转到大致同高的位置上,再调节(旋转或抽动)光学对中器的目镜,使对中器内分划板上的圆圈(简称照准圈)和地面测站点标志同时清晰,然后,固定一条架腿,移动其余两架腿,使照准圈大致对准测站点标志,并踩踏三脚架腿,使其稳固地插入地面。

(3)对中:旋转脚螺旋,使照准圈精确对准测站点标志。

(4)粗平:根据气泡偏离情况,分别伸长或缩短三脚架腿,使圆水准器气泡居中。

(5)精平:用前面锤球对中所述整平方法,使照准部管水准器气泡精确居中。

(6)检查仪器对中情况,若测站点标志不在照准圈中心且偏移量较小,可松开仪器中心连接螺旋,在架顶上平移仪器使其精确对中,再重复步骤(5)进行整平;如偏移量过大,则重复操作(3)、(4)、(5)的步骤,直至对中和整平均达到要求。

(二)照准目标

松开水平和望远镜制动螺旋,调节望远镜目镜使十字丝清晰;利用望远镜上的准星或粗瞄器粗略照准目标并拧紧制动螺旋;调节物镜调焦螺旋使目标清晰并消除视差;利用水平和望远镜微动螺旋精确照准目标。

照准时应注意:水平角观测时要尽量照准目标底部。目标离仪器较近时,成像较大,可用单丝平分目标;目标离仪器较远时,可用双丝夹住目标或用单丝和目标重合。竖直角观测时应照准目标顶部或某一预定部位,如图3-13所示。

(三)读数或置数

(1)读数:读数方法如本章第二节所述。读数时要注意以下两点:一是应打开度盘照明反光镜,并调节反光镜方向使读数窗内亮度最大;二是应调节读数显微镜目镜使度盘影像清晰。

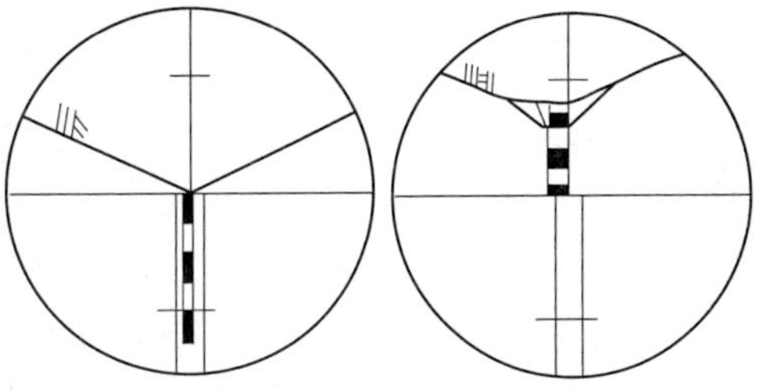

(a)水平角观测　　(b)竖直角观测

图3-13　照准目标示意图

(2)置数:在水平角观测或建筑工程施工放样中,常常需要使某一方向的读数为零或某一预定值。照准某一方向时,使度盘读数为某一预定值的工作称为置数。测微尺读数装置的光学经纬仪多采用度盘变换器结构,其置数方法可归纳为“先照准后置数”,即先精确照准目标,并固紧水平和望远镜制动螺旋,再打开度盘变换手轮保险装置,转动度盘变换手轮,使度盘读数等于预定数值,然后关上变换手轮保险装置。

二、水平角测量

水平角的观测方法一般应根据照准目标的多少而定,常用的有测回法和方向观测法。

(一)测回法

测回法只适用于观测两个照准目标的单角。

如图3-14所示,需测 OA、OB 两方向之间的水平角,先将经纬仪安置在测站 O 上,并在 A、B 两点上分别设置照准标志(竖立花杆或测钎),其观测方法和步骤如下:

图3-14　水平角观测

(1)使仪器竖盘位于望远镜左边(称盘左或正镜),照准目标 A,按置数方法配置起始读数,读取水平度盘读数为 $a_{左}$,记入观测手簿。

(2)松开水平制动螺旋,顺时针方向转动照准部照准目标 B,读取水平度盘读数为 $b_{左}$,记入观测手簿。

(1)、(2)两步骤称为上半测回(或盘左半测回),测得角值为

$$\beta_{左} = b_{左} - a_{左}$$

(3)纵转望远镜,使仪器竖盘位于望远镜右边(称盘右或倒镜),照准目标 B,读取水平度盘读数为 $b_{右}$,记入观测手簿。

(4)逆时针方向转动照准部,照准目标 A,读取水平度盘读数为 $a_{右}$,记入观测手簿。

(3)、(4)两步骤称为下半测回(或盘右半测回),测得角值为

$$\beta_{右} = b_{右} - a_{右}$$

上、下两个半测回合称为一个测回,当两个半测回角值之差不超过限差(DJ_6 经纬仪一般取 36″)要求时,取其平均值作为一测回观测成果,即

$$\beta = \frac{1}{2}(\beta_{左} + \beta_{右})$$

为了提高观测精度,常需观测多个测回;为了减弱度盘分划误差的影响,各测回应均匀分配在度盘不同位置进行观测。若要观测 n 个测回,则每测回起始方向读数应递增 $180°/n$。例如当需要观测 3 个测回时,每测回应递增 $180°/3 = 60°$,即每测回起始方向读数应依次配置在 00°、60°、120°或稍大的读数处。各测回角值之差称为测回差,应不超过 36″。当测回差满足限差要求时,取各测回平均值作为本测站水平角的观测成果。表 3-1 为测回法两个测回的记录及计算格式。

表 3-1 水平角观测手簿(测回法)

测站	测回	竖盘位置	目标	水平度盘读数 (° ′ ″)	半测回角值 (° ′ ″)	一测回角值 (° ′ ″)	各测回平均角值 (° ′ ″)	备注
O	1	左	A	0 01 18	75 10 12	75 10 09	75 10 10	
			B	75 11 30				
		右	A	180 01 24	75 10 06			
			B	255 11 30				
O	2	左	A	90 01 24	75 10 12	75 10 12		
			B	165 11 36				
		右	A	270 01 12	75 10 12			
			B	345 11 24				

注:表中两个半测回之差及各测回角值之差均不超过限差。

(二)方向观测法

当一个测站上有三个或三个以上方向,需要观测多个角度时,通常采用方向观测法。方向观测法是以任一目标为起始方向(又称零方向),依次观测出其余各个方向相对于起始方向的方向值,则任意两个方向的方向值之差即为该两方向线之间的水平角。当方向数超过三个时,须在每个半测回末尾再观测一次零方向(称归零),两次观测零方向的读数应相等或差值不超过规定要求,其差值称归零差。由于重新照准零方向时,照准部已旋转了 360°,故又称这种方向观测法为全圆方向法或全圆测回法。

1. 观测程序

(1)如图 3-15 所示,在测站 O 上安置经纬仪,选一成像清晰的目标 A 作为零方向,盘左照准 A 点标志,按置数方法使水平度盘读数略大于零,读数并记入手簿表 3-2 第 4 栏中。

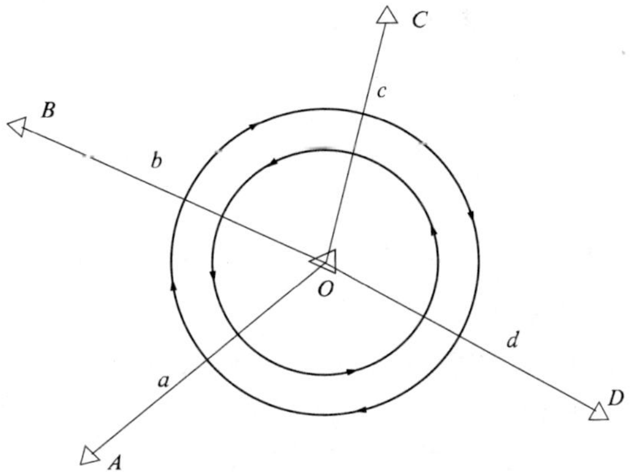

图 3-15　方向观测法

（2）顺时针转动照准部，依次照准 B、C、D 和 A 点，读取水平度盘读数并记入手簿第 4 栏（从上往下记）。以上为上半测回。

（3）纵转望远镜，盘右逆时针方向依次照准 A、D、C、B 和 A，读取水平度盘读数并记入手簿第 5 栏（从下往上记）。称为下半测回。

以上操作过程称为一测回，表 3-2 为全圆方向观测法两个测回记录计算格式。

表 3-2　水平角观测手簿（方向观测法）

测回	测站	目标	水平度盘读数 盘左 (° ′ ″)	水平度盘读数 盘右 (° ′ ″)	平均读数 (° ′ ″)	一测回归零方向值 (° ′ ″)	各测回归零方向值 (° ′ ″)	水平角 (° ′ ″)	备注
1	2	3	4	5	6	7	8	9	
1	O	A	0 01 18	180 01 06	(0 01 15) 0 01 12	0 00 00	0 00 00		
		B	39 33 36	219 33 24	39 33 30	39 32 15	39 32 18	39 32 18	
		C	105 45 40	285 45 44	105 45 42	105 44 27	105 44 28	66 12 10	
		D	171 19 30	351 19 24	171 19 27	171 18 12	171 18 06	65 33 38	
		A	0 01 24	180 01 12	0 01 18				
			$\Delta_{左}=+6''$	$\Delta_{右}=+6''$					
2	O	A	90 02 18	270 02 18	(90 02 18) 90 02 18	0 00 00			
		B	129 34 48	309 34 30	129 34 39	39 32 21			
		C	195 46 54	15 46 42	195 46 48	105 44 30			
		D	261 20 24	81 20 12	261 20 18	171 18 00			
		A	90 02 18	270 02 18	90 02 18				
			$\Delta_{左}=0$	$\Delta_{右}=0$					

2. 外业手簿计算

1）半测回归零差的计算

每半测回零方向有两个读数，它们的差值称归零差。如表 3-2 中第一测回上下半测回

归零差分别为 $\Delta_{左}=24''-18''=+06''$;$\Delta_{右}=12''-06''=+06''$,对照表3-3中限差,知不超限。

2)平均读数的计算

平均读数为盘左读数与盘右读数±180°之和的平均值。表3-2第6栏中零方向有两个平均值,取这两个平均值的中数记在第6栏上方,并加括号。

3)归零方向值的计算

表3-2第7栏中各值的计算,是用第6栏中各方向值减去零方向括号内之值。例如:第一测回方向 C 的归零方向值为 $105°45'42''-0°01'15''=105°44'27''$。一测站按规定测回数测完后,应比较同一方向各测回归零后方向值,检查其较差是否超限,如表3-2中 D 方向两个测回较差为12″。如不超限,则取各测回同一方向值的中数记入表3-2中第8栏。第8栏相邻两方向值之差即为该两方向线之间的水平角,记入表3-2中第9栏。

一测回观测完成后,应及时进行计算,并对照检查各项限差,如有超限,应进行重测。水平角观测各项限差要求如表3-3所示。

表3-3 水平角观测限差

项　目	DJ_2 型	DJ_6 型
半测回归零差	12″	24″
同一测回 $2C$ 变动范围	18″	
各测回同一归零方向值较差	12″	24″

注: $2C$ 为两倍照准差,是指一测回中,同一方向盘左、盘右的读数之差,即 $2C$ = 盘左读数 −(盘右读数 ±180°)。

第四节　竖直角测量

一、竖直度盘结构

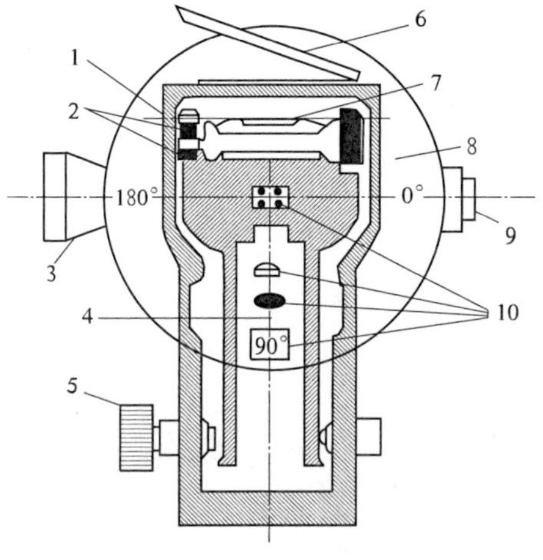

图3-16 竖盘构造示意图

1—指标水准管轴;2—水准管校正螺丝;3—望远镜;4—光具组光轴;5—指标水准管微动螺旋;6—指标水准管反光镜;7—指标水准管;8—竖盘;9—目镜;10—光具组(透镜和棱镜)

经纬仪的竖盘垂直安装在望远镜(横轴)的一端,随望远镜一起转动,如图3-16所示。竖盘的影像通过棱镜和透镜所组成的光具组10,成像于读数显微镜的读数窗内。光具组10的光轴和读数窗中测微尺的零分划线构成竖盘读数指标线,读数指标线相对于转动的度盘是固定不动的。因此,当转动望远镜照准高低不同的目标时,用指标线便可在转动的度盘上读取不同的读数。光具组10又和竖盘指标水准管固定在一个微动的支架上,并使竖盘指标水准管轴1和光具组光轴4相垂直,当转动竖盘指标水准管时,读数指标线作微小移动；当竖盘指标水准管气泡居中时，读数指标线处于正确位置。因此，在进行竖直角观测时，每次读取竖盘读数之前，都必须先使竖盘指标水准管气泡居中。

二、竖直角的计算

竖直角是测站点到目标点的倾斜视线和水平视线之间的夹角。因此，与水平角计算原理一样，竖直角也应是两个方向线的竖盘读数之差；但是，由于视线水平时的竖盘读数为一常数（90°的整倍数），故进行竖直角测量时，只需读取目标方向的竖盘读数，便可根据不同度盘注记形式相对应的计算公式计算出所测目标的竖直角。

竖盘注记形式很多，图 3-17 所示为 DJ_6 型光学经纬仪常见的两种注记形式。

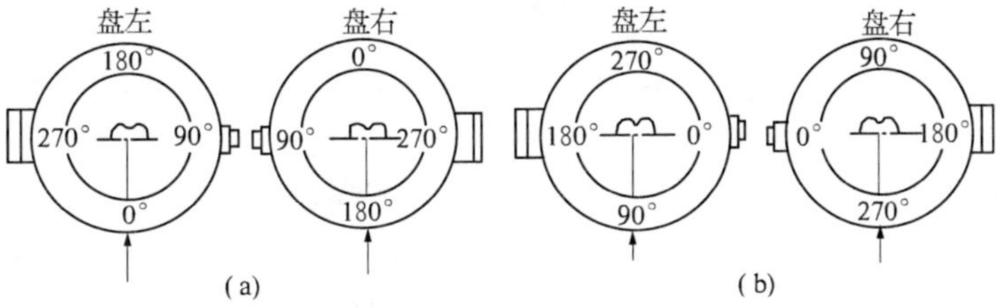

图 3-17 竖盘注记形式

如图 3-17(b)所示，设望远镜视线水平时，其竖盘读数盘左为 L_0，盘右为 R_0；望远镜照准目标时盘左、盘右竖盘读数分别为 L 和 R。图 3-18 的上面部分为盘左时的三种情况，如果指标线位置正确，当视线水平且竖盘指标水准管气泡居中时，读数 $L_0=90°$。当视线向上倾斜时，竖直角为仰角，读数减小；当视线向下倾斜时，竖直角为俯角，读数增大。因此，盘左时竖直角应为视线水平时读数减照准目标时读数，即

$$\alpha_{左}=L_0-L=90°-L \tag{3-1}$$

图 3-18 的下半部分为盘右时的三种情况，视线水平时读数 $R_0=270°$，仰角时读数增大，俯角时读数减小。因此，盘右时竖直角应为照准目标时读数减视线水平时读数，即

$$\alpha_{右}=R-R_0=R-270° \tag{3-2}$$

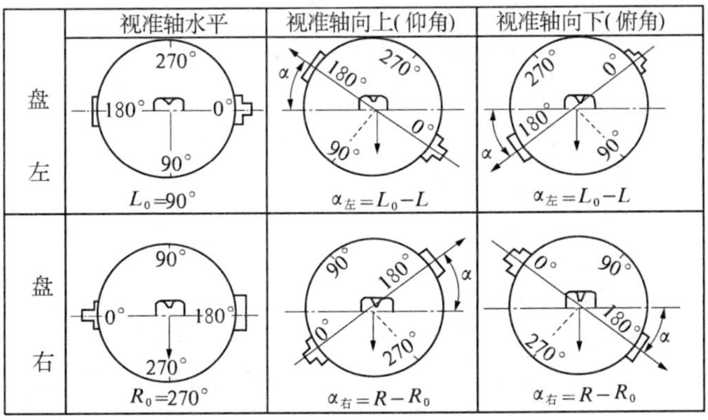

图 3-18 竖直角计算示意图

为了提高精度，盘左、盘右取中数，则竖直角计算公式为

$$\alpha = \frac{1}{2}(\alpha_{左} + \alpha_{右}) = \frac{1}{2}(R - L - 180°) \quad (3\text{-}3)$$

计算结果为“+”时，α 为仰角；为“-”时，α 为俯角。

根据上述公式的推导，可得确定竖直角计算公式的通用判别法如下：

(1)仪器在盘左位置，使望远镜大致水平，确定视线水平时的读数 L_0。

(2)将望远镜缓慢上仰，观察读数变化情况，若读数减小，则 $\alpha_{左} = L_0 - L$，若读数增大，则 $\alpha_{左} = L - L_0$。

(3)同法确定盘右读数和竖直角的关系。

(4)取盘左、盘右的平均值即可得出竖直角计算公式。

三、竖盘指标差

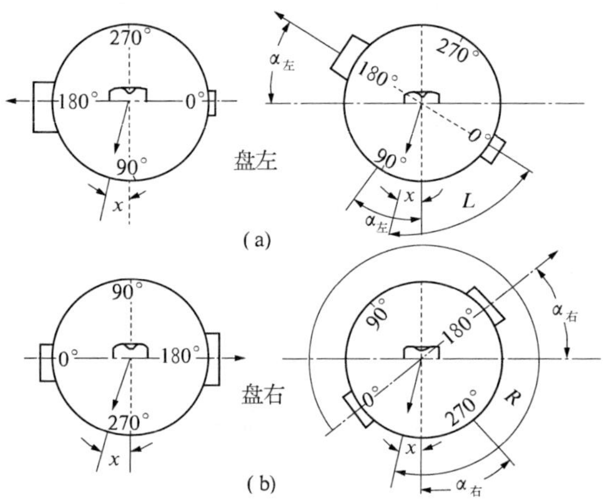

图3-19　指标差示意图

上述竖直角计算公式的推导，是假定视线水平、竖盘指标水准管气泡居中，读数指标线处于正确位置的情况下得出的。实际工作中，读数指标线往往偏离正确位置，与正确位置相差一个小角值 x，该角值称为指标差，如图3-19所示。也就是说，竖盘指标偏离正确位置而产生的读数误差称为指标差。

指标差对竖直角影响从图3-19中可以看出

盘左时

$$\alpha_{左} = 90° - (L - x) \quad (3\text{-}4)$$

盘右时

$$\alpha_{右} = (R - x) - 270° \quad (3\text{-}5)$$

两式相加取平均值，得

$$\alpha = \frac{1}{2}(R - L - 180°) \quad (3\text{-}6)$$

两式相减，得

$$x = \frac{1}{2}(L + R - 360°) \quad (3\text{-}7)$$

式(3-7)即为竖盘指标差计算公式。

通过上述分析可得到如下结论：

(1)从式(3-6)可看出，用盘左、盘右观测取平均值可消除指标差影响。

(2)当只用盘左或盘右观测时，应在计算竖直角时加入指标差改正。即可按式(3-7)求得 x 后，再按式(3-4)或式(3-5)计算竖直角 。计算时应带有正负号。

(3)指标差的值有“+”有“-”，当指标线沿度盘注记方向偏移时，造成读数偏大，则 x 为“+”，反之 x 为“-”。

四、竖直角观测

将仪器安置在测站点上，按下列步骤进行观测：

(1)在测站上安置经纬仪，量取仪器高(测站点标志顶端至仪器竖盘中心位置的高度)。

(2)盘左位置用横丝中丝精确照准目标，调节竖盘指标水准管微动螺旋，使竖盘指标水准管气泡严格居中，读取竖盘读数并记入手簿，即为上半测回。

(3)纵转望远镜，盘右照准目标同一部位，使竖盘指标水准管气泡居中，读取竖盘读数并记入手簿，即为下半测回。

竖直角记录、计算格式如表 3-4 所示。

表 3-4　竖直角观测手簿

测站	目标	竖盘位置	竖盘读数 (°　′　″)	半测回竖直角 (°　′　″)	指标差 (″)	一测回竖直角 (°　′　″)	备注
O	*A*	左	76　33　36	+13　26　24	−27	+13　25　57	
		右	283　25　30	+13　25　30			
	C	左	107　15　06	−17　15　06	+15	−17　14　51	
		右	252　45　24	−17　14　36			

在一个测站的观测过程中，其指标差值应是固定值，但由于受外界条件和观测误差的影响，各方向的指标差往往不相等，为了保证观测精度，需要规定指标差变化的限差，对 DJ 型经纬仪一般规定：

(1)同一测回中，各方向的指标差互差不超过 24″。

(2)同一方向各测回竖直角互差不超过 24″。

(3)若指标差互差和竖直角互差符合要求，则取各测回同一方向竖直角的平均值作为各方向竖直角的最后结果。

五、竖盘指标自动归零补偿器

在竖直角观测中，为使指标处于正确位置，每次读数都必须转动竖盘指标水准管微动螺旋使气泡居中。这样操作很不方便。

为了克服这一缺点，有些光学经纬仪采用竖盘指标自动归零装置代替竖盘指标水准管。当仪器在一定范围内稍有倾斜时，由于自动补偿器的作用，可使读数指标线自动居于正确位置。在进行竖直角观测时，瞄准目标即可读取竖盘读数，从而提高了竖直角观测的速度和精度。经纬仪竖盘指标自动归零装置常见结构有悬吊透镜、液体盒两种。读数棱镜系统是悬挂在一个弹性摆上，依靠摆的重力和空气阻尼盒的共同作用，使弹性摆迅速处于静止位置。这种补偿器结构简单，未增加任何光学零件，只是将原有的成像透镜进行悬吊，当仪器在一定范围内稍倾斜时，达到自动补偿的目的。

第五节　经纬仪的检验和校正

一、经纬仪应满足的几何条件

如图 3-20 所示，经纬仪的主要轴线有：横轴（水平轴）HH；竖轴（垂直轴）VV；望远镜视准轴（或照准轴）CC；照准部管水准器轴 LL。

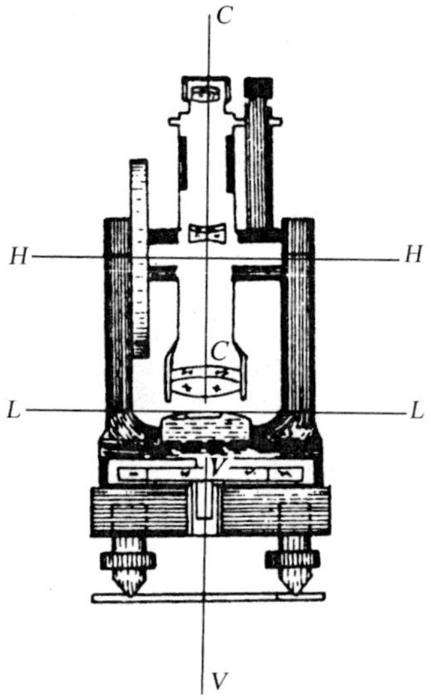

图 3-20　经纬仪各轴线间的关系

经纬仪各主要轴线应满足下列条件：

（1）竖轴应垂直于水平度盘且过其中心。

（2）照准部管水准器轴应垂直于仪器竖轴。

（3）视准轴应垂直于横轴。

（4）横轴应垂直于仪器竖轴。

（5）横轴应垂直于竖盘且过其中心。

前四项条件正确时可满足水平角测量要求。即（1）、（2）项满足要求时，通过对中和整平（照准部管水准器轴水平）可使仪器的水平度盘水平地安置在过测站点的铅垂线上；（3）、（4）项满足要求时，能保证仪器的照准面为铅垂平面。在前四项条件的基础上满足第五项条件时，能保证仪器竖盘处于铅垂位置，从而满足竖直角测量要求。

上述五项条件中，（1）、（5）项仪器出厂时已保证满足，作业时只检查（2）、（3）、（4）项。另外，还要对仪器十字丝、指标差及光学对中器进行检验和校正。

二、经纬仪的检验和校正

（一）照准部管水准器轴应垂直于仪器竖轴

1. 检验

先将仪器大致整平，然后使照准部水准管平行于任意两个脚螺旋的连线，相对旋转两脚螺旋使气泡居中；将照准部旋转 180°，如果气泡仍居中或偏离中心不超过 1 格，条件满足，否则，应进行校正。

2. 校正

相对旋转这两个脚螺旋，使气泡向中央返回所偏格数的一半，用校正针拨动水准管一端的上下两个校正螺丝，使水准管一端升高或下降，改正偏移量的另一半使气泡居中。

此项校正应反复进行，直至照准部旋转到任意位置时，气泡偏移量均不超过 1 格为止。

3. 检校原理

如图 3-21（a）所示，显然，该项条件不满足，是由于水准器两端支架不等高造成的。当照准部水准管轴水平（即气泡居中）时水平度盘倾斜了 α 角，竖轴也偏离了铅垂线 α

角。转动照准部180°后，由于竖轴方向不变，水准管轴与水平度盘的夹角仍为α，但与水平面的夹角则为2α，如图3-21(b)所示。此时气泡偏移量e是水准管轴倾斜2α造成的。校正时，先用脚螺旋改正气泡偏移量的一半，此时，竖轴处于铅垂位置，水准管轴仍不水平，它与水平面夹角为α，如图3-21(c)所示。当用校正螺丝改正气泡偏移量的另一半使气泡居中时，水准管轴处于水平位置并且和处于铅垂状态的竖轴相垂直，如图3-21(d)所示。

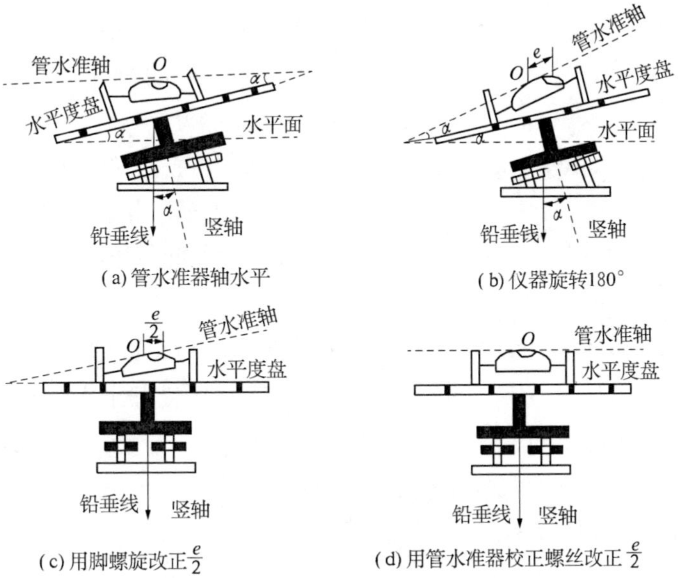

图3-21 照准部水准管的检验与校正

(二)十字丝的竖丝应垂直于横轴

1.检验

该项检验可分别采用以下两种方法：

方法1：整平仪器，用十字丝竖丝的上端（或下端）照准远处一清晰的固定点，旋紧照准部和望远镜制动螺旋，用望远镜微动螺旋使望远镜向上或向下慢慢移动，若竖丝和固定点始终重合，则表示该条件满足，否则，需进行校正。

方法2：整平仪器，用十字丝竖丝照准适当距离处悬挂的稳定不动的垂球线，如果竖丝与垂球线完全重合，则表示该条件满足，否则，需进行校正。

2.校正

打开望远镜目镜一端十字丝分划板护盖，用螺丝刀轻轻松开四个固定螺丝（见图3-22中2），转动十字丝环，使竖丝处于铅垂位置，然后拧紧四个固定螺丝，并拧上护盖。

(三)视准轴应垂直于横轴

1.检验

用盘左和盘右分别照准与仪器大致同高的同一目标并读取水平度盘读数，如果盘左和盘右读数之差不为180°，则说明该项条件不满足。其差值为两倍视准轴误差，用$2C$

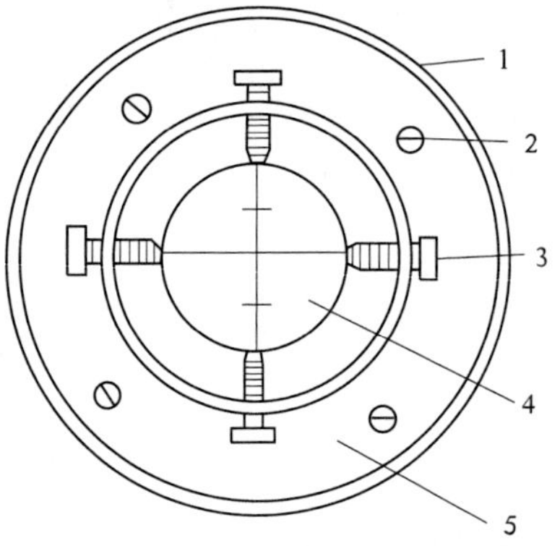

图 3-22　十字丝分划板校正设备

1—望远镜筒;2—压环螺钉;3—十字丝校正螺钉;4—十字丝分划板;5—压环

表示。

例如:观测与仪器大致同高的同一目标得盘左水平度盘数为 $m_{左}=43°18'30''$,盘右读数为 $m_{右}=223°23'42''$,则

$$2C=m_{左}-(m_{右}\pm180°)$$
$$=43°18'30''-(223°23'42''-180°)=-5'12''$$

当 $2C$ 绝对值大于 $2'$时,应校正。

此时,盘左、盘右正确读数应为

$$M_{左}=m_{左}-C=43°18'30''-(-2'36'')=43°21'6''$$
$$M_{右}=m_{右}+C=223°23'42''+(-2'36'')=223°21'6''$$

计算的盘左和盘右正确读数应相差 180°,可作为计算结果是否正确的检核条件。

2. 校正

在盘右的位置,转动水平微动螺旋使水平度盘读数为正确读数 $M_{右}$,此时,望远镜十字丝交点必然偏离了目标。旋下十字丝分划板护盖,稍微松开十字丝环上、下两个校正螺丝(见图 3-22 中 3),再用校正针拨动十字丝环的左右两个校正螺丝,松一个,紧一个,推动十字丝环左右移动,十字丝竖丝精确照准目标。如此反复检校几次,直至符合要求后,拧紧上、下两螺丝,旋上十字丝分划板护盖。

3. 检校原理

视准轴是十字丝中心和物镜光心的连线,当视准轴不垂直于横轴时,说明视准轴位置发生了变动,由于物镜光心一般不会变动,所以视准轴位置的变动是由于十字丝中心位置不正确所引发的。

如图 3-23(a)所示,盘左位置时,设十字丝交点在正确位置 K 处,照准与仪器大致同高的目标 P 时,水平度盘读数为 $M_{左}$,当十字丝交点偏离到 K'位置时,视准轴偏离正确位置 C 角,这时,如要照准 P 点,则照准部必须向右转 C 角,设度盘读数为 $m_{左}$,显然,$m_{左}$ 比正确读数 $M_{左}$ 大了一个 C 角,所以有

$$M_{左}=m_{左}-C \qquad (a)$$

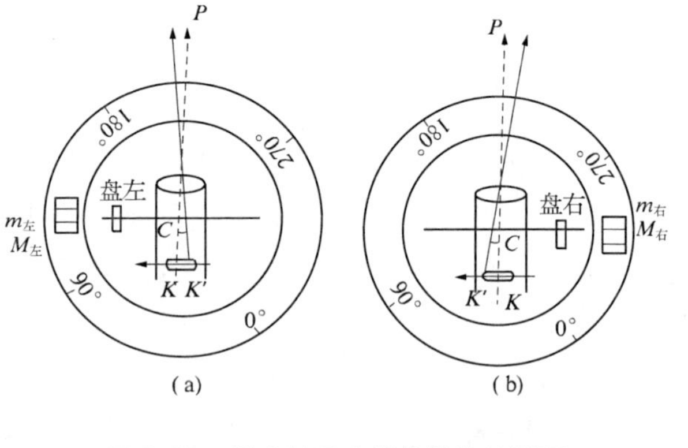

图 3-23　视准轴垂直于横轴检校原理

盘右位置时,指标也转到了右边位置,如图 3-23(b)所示,情况与盘左相反,即

$$M_{右}=m_{右}+C \qquad (b)$$

同一目标盘左、盘右正确读数应相差 180°,即

$$M_{左} = M_{右} \pm 180° \tag{c}$$

将式(a)、式(b)相加并代入式(c),得

$$M = \frac{1}{2}(m_{左} + m_{右} \pm 180°) \tag{3-8}$$

将式(a)、式(b)相减并代入式(c),得

$$2C = m_{左} - m_{右} \pm 180° \tag{3-9}$$

从公式(3-8)可看出,取盘左、盘右的读数平均值,可以消除视准轴误差 C 的影响。

(四)横轴应垂直于仪器竖轴

1. 检验

在离墙约 20 m 处安置仪器,如图 3-24 所示,盘左照准墙上高处一点 P,固定水平制动螺旋,然后置望远镜于水平位置,在墙上标出十字丝中心点 P_1,松开水平制动螺旋,盘右位置再次照准高点 P,并置望远镜水平,在墙上标出十字丝中点 P_2,若 P_1、P_2 两点重合,则条件满足,否则,说明横轴不水平,倾斜了一个 i 角。设 P_1、P_2 两点距离为 Δ,则有

$$i = \frac{\Delta}{2} \cdot \frac{\cot\alpha}{S} \cdot \rho'' \tag{3-10}$$

式中 $\rho'' = 206\ 265''$;

α——照准高点 P 的竖直角,(°);

S——仪器中心至墙壁之间的距离,m。

2. 校正

当 i 大于 1′时,应进行校正。启开仪器支架一侧的盖板,放松有关压紧螺丝,使横轴一端升高或降低,如此反复检校几次,直到符合要求。

应注意,此项校正比较困难,通常由技术熟练的仪器修理人员进行。

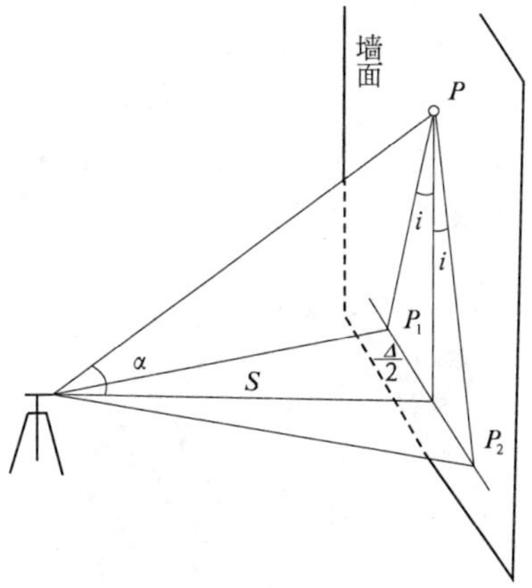

图 3-24　横轴垂直于竖轴的检验

(五)竖盘指标差的检验校正

1. 检验

安置仪器后,盘左、盘右分别照准同一目标,整平竖盘指标水准管,读取两个盘位的竖盘读数 L 和 R,按式(3-7)计算指标差 x。若指标差 x 的绝对值大于 1′,则应进行校正。

2. 校正

先计算盘左或盘右的正确读数($L_0 = L - x$ 或 $R_0 = R - x$),再旋转竖盘指标水准管微动螺旋,使竖盘指标对准正确读数(R_0 或 L_0),此时,若竖盘指标水准管气泡不居中,用校正针拨动水准管一端的上、下两个校正螺丝,使气泡居中。如此反复检校几次,直到符合要求。

(六)光学对中器的检验校正

1. 检验

当仪器整平时,光学对中器的视准轴应与通过水平度盘中心的铅垂线重合,否则,应

校正。

2. 校正

将仪器精确对中整平后，旋转照准部 180°，检查光学对中器是否对准地面目标。若目标不变，则说明条件满足；若目标偏离超过 2 mm，应交仪器修理人员校正。

第六节 电子经纬仪简介

电子经纬仪是在光学经纬仪的基础上发展起来的新一代的测角仪器，是全站型电子速测仪的过渡产品，其主要特点是：

(1)采用电子测角系统，能自动显示测量结果，减轻了外业劳动强度，提高了工作效率。

(2)可与电磁波测距仪组合成全站型电子速测仪，配合适当的接口，可将观测的数据输入计算机，实现数据处理和绘图自动化。

电子测角仍然是采用度盘，与光学测角不同的是，电子测角是从度盘上取得电信号，然后再转换成角度，并以数字的形式显示在显示器上。电子经纬仪的测角系统有以下几种：编码度盘测角系统、光栅度盘测角系统、动态测角系统。

1. 编码度盘测角系统

图 3-25 编码度盘测角系统示意图

如图 3-25 所示，光电编码度盘是在光学度盘刻度圆圈周设置等间隔的透光与不透光区域，称白区与黑区，由它们组成的分度圈称为码道，一个编码度盘有很多同心的码道，码道越多，编码度盘的角度分辨率越高。

电子计数采用二进制编码方法，码盘上的白区与黑区分别表示二进制代码 0 和 1。为了读取编码，需在编码度盘的每一个码道的一侧设置发光二极管，另一侧设置光敏二极管，它们严格地沿度盘半径方向成一直线。发光二极管发出的光通过码盘产生透光或不透光信号，由光敏二极管转换成电信号，经处理后，以十进制或六十进制自动显示。

2. 光栅度盘测角系统

如图 3-26 所示，在圆盘上均匀地刻有许多等间隔的狭缝，称为光栅。光栅的线条处为不透光区，缝隙处为透光区。在光栅盘上下对应位置设置发光二极管、光敏二极管，则可使计数器累计求得所移动的栅距数，此而得到转动的角度值。

为了提高测角精度，在光栅测角系统中采用了莫尔条纹技术，如图 3-27 所示。产生莫尔条纹的方法是：取一小块与光栅盘具有相同密度和栅距的光栅，与光栅盘以微小的间距重叠，并使其刻线互成一微小夹角 θ，这时就会出现放大的明暗交替的莫尔条纹（栅距由 d 放大到 W）。

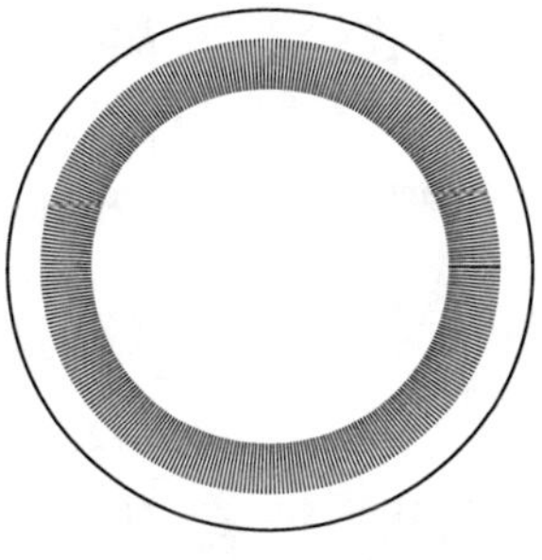

图 3-26　光栅度盘测角系统示意图

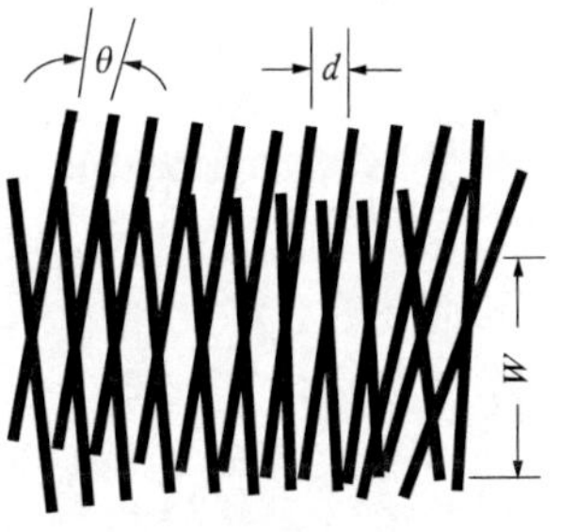

图 3-27　莫尔条纹示意图

测角过程中，转动照准部时，产生的莫尔条纹也随之移动。设栅距和纹距的分划值均为 δ，移动条纹的个数 n 和计数不足整条纹距的小数 $\Delta\delta$，则角度值 φ 可写为

$$\varphi = n\delta + \Delta\delta$$

北京拓普康仪器有限公司生产的 DJD_2 电子经纬仪即采用光栅度盘测角系统，测角精度为 2″。

3. 动态测角系统

如图 3-28 所示，在度盘上刻有 1 024 个分划，两条分划条纹的角距为 φ_0，则

$$\varphi_0 = \frac{360°}{1\ 024} = 21'05.625''$$

φ_0 即为光栅盘的单位角度。

在光栅盘条纹圈外缘，按对径设置一对固定检测光栅 L_S，近内缘处设置一对活动检测光栅 L_R（图 3-28 中仅画出其中的一个）。φ 表示望远镜照准某方向后 L_S 和 L_R 之间的角度

$$\varphi = N\varphi_0 + \Delta\varphi$$

式中　N——φ 角内所包含的条纹间隔数；

$\Delta\varphi$——不足一个单位角度 φ_0 的小数。

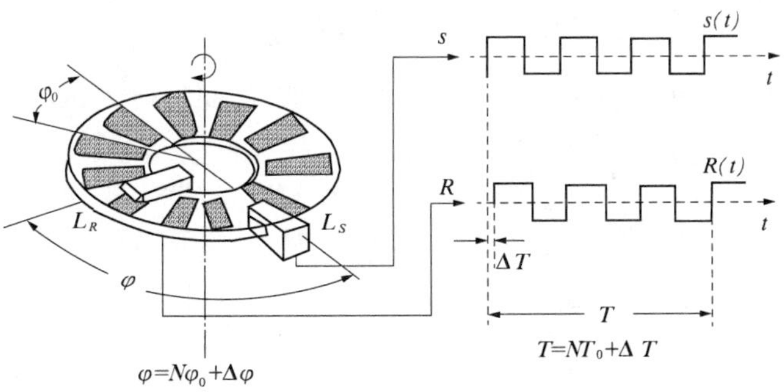

图 3-28　动态测角系统示意图

测角时，光栅盘由马达驱动绕中心轴作匀速旋转，记取分划信息，经过粗测、精测处理后，从显示器中显示所测角度值。

第七节　水平角观测误差来源及削减措施

水平角观测误差来源大致可归纳为三种类型：仪器误差、观测误差和外界条件的影响。

一、仪器误差

仪器误差可分为两类：一类是仪器制造加工不完善而引起的误差，主要有度盘分划不均匀误差、照准部偏心差（照准部旋转中心与度盘分划中心不一致）和水平度盘偏心差（度盘旋转中心与度盘分划中心不一致），这一类误差一般都很小，并且大多数都可以在观测过程中采取相应的措施消除或减弱它们的影响。例如：通过观测多个测回，并在测回间变换度盘位置，使读数均匀地分布在度盘各个位置，以减小度盘分划误差的影响；水平度盘和照准部偏心差的影响可通过盘左、盘右观测取平均值消除。另一类是检验校正后的残余误差。它主要是仪器的三轴误差（即视准轴误差、横轴误差和竖轴误差），其中，视准轴误差和横轴误差均可通过盘左、盘右观测取平均值消除，而竖轴误差不能用正、倒镜观测消除。因此，在观测前除应认真检查、校正照准部水准管外，还应仔细地进行整平。

二、观测误差

（一）仪器对中误差

水平角观测时，由于仪器对中不精确，致使仪器中心没有对准测站点 O 而偏向 O' 点，OO' 之间的距离 e 称为测站点的偏心距。如图 3-29 所示。

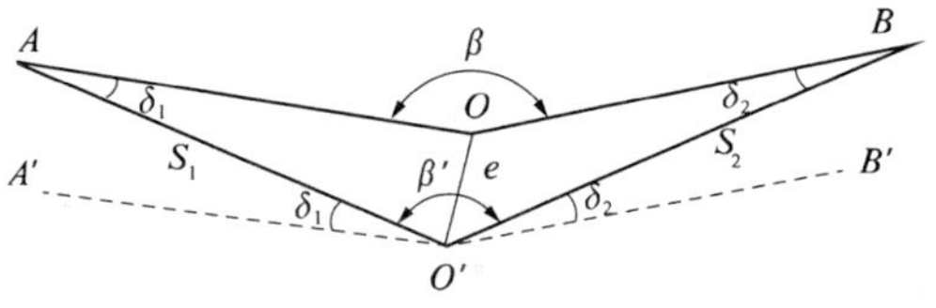

图 3-29　对中误差示意图

仪器在 O 点观测的水平角应为 β，而在 O' 处测得角值为 β'，过 O' 点作 $O'A' /\!/ OA$，$O'B' /\!/ OB$，则对中误差对水平角的影响为

$$\Delta\beta = \beta - \beta' = \delta_1 + \delta_2$$

因偏心距 e 较小，故 δ_1 和 δ_2 为小角度，于是可近似地把 e 看做一段小圆弧。设 $O'A = S_1$，$O'B = S_2$，则有

$$\delta_1 = \frac{e}{S_1}\rho''$$

$$\delta_2 = \frac{e}{S_2}\rho''$$

$$\Delta\beta = \delta_1 + \delta_2 = \left(\frac{1}{S_1} + \frac{1}{S_2}\right)e\rho'' \tag{3-11}$$

从式(3-11)可看出，对中误差对水平角的影响与偏心距 e、偏心距 e 的方向、水平角大小

以及测站到目标的距离有关。因此，在边长较短或观测角度接近180°时，应特别注意对中。

（二）目标偏心误差

因照准标志没有竖直，使照准部位和地面测站点不在同一铅垂线上，将产生照准点上的目标偏心误差，如图3-30所示。其影响与仪器对中误差的影响类同。即

$$\Delta\beta = \beta - \beta' = \frac{d_1}{S_1}\rho'' \tag{3-12}$$

从式(3-12)可看出，$\Delta\beta$ 与 d_1 成正比，与 S_1 成反比。因此，进行水平角观测时，应使观测标志竖直，并尽量照准目标底部；当边长较短时，更应特别注意精确照准。

（三）整平误差

因照准部水准管气泡不居中，将导致竖轴倾斜而引起的角度误差，该项误差不能通过正、倒镜观测消除。竖轴倾斜对水平角的影响和测站点到目标点的高差成正比。因此，在观测过程中，尤其是在山区作业时，应特别注意整平。

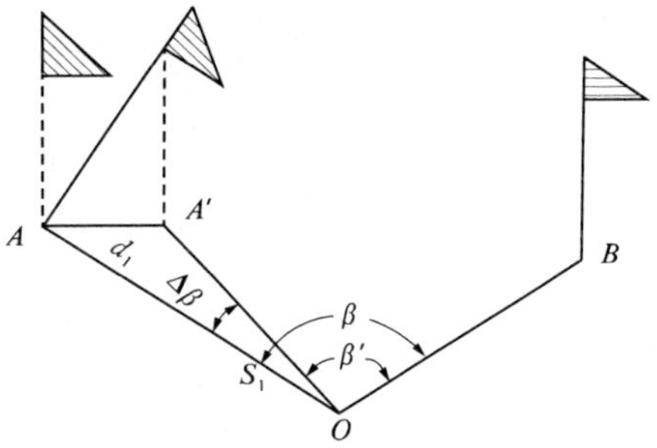

图3-30 目标偏心误差示意图

（四）照准误差

照准误差与人眼的分辨能力和望远镜放大率有关。一般认为，人眼的分辨率为60″。若借助于放大倍率为 V 倍的望远镜，则分辨能力就可以提高 V 倍，故照准误差为 $\pm 60''/V$。DJ_6 型经纬仪放大倍率一般为28倍，故照准误差大约为 ±2.1″。在观测过程中，若观测员操作不正确或视差没有消除，都会产生较大的照准误差。因此，观测时应仔细地做好调焦和照准工作。

（五）读数误差

读数误差与读数设备、照明情况和观测员的经验有关，其中主要取决于读数设备。DJ_6 型经纬仪一般只能估读到 ±6″，如照明条件不好，操作不熟练或读数不仔细，读数误差可能超过 ±6″。

三、外界条件影响

角度观测是在自然界中进行的，自然界各种因素都会对观测精度产生影响。例如，地面不坚实或刮风会使仪器不稳定；大气能见度的好坏和光线的强弱会影响照准和读数；温度变化使仪器各轴线几何关系发生变化等。要完全消除这些影响是不可能的，只能采取一些措施，如选择成像清晰、稳定的天气条件和时间段观测，观测中给仪器打伞避免阳光对仪器直接照射等，以减弱外界不利因素的影响。

复习思考题

3-1 什么是水平角？

3-2 什么是天顶距和竖直角？它们之间有什么关系？

3-3 观测水平角时，仪器对中和整平的目的是什么？

3-4 经纬仪由哪几部分组成,各部分的功能有哪些?

3-5 采用正、倒镜观测水平角可以消除哪些误差的影响?

3-6 观测水平角时,什么情况下采用测回法?什么情况下采用方向观测法?

3-7 观测竖直角时,在读数前为什么要将竖盘指标水准管气泡居中?

3-8 电子经纬仪有哪些主要特点?

3-9 试述用测回法测量水平角的操作步骤。

3-10 经纬仪有哪些主要轴线?各轴线之间应满足什么条件?

3-11 什么是竖盘指标差?如何消除?

3-12 试完成表3-5中测回法观测水平角的计算。

表3-5 题3-12表

测站	测回	竖盘位置	目标	水平度盘读数 (° ′ ″)	半测回角值 (° ′ ″)	一测回角值 (° ′ ″)	各测回平均角值(° ′ ″)	备注
O	1	左	*A*	0 02 48				
			B	45 48 36				
		右	*A*	180 02 36				
			B	225 48 30				
O	2	左	*A*	90 03 30				
			B	135 49 24				
		右	*A*	270 03 24				
			B	315 49 24				

3-13 试完成表3-6中方向观测法观测水平角的计算。

表3-6 题3-13表

测回	测站	目标	水平度盘读数 盘左 (° ′ ″)	水平度盘读数 盘右 (° ′ ″)	平均读数 (° ′ ″)	一测回归零方向值 (° ′ ″)	各测回归零方向值 (° ′ ″)	水平角 (° ′ ″)	备注
1	2	3	4	5	6	7	8	9	
1	*O*	*A*	0 02 12	180 02 06					
		B	43 18 30	223 18 36					
		C	121 33 18	301 33 12					
		D	165 19 24	345 19 18					
		A	0 02 06	180 02 06					
			$\Delta_{左}$ =	$\Delta_{右}$ =					
2	*O*	*A*	90 03 24	270 03 30					
		B	133 19 42	313 19 54					
		C	211 34 30	31 34 24					
		D	255 20 24	75 20 36					
		A	90 03 30	270 03 36					
			$\Delta_{左}$ =	$\Delta_{右}$ =					

3-14 试完成表 3-7 中观测竖直角的计算。

表 3-7 题 3-14 表

目标	竖盘位置	竖盘读数 (°　′　″)	半测回竖直角 (°　′　″)	指标差 (″)	一测回竖直角 (°　′　″)	备注
B	左	63　27　18				
	右	296　32　24				
D	左	97　12　48				
	右	262　47　24				

第四章　距离测量与直线定向

本章重点

1. 钢尺量距的工具；
2. 视距测量；
3. 直线定向；
4. 电磁波测距。

距离测量是确定地面点位之间距离的水平测量。直线定向是确定地面上两点垂直投影到水平面上的直线方向。常用的距离测量方法有钢尺量距、视距测量、电磁波测距和GPS测量等。本章主要介绍前三种距离测量方法,GPS测量在第六章介绍。

第一节　钢尺量距

钢尺量距是利用钢尺及辅助工具直接量测地面上两点间的水平距离,属于直接量距,通常在短距离测量中使用。钢尺量距也称为距离丈量,其工具简单,但易受地形条件限制,一般适用于平坦地区的测距。

一、量距工具

(一)钢尺

钢尺又称为钢卷尺,是用钢制成的带状尺,尺的宽度10～15 mm,厚度约0.4 mm,长度有20 m、30 m、50 m等数种。钢尺可以卷放在圆形的尺壳内,也有的卷放在金属尺架上,如图4-1(a)所示。

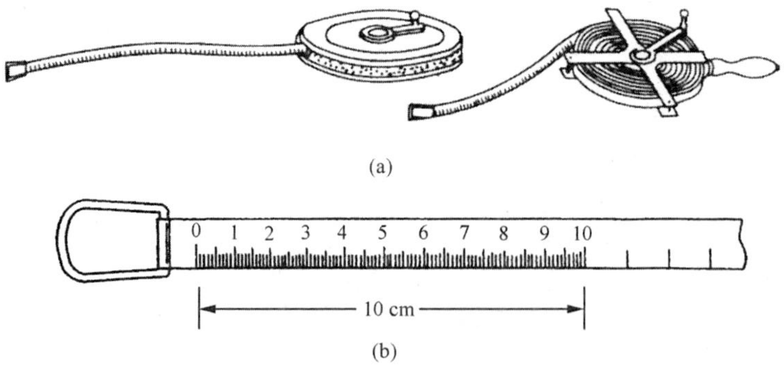

图4-1　钢尺及其分划

钢尺的基本分划为厘米,每厘米及每米处刻有数字注记,全长都刻有毫米分划,如

图 4-1(b)所示。按尺的零点刻划位置，钢尺可分为端点尺和刻线尺两种，钢尺的最外端作为尺子零点的称为端点尺，尺子零点位于钢尺内部的称为刻线尺。

(二)皮尺

皮尺又称“布卷尺”，由麻布织入铜丝而成，呈带状，现有用塑料制成的，长度有 20 m、30 m、50 m 数种。亦可卷放在圆形的尺壳内，尺上基本分划为厘米，尺面每 10 厘米和整米有注字，尺端钢环的外端为尺子的零点，如图 4-2 所示。皮尺携带和使用都很方便，但是容易伸缩，量距精度比钢尺低，一般用于低精度的地形细部测量和土方工程的施工放样等。

(三)花杆和测钎

花杆又称为标杆，是由直径为 3 ~ 4 cm 的圆木杆制成，杆上按 20 cm 间隔涂有红、白油漆，杆底部装有锥形铁脚，主要用来标点和定线，常用的长度有 2 m、3 m 两种，如图 4-3(a)所示。另外，目前已生产了用合金制成的花杆，每根长 1m，端点可通过螺旋连接，携带非常方便。

测钎用粗铁丝做成，长 30 ~ 40 cm，按每组 6 根或 11 根，套在一个大环上，如图 4-3(b)所示，测钎主要用来标定尺段端点的位置和计算所丈量的尺段数。

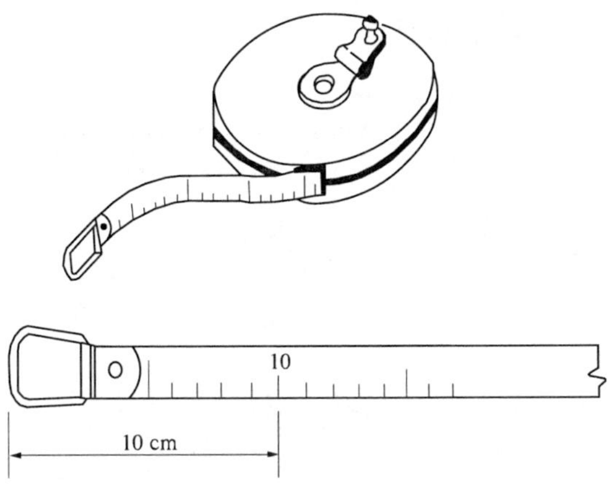

图 4-2　皮尺及其分划

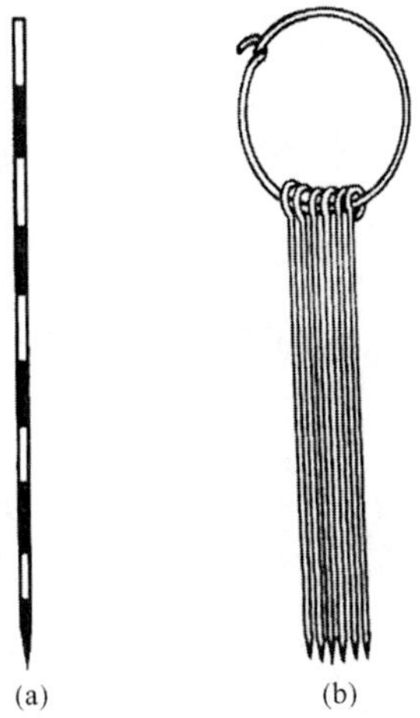

图 4-3　花杆和测钎

距离丈量的附属工具还有垂球，它主要用于对点、标点和投点。

二、直线定线

当地面两点之间的距离大于钢尺的整尺长时，就需要在两点所确定的直线方向上标定若干中间点，并使这些中间点位于同一直线上，以便用钢尺分段丈量，这项工作称为直线定线。根据丈量的精度要求可用标杆目测定线和经纬仪定线。

(一)目测定线

(1)两点间通视时花杆目测定线。如图 4-4 所示，设 A、B 两点互相通视，要在 A、B 两点间的直线上标出 1、2 中间点。先在 A、B 点上竖立花杆，甲站在 A 点花杆后约 1 m 处，目测花杆的同侧，由 A 瞄向 B，构成一视线，并指挥乙在 1 附近左右移动花杆，直到甲从 A

点沿花杆的同一侧看到 A、1、B 三支花杆在同一条线上。同理，可以定出直线上的其他点。两点间定线，一般应由远到近进行定线。定线时，所立花杆应竖直。此外，为了不挡住甲的视线，乙持花杆应站立在垂直于直线方向的一侧。

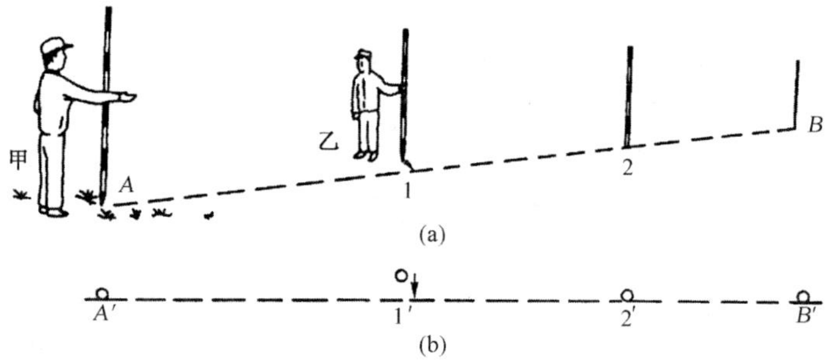

图 4-4　两点间通视时目测定线

（2）两点间不通视时花杆目测定线。如图 4-5 所示，A、B 两点互不通视，这时可以采用逐渐趋近法定直线。先在 A、B 两点竖立花杆，甲、乙两人各持花杆分别站在 C_1 和 D_1 处，甲要站在可以看到 B 点处，乙要站在可以看到 A 点处。先由站在 C_1 处的甲指挥乙移动至 BC_1 直线上的 D_1 处，然后由站在 D_1 处的乙指挥甲移动至 AD_1 直线上的 C_2 处，接着再由站在 C_2 处的甲指挥乙移动至 D_2，这样逐渐趋近，直到 C、D、B 三点在同一直线上，同时 A、C、D 三点也在同一直线上，则说明 A、C、D、B 在同一直线上。

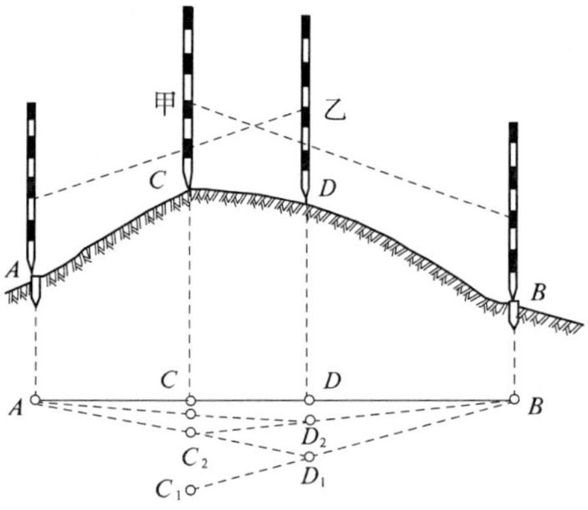

图 4-5　两点间不通视时目测定线

（二）经纬仪定线

精确丈量时，为保证丈量的精度，需用经纬仪定线。

（1）两点间通视时经纬仪定线。如图 4-6 所示，欲丈量直线 AB 的距离，清除直线上的障碍物后，在 A 点上安置经纬仪对中、整平后，先照准 B 点处的花杆（或测钎），使花杆底部位于望远镜的竖丝上，固定照准部在经纬仪所指的方向上用钢尺进行测量，依次定出图示两点间不通视时花杆目测定线比一整尺段略短的 $A1$、12、23、…、$6B$ 等尺段。在各尺段端点打下大木桩，桩顶高出地面 3 ~ 5 cm，在桩顶钉一白铁皮，用经纬仪进行定线投影，在各白铁皮上用小刀划出 AB 方向线，再划一条与 AB 方向垂直的横线，形成十字，十字中心即为 AB 线的分段点。

（2）两点间不通视时经纬仪定线。此内容将在本书的第八章中详述。

三、钢尺量距方法

用钢尺或皮尺进行距离丈量的方法基本上是相同的，以下介绍用钢尺进行距离丈量的方法。钢尺量距一般需要三个人，分别担任前尺手、后尺手和记录员的工作。

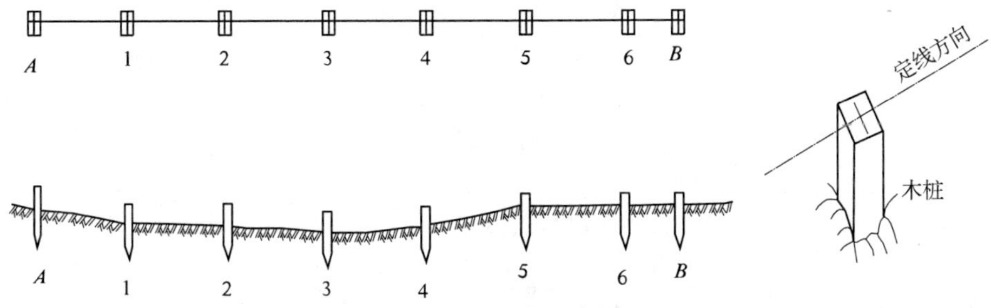

图 4-6　经纬仪定线

(一)平坦地面的丈量方法

如图 4-7 所示,丈量前,先进行花杆定线,丈量时,后尺手甲拿着钢尺的末端在起点 A,前尺手乙拿钢尺的零点端沿直线方向前进,将钢尺通过定线时的中间点,保证钢尺在 AB 直线上,不使钢尺扭曲,将尺子抖直、拉紧(30 m 钢尺用 100 N 拉力,50 m 钢尺用 150 N 拉力)、拉平。甲、乙拉紧钢尺后,甲把尺的末端分划对准起点 A 并喊"预备",当尺拉稳拉平后喊"好",乙在听到甲所喊出的"好"的同时,把测钎对准钢尺零点刻划垂直地插入地面,这样就完成了第一整尺段的丈量。甲、乙两人抬尺前进,甲到达测钎或划记号处停住,重复上述操作,量完第二整尺段。最后丈量不足一整尺段时,乙将尺的零点刻划对准 B 点,甲在钢尺上读取不足一整尺段值,则 A、B 两点间的水平距离为

$$D_{AB} = nl + q \tag{4-1}$$

式中　n——整尺段数;

l——整尺段长,m;

q——不足一整尺段值,m。

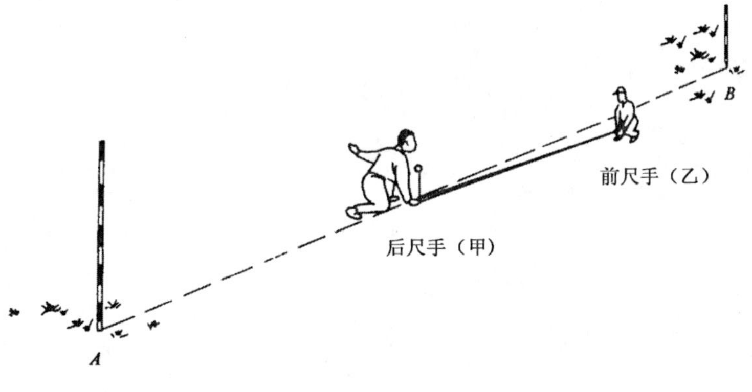

图 4-7　平坦地面的距离丈量

在平坦地面上,钢尺沿地面丈量的结果就是水平距离;丈量结果记录在表 4-1 的量距手簿上。

为了防止错误和提高丈量精度,一般需要往返丈量,在符合精度要求时,取往返丈量的平均距离作为丈量结果。丈量的精度是用相对误差来表示的,它是往返丈量的差值 $\Delta D(\Delta D = D_{AB} - D_{BA})$ 的绝对值与往返丈量的平均距离 $D_0[D_0 = (D_{AB} + D_{BA})/2]$ 之比,通常

表 4-1　一般量距手簿

测线		观测值			精度	平均值（m）	备注
		整尺段（m）	非整尺段（m）	总长（m）			
AB	往	4×30	15.309	135.309	1/3 500	135.328	
	返	4×30	15.347	135.347			

以 K 表示，并将分子化为 1，分母取整数，即

$$K=\frac{|\Delta D|}{D_0}=\frac{1}{D_0/|\Delta D|} \tag{4-2}$$

相对误差的分母愈大，说明量距的精度愈高。在一般情况下，平坦地区的钢尺量距精度应高于 1/2 000，在山区也应不低于 1/1 000。

（二）斜地面的丈量方法

1. 平量法

如图 4-8 所示，当地面坡度不大时，可将钢尺抬平丈量。欲丈量 AB 间的距离，将尺的零点对准 A 点，将尺抬高，并由记录者目估使尺拉水平，然后用垂球将尺的末端投于地面上，再插以测钎。若地面倾斜度较大，将整尺段拉平有困难时，可将一尺段分成几段来平量，如图 4-8 中的 MN 段。

2. 斜量法

如图 4-9 所示，当地面倾斜的坡面均匀时，可以沿斜坡量出 AB 的斜距 L，测出 AB 两点的高差 h，或倾斜角 α，然后根据式(4-3)或式(4-4)计算 AB 的水平距离 D。

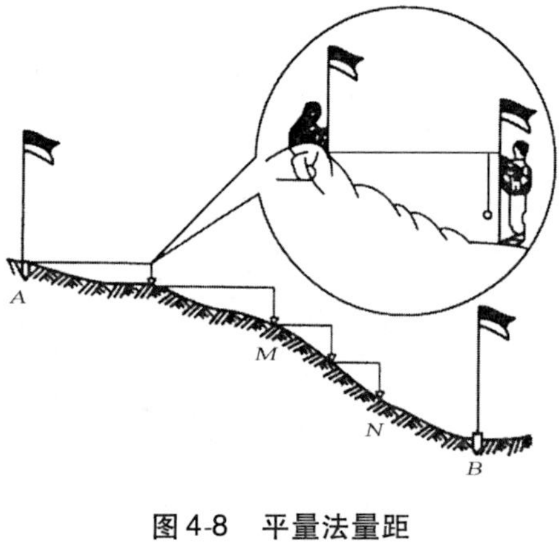

图 4-8　平量法量距

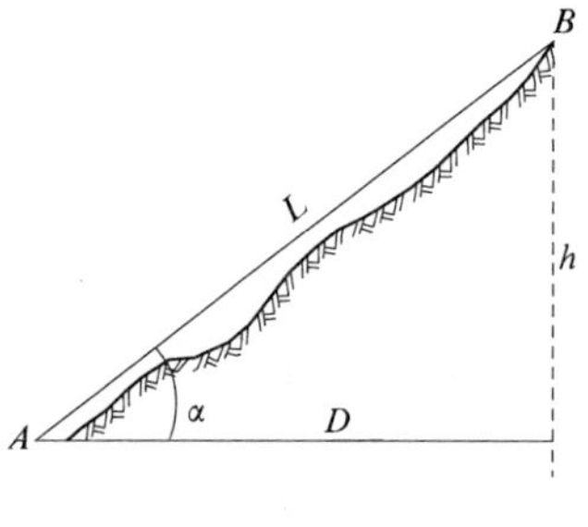

图 4-9　斜量法量距

$$D=\sqrt{L^2-h^2} \tag{4-3}$$

$$D=L\cos\alpha \tag{4-4}$$

四、钢尺量距的成果整理

钢尺量距时，钢尺要经过专门检定，得出钢尺在标准温度和标准拉力（一般为 100 N）下的实际长度，并给出钢尺的尺长方程式。由于钢尺长度有误差并受量距时外界环境的影响，对量距结果应进行尺长、温度及倾斜改正以保证距离测量精度。

五、钢尺量距的误差分析及注意事项

(一)钢尺量距的误差分析

钢尺量距的主要误差来源有下列几种:

1. 尺长误差

如果钢尺的名义长度和实际长度不符,则产生尺长误差。尺长误差是累积的,误差累积的大小与丈量距离成正比。往返丈量不能消除尺长误差,只有加入尺长改正才能消除。因此,新购置的钢尺必须经过检定,以求尺长改正值。

2. 温度误差

钢尺的长度随温度而变化,当丈量时温度和标准温度不一致时,将产生温度误差。钢的膨胀系数按 1.25×10^{-5} 计算,温度每变化 1 ℃影响丈量长度的 1/80 000。一般量距,当温度变化小于 10 ℃时,可以不加改正,但精密量距时,必须加温度改正。

3. 尺子倾斜和垂曲误差

由于地面高低不平,钢尺沿地面丈量时,尺面出现垂曲而成曲线,将使量得的长度比实际要大。因此,丈量时,必须注意尺子水平,整尺段悬空时,中间应有人托一下尺子,否则会产生不容忽视的垂曲误差。

4. 定线误差

由于丈量时的尺子没有准确地放在所量距离的直线方向上,使所丈量距离不是直线而是一组折线的误差称为定线误差。一般丈量时,要求花杆定线偏差不大于 0.1 m,仪器定线偏差为 5 ~7 cm。

5. 拉力误差

钢尺在丈量时所受拉力应与检定时拉力相同,否则将产生拉力误差。拉力的大小将影响尺长的变化。对于钢尺,若拉力变化 70 N,尺长将改变 1/10 000,故在一般丈量中,只要保持拉力均匀即可。而对较精密的丈量工作,则需使用弹簧秤。

6. 对点误差

丈量时,用测钎在地面上标志尺端点位置时,若插测钎不准,或前、后尺手配合不佳,或余长读数不准,都会引起丈量误差,这种误差对丈量结果的影响可正可负,大小不定,故在丈量中应尽力做到对点准确,配合协调。

(二)钢尺的维护

(1)钢尺易生锈,工作结束后,应用软布擦去尺上的泥和水,涂上机油,以防生锈。

(2)钢尺易折断,如果钢尺出现卷曲,切不可用力硬拉。

(3)在行人和车辆多的地区量距时,中间要有专人保护,严防尺被车辆压过而折断。

(4)不准将尺子沿地面拖拉,以免磨损尺面刻划。

(5)收卷钢尺时,应按顺时针方向转动钢尺摇柄,切不可逆转,以免折断钢尺。

第二节 视距测量

视距测量是一种利用经纬仪望远镜内十字丝平面上的视距丝(即十字丝的上、下丝），配合视距标尺（与普通水准尺通用），根据几何光学原理，同时测定两点间的水平距离和高差的方法。其测距精度较低，相对误差约为 1/300，低于钢尺量距；测定高差的精度低于水准测量。但这种方法操作简便、迅速、受地形条件限制小，且精度能满足一般碎部测量的要求，因此视距测量广泛应用于传统的地形测量中。

一、视距测量的原理

（一）视线水平时的距离与高差计算公式

如图 4-10 所示，A、B 为地面上两点，为测定该两点间的水平距离 D 和高差 h，在 A 点安置仪器，B 点竖立视距尺，由于视线水平，则视准轴与视距尺垂直。由图可知 A、B 两点的水平距离为

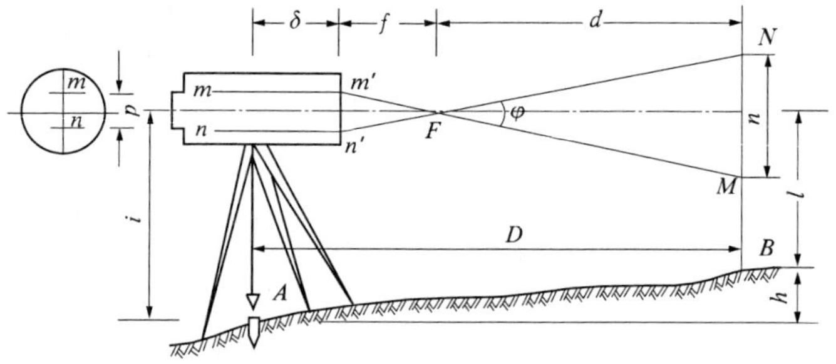

图 4-10　视线水平时的视距测量

$$D = d + f + \delta \tag{4-5}$$

由△MFN 相似于△$m'Fn'$，得　$d = f \cdot n/p$

代入式(4-5)得　$D = f \cdot n/p + f + \delta$

式中　f——望远镜物镜的焦距；

n——视距丝（上、下丝）在 B 点的视距尺上读数之差；

p——望远镜内视距丝（上、下丝）的间距，m；

δ——望远镜物镜的光心至仪器中心的距离，m。

令 $K = f/p$，K 称为视距乘常数；$C = f + \delta$，C 称为视距加常数。则 A、B 两点的水平距离可写为

$$D = Kn + C$$

目前大多数厂家在对光学仪器设计制造完成时，使 $K = 100$，$C \to 0$，故上式可写成

$$D = Kn = 100n \tag{4-6}$$

而 A、B 两点高差 h 的计算式可写为

$$h = i - l \tag{4-7}$$

式中　i——仪器高，m；

l——望远镜中十字丝的横丝在 B 点的视距尺上的读数。

（二）视线倾斜时的距离与高差计算公式

如图 4-11 所示，由于地形和通视条件的限制，通常在进行观测时，视线是倾斜的，在此情况下是不能用公式(4-6)和式(4-7)来计算水平距离和高差的。但可以设想：使立在

B 点的视距尺绕 O 点旋转一个 α 角后再与视线垂直，此时只要能把实测的视距间隔 $n(MN)$ 换算为旋转后的相应值 $n'(M'N')$，则可直接应用公式(4-6)。由于 φ 角很小(约为35′)，则 $\angle NN'O$ 和 $\angle MM'O$ 可视为直角。

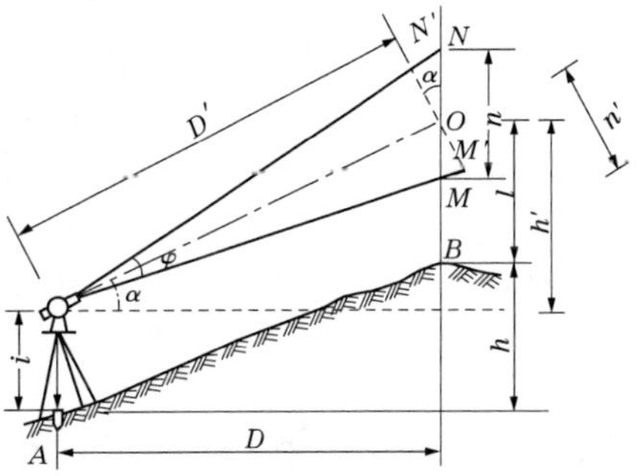

图 4-11　视线倾斜时的视距测量

因此有

$$N'M' = NO \cdot \cos\alpha + OM \cdot \cos\alpha = MN \cdot \cos\alpha$$

即 $$n' = n\cos\alpha$$

应用公式(4-6)即可得出 $D' = Kn' = Kn\cos\alpha$

则

$$D = D'\cos\alpha = Kn\cos^2\alpha = 100n\cos^2\alpha \qquad (4\text{-}8)$$

计算出两点的水平距离 D 后，可以根据测得的竖直角 α、量得的仪器高 i 以及望远镜十字丝中丝读数 l，按下式计算 A、B 两点的高差 h

$$h = D\tan\alpha + i - l = \frac{1}{2}Kn\sin2\alpha + i - l \qquad (4\text{-}9)$$

对于竖直角 α 来说，若 α 为仰角，即 α 为正，$D\tan\alpha$(亦即 $\frac{1}{2}Kn\sin2\alpha$)也为正；若 α 为俯角，即 α 为负，$D\tan\alpha$(亦即 $\frac{1}{2}Kn\sin2\alpha$)也为负。

二、视距测量的观测与计算

视距测量主要用于地形测量，以测定测站点至碎部点的水平距离和碎部点的高程。视距测量的观测应按下述步骤进行：

(1)在已知的控制点上安置经纬仪，作为测站点，量取仪器高 i，记入手簿。

(2)在测点上竖立视距尺，并使视距尺竖直，尺面朝向仪器。

(3)碎部测量一般只用经纬仪盘左位置进行观测即可，在观测之前首先求得经纬仪的竖盘指标差 x。然后盘左瞄准视距尺，消除视差，读取下丝读数 a、上丝读数 b 和中丝读数 l，记入手簿。

(4)转动竖盘指标水准管的微动螺旋，使竖盘指标水准管气泡居中，读取竖盘读数(若竖盘指标自动归零，则可直接读数)，考虑竖盘指标差 x，求出竖直角 α。

(5)利用计算器按式(4-8)和式(4-9)计算出测站点与碎部点的水平距离和高差，填入手簿，则一个点的观测与计算完成。

然后重复上述步骤，观测计算下一个点。

用经纬仪进行视距测量的记录与计算如表 4-2 所示。

三、视距测量的误差分析及注意事项

(一)视距测量的误差分析

视距测量的误差主要来源于以下几个方面：

表 4-2　视距测量观测记录与计算

观测点	视距尺读数(m)			中丝读数 l (m)	竖直角 α (° ′)	仪器高 i(m)	$i-l$ (m)	高差 h(m)	测站高程 (m)	测点高程 (m)	水平距离 D(m)
	上丝读数 b	下丝读数 a	视距间隔 n								
1	0.660	2.182	1.522	1.420	+5 27	1.42	0	+14.39	21.40	35.79	150.83
2	1.377	1.627	0.250	1.502	+2 45	1.42	−0.082	+1.12	21.40	22.52	24.94
3	1.862	2.440	0.578	2.151	−1 35	1.42	−0.731	−2.33	21.40	19.07	57.76

(1)读数误差。用视距丝在视距尺上读数时将产生误差,其大小与标尺的最小分划宽度、距离的远近和望远镜放大倍率等因素有关。

(2)垂直折光影响。视距尺不同部分的光线是通过不同密度的空气层到达望远镜的,光线越接近地面,受折光影响则越显著。因此,视线接近地面在视距尺上的读数时,垂直折光引起的误差较大。

(3)视距尺倾斜所引起的误差。视距尺倾斜误差的影响与竖直角有关,尺身越倾斜,垂直角越大,对视距精度的影响也越大。

此外,视距乘常数的误差、视距尺分划的误差、竖直角观测的误差以及风力使标尺抖动引起的误差等,都将影响视距测量的精度。

(二)视距测量的注意事项

(1)使用的仪器,必须进行竖盘指标差的检验和校正。

(2)必须严格消除视差。视距丝的读数不宜太小,以减小竖直折光差的影响。

(3)上、下丝读数应尽可能快速,由于空气对流、风力影响或扶尺不稳等影响,致使标尺影像不稳定。因此,在不能严格同时读取上、下丝读数时,应尽快地读数,以减小对 n 值的影响。

(4)标尺应竖直,标尺倾斜必然影响视距测量的精度,视线的竖直角 α 越大,其影响就越大。例如,当 $n=1$ m,$\alpha=30°$时,若标尺倾斜 2°,则所测距离的相对误差约为 1/50。因此,在山区测量更应严格将尺扶直,最好使用装有水准器的标尺。

(5)当观测的精度要求较高(如进行导线边的测定)时,n 与 α 应盘左、盘右各观测一次,取其平均值作为结果。

视距测量的计算工作,一般使用电子计算器直接按视距公式进行计算。使用微型电子计算机时,若把计算程序编好,可提高运算的速度。

第三节　直线定向

确定一条直线方向的工作称为直线定向。要确定直线的方向,首先要选定一个标准方向作为直线定向的基本方向,如果测出了一条直线与基本方向线之间的水平夹角,该直线的方向就被确定。

一、标准方向

在工程测量工作中,通常是以子午线作为直线定向的标准方向。子午线分真子午线、磁子午线、轴子午线三种。

(一)真子午线

通过地面上一点指向地球南北极的方向线就是该点的真子午线,它一般是用天文测量的方法测定,也可以用陀螺经纬仪测定。地球表面上任何一点都有它自己的真子午线方向,各点的真子午线都向两极收敛而相交于两极。地面上两点真子午线间的夹角称为子午线收敛角,如图 4-12(a)中的 γ 角。收敛角的大小与两点所在的纬度及经度的大小有关。

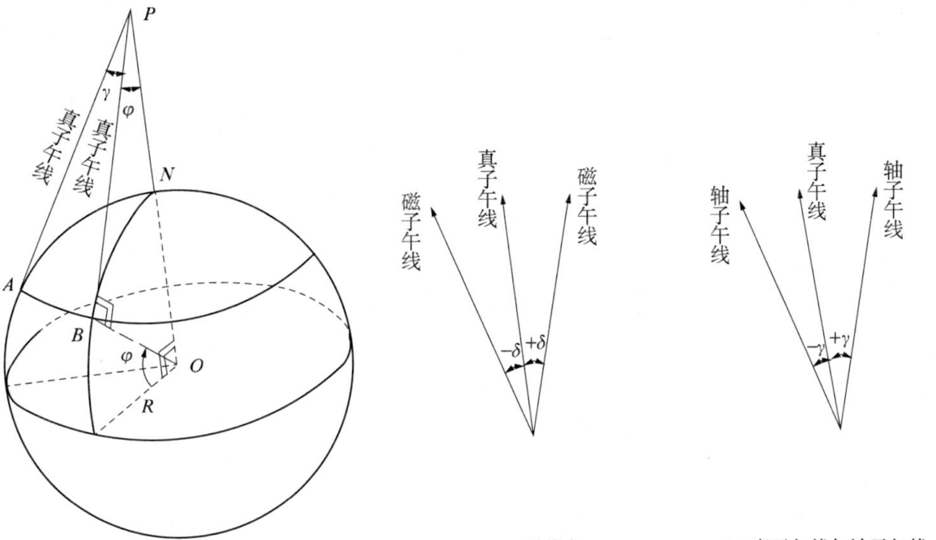

(a)子午线收敛角　(b)磁偏角　(c)真子午线与轴子午线

图 4-12　子午线收敛角

(二)磁子午线

地面上某点当磁针静止时所指的方向线,称为该点的磁子午线方向,磁子午线方向可用罗盘仪测定。由于地球的磁南、北极与地球南、北极并不重合,因此地面上同一点的真子午线与磁子午线不重合,其夹角称为磁偏角,用 δ 表示,如图 4-12(b)所示。磁子午线在真子午线东侧,称为东偏,δ 为正;磁子午线在真子午线西侧,称为西偏,δ 为负。磁偏角 δ 随地点不同而变化,因此磁子午线不宜作为精密定向的基本方向线。但是,由于确定磁子午线的方向比较方便,因而在独立地区和低等级公路仍可以利用它作为基本方向线。

(三)轴子午线(坐标子午线)

直角坐标系中的坐标纵轴所指的方向,为轴子午线方向或称为坐标子午线方向。由于地面上各点真子午线都是指向地球的南北极,所以不同点的真子午线方向不是互相平行的,这给计算工作带来不便。因此,在普通测量中一般均采用轴子午线的方向作为基本方向。这样测区内地面各点的基本方向都是互相平行的。

在中央子午线上,其真子午线方向和轴子午线方向一致,在其他地区,真子午线与轴子午线不重合,两者所夹的角即为中央子午线与某地方子午线所夹的收敛角 γ,如图 4-12(c)所示。当轴子午线在真子午线以东时,γ 为正;反之,当轴子午线在真子午线以西时,γ 为负。

二、直线定向的方法

如图 4-13 所示,直线方向一般用方位角来表示。由子午线北方向顺时针旋转至直线方向的水平夹角称为该直线的方位角。方位角的角值范围为 0°~360°。

以真子午线北端起算的方位角称为真方位角,用 A 表示;

以磁子午线北端起算的方位角称为磁方位角,用 A_m 表示;

以坐标子午线(坐标纵轴)起算的方位角称为坐标方位角,用 α 表示。

如图 4-14 所示,根据真子午线方向、磁子午线方向、轴子午线方向三者的关系,三种方位角有以下关系

$$A = A_m + \delta(\delta\text{东偏为正,西偏为负}) \tag{4-10}$$

$$A = \alpha + \gamma(\gamma\text{以东为正,以西为负}) \tag{4-11}$$

因此

$$A_m + \delta = \alpha + \gamma$$

所以

$$\alpha = A_m + \delta - \gamma \tag{4-12}$$

设直线 AB 前进方向的方位角 α_{AB} 为正坐标方位角,如图 4-15 所示,其相反方向的方位角 α_{BA} 则为反坐标方位角,同一直线正、反坐标方位角相差 180°,即

$$\alpha_{AB} = \alpha_{BA} \pm 180°$$

或

$$\alpha_{\text{正}} = \alpha_{\text{反}} \pm 180° \tag{4-13}$$

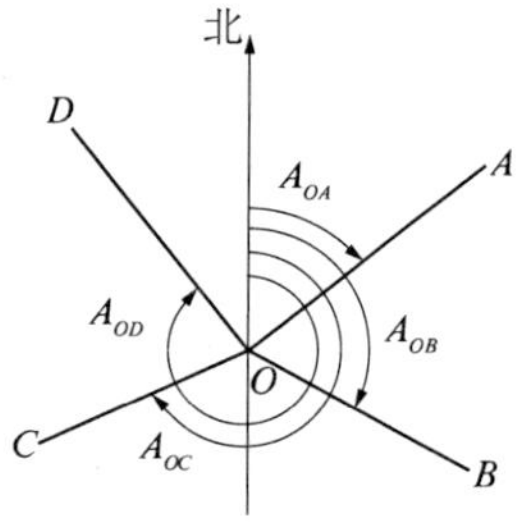

图 4-13　方位角

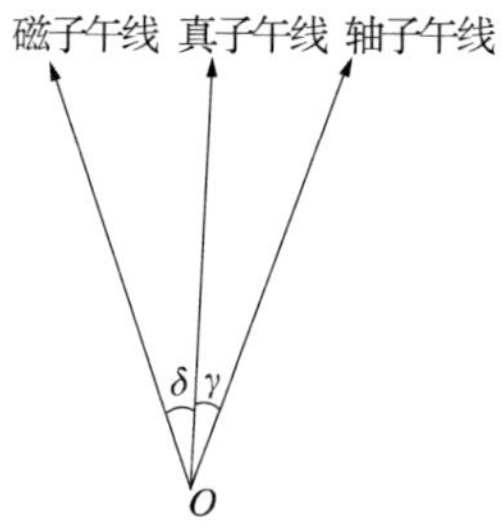

图 4-14　真子午线、磁子午线和轴子午线

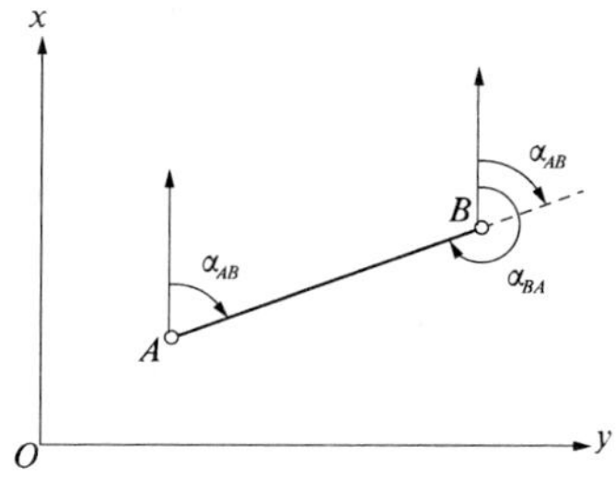

图 4-15　正、反方位角

第四节　罗盘仪的构造与使用

一、罗盘仪的构造

罗盘仪是利用磁针测定直线磁方位角的一种仪器。通常用于独立测区的近似定向以及线路和森林勘测中。如图 4-16 所示为 DQL-1 型罗盘仪。它主要由望远镜、罗盘盒和基座三部分组成。

(一)望远镜

望远镜为瞄准设备,和水准仪上的望远镜相似,部件有物镜、目镜、十字丝。望远镜的一侧附有一个竖直度盘,可以测得竖直角。

(二)罗盘盒

罗盘盒有磁针和刻度盘。磁针安装在度盘中心顶针上,可自由转动,为减少顶针的磨损,不使用时可用固定螺旋将磁针升起固定在玻璃盖上。刻度盘为金属圆盘,全圆刻划360°,最小刻划为1°,从0°起逆时针方向每隔10°注一数字。刻度盘0°与180°连线与望远镜的视准轴一致。

(三)基座

基座是一种球臼结构,安装在三脚架上,通过调整球状接头螺旋可使度盘处于水平位置。

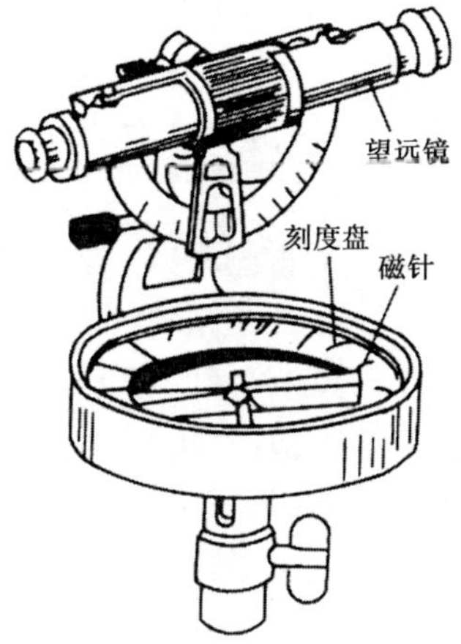

图4-16　DQL-1型罗盘仪

二、罗盘仪的使用

用罗盘仪测定某一直线的磁方位角的方法是:

(1)安置罗盘仪于直线的一个端点上。

(2)对中。用垂球进行对中。

(3)整平。半松开球臼接头螺旋,摆动罗盘盒使水准器气泡居中后,再旋紧球臼连接螺旋,使度盘处于水平位置。

(4)照准。望远镜瞄准直线的另一端点,其步骤同水准仪的望远镜瞄准相同。

(5)松开磁针固定螺旋,使它自由转动,待磁针静止时,读出磁针北端所指的度盘读数即为该直线的磁方位角。

读数时,如果度盘上的0°位于望远镜的物镜端时,应按磁针北端读取读数。当0°位于望远镜的目镜端时,则按磁针南端读取读数。

三、使用罗盘仪应注意事项

(1)罗盘仪不能在高压线、铁矿区、铁路旁等使用。

(2)罗盘仪使用完毕后,应将磁针升起,固定在顶盖上。

第五节　电磁波测距

电磁波测距是利用电磁波(微波、光波)作载波,在其上调制测距信号,测量两点间距离的一种方法。电磁波测距具有测量速度快、操作轻便、受地形影响小、测距精度高、测程远等优点。虽然电磁波测距仪器价格较高,但目前已普遍应用于各种工程测量中。

一、电磁波测距仪的分类

(一)按仪器所采用的载波分类

(1)微波测距仪,它用微波段的无线电波作为载波。

(2)激光测距仪,它用激光作为载波。

(3)红外测距仪,它用红外光作为载波。

激光测距仪和红外测距仪又统称为光电测距仪,微波和激光测距仪多适用于长距离测距，测程可达 60 km，一般用于大地测量，而红外测距仪属于中、短程测距仪，测程一般为 15 km 以内，一般适用于小地区控制测量、地形测量、地籍测量和工程测量等。

（二）按测程分类

（1）短程测距仪，测程小于 5 km，适用于城市测量和普通测量。

（2）中程测距仪，测程在 5～15 km，用于一般的控制测量。

（3）远程测距仪，测程大于 15 km，用于高级的控制测量。

（三）按测量的精度分类

（1）Ⅰ级，每 1 km 测距的中误差 m_D 为 5 mm。

（2）Ⅱ级，每 1 km 测距的中误差 m_D 为 5～10 mm。

（3）Ⅲ级，每 1 km 测距的中误差 m_D 为 10 mm 以上。

（四）按电磁波往返传波时间的测定方法分类

（1）脉冲法测距。测距仪发射系统发射光脉冲，经反光镜反射后，再由接收系统接收，根据发射和接收光脉冲的时间来计算距离。

（2）相位法测距。测距仪发射系统发射调制光波，经反光镜反射后，再由接收系统接收，测定调制光波在待测距离上往返传播所产生的相位差，以计算距离。

二、测距仪的使用

目前国内外生产的各种型号的测距仪很多，其测距仪的工作原理和结构基本相同，但在具体操作上有较大差异，因此在使用前，要仔细阅读说明书，严格按说明书上的操作步骤进行。

（一）仪器的安置

（1）在待测距离一端安置经纬仪，包括对中、整平，将测距仪与经纬仪连接（此项工作可参照说明书进行）。

（2）打开测距仪的电源开关，检查仪器是否工作正常。

（3）在待测距离的另一端安置反光镜，用基座上的光学对中器对中，用圆水准器整平基座。

（二）距离测量

（1）用经纬仪望远镜瞄准目标棱镜下方觇牌的中心，制动经纬仪，读取竖盘读数，计算竖直角。

（2）调节测距仪的调节螺旋，使测距仪瞄准反光镜棱镜的中心。

（3）按下测距仪操作面板上的所需功能键，就可测出所需结果。

三、测距仪的检验

测距仪的检验应委托国家技术监督局授权的测绘仪器计量检定单位进行全部项目的检定工作。其检验的项目有：

（1）发射、接收、照准三轴关系正确性的检验。

（2）周期误差的测定。

（3）仪器加常数和乘常数的测定。

(4)内外部符合精度的检验。

(5)测程的检定。

复习思考题

4-1 何谓直线定线？在距离丈量之前，为什么要进行直线定线？目估定线通常是怎样进行的？

4-2 距离测量有哪些常用方法？各有什么优缺点？

4-3 简述在平坦地面上用钢尺量距的一般步骤。评定量距精度的指标是什么？如何计算？

4-4 影响量距精度的因素有哪些？如何提高量距精度？

4-5 什么叫直线定向？为什么会进行直线定向？

4-6 测量上作为定向依据的基本方向线有哪些？

4-7 什么叫真子午线、磁子午线、坐标子午线？

4-8 直线定向与直线定线有何区别？

4-9 什么叫方位角？什么叫真方位角、磁方位角、坐标方位角？

4-10 什么叫视距测量？测量中应注意什么事项？

4-11 简述用罗盘仪测定一条直线的磁方位角的步骤。

4-12 同一直线的正反方位角有什么关系？

4-13 用钢尺丈量 AB 及 AC 两段直线，记录如表 4-3 所示，求两直线的距离及丈量精度。

表 4-3 题 4-13 表

测段		整尺段(m)	零尺段(m)		总计(m)	较差(m)	平均值(m)	精度	备注
			一	二					
AB	往测	9×30	12.35						
	返测	9×30	12.43						
AC	往测	11×30	14.61	9.37					
	返测	11×30	9.44	14.44					

4-14 用钢尺丈量一直线段距离，往测丈量的长度为 326.40 m，返测为 326.50 m，今规定其相对误差不应大于 1/2 000，试问：(1)此测量成果是否满足精度要求？(2)按此规定精度要求，若丈量 500 m 的距离，往返丈量最大可允许相差多少？

4-15 用经纬仪进行视距测量，其记录如表 4-4 所列，试完成表中的计算。

4-16 已知 A 点的磁偏角为西偏 20′，过 A 点的真子午线与中央子午线的收敛角为 +3′，直线 AB 的坐标方位角 $\alpha = 34°25'$，求 AB 直线的真方位角与磁方位角。

4-17 如图 4-17 中，五边形的各内角值为：$\beta_1 = 95°$、$\beta_2 = 130°$、$\beta_3 = 65°$、$\beta_4 = 128°$、$\beta_5 = 122°$，已知边 AB 坐标方位角为 30°，求其他各边的坐标方位角。

4-18 电磁波测距的分类有哪些？

4-19 电磁波测距的检验主要有哪些项目？

表 4-4　题 4-15 表

测站点：*O* 点；测站点高程：78.567 m；仪器高度：1.47 m									
照准点号	视距丝读数（m）			中丝读数（m）	竖盘读数（° ′ ″）	视线倾角（° ′ ″）	平距（m）	高差（m）	高程（m）
	下丝（m）	上丝（m）	视距间隔（m）						
1	1.473	0.909		1.190	85 24 18				
2	1.575	0.946		1.263	81 38 54				
3	2.425	1.428		1.927	96 37 36				
4	1.818	1.028		1.425	98 50 30				

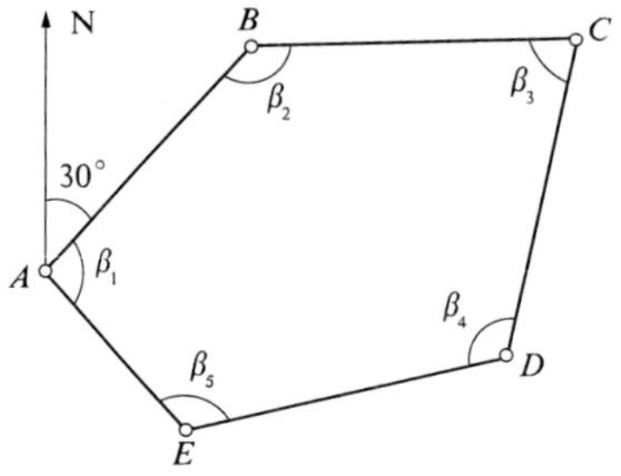

图 4-17　题 4-17 图

第五章 测量误差基本知识

本章重点

1. 测量误差产生的原因及其分类；
2. 算术平均值的概念；
3. 评定观测值精度的标准；
4. 误差传播定律及其应用。

第一节 测量误差及其分类

在测量工作中，观测的未知量是角度、距离和高程，用仪器观测未知量而获得的数值叫做观测值。实践证明，当对某个量进行多次重复观测时，不论测量仪器有多么精密，观测多么认真细致，观测值之间总是存在差异。例如观测三角形内角和不等于 180°；测定往返两点的高差绝对值不相等。这些都说明测量结果不可避免地存在误差。

一、测量误差产生的原因

测量误差的原因概括起来主要有以下几个方面：

(1)仪器原因。测量工作所使用的仪器，由于制造和校正不可能十分完善，还会存在残余误差，因此会给测量值带来不可避免的误差。

(2)人的原因。由于观测者感官上的局限性，所以说无论观测人员的操作如何认真仔细，在进行仪器安置、瞄准、读数等工作时都会产生一定的误差，同时，观测者的技术水平、工作态度，也会对测量结果产生一定的影响。

(3)外界条件的原因。由于测量时外界的自然条件，如温度、湿度、风力、大气折光等因素瞬间变化对测量结果产生的影响。

我们通常把仪器的精度、观测者的技术水平和外界的自然条件三方面的因素综合起来，称为观测条件。例如，仪器的精度高些，观测者操作认真、熟练，选择最佳的气象条件，观测时所产生的误差就相应地小一些，观测值的质量就会相应提高。反之，观测条件差，观测值的质量就会相应降低。所以，观测质量的好坏决定了观测值质量的高低。

当观测条件相同时所进行的各种观测，称为等精度观测；观测条件不相同的各次观测称为不等精度观测。

由于任何观测值都会含有误差，因此对误差要做进一步的研究，以便对不同的误差采取不同的措施，以消除或减弱这些误差对测量成果造成的影响。

二、测量误差的分类

测量误差按其性质可分为系统误差和偶然误差两类。

(一)系统误差

在相同的观测条件下,对某量进行一系列观察,如误差在符号和大小上存在一致性,即按一定的规律变化或保持常数,这种误差称为系统误差。产生系统误差的主要原因是测量仪器和工具制造不完善或校正不完全准确。例如,某钢尺名义长度为 30 m,与标准尺相比较,相差 3 mm,用该尺丈量 300 m 的距离,就会产生 30 mm 的误差。距离越长,误差累计就越大,误差的大小与距离成正比。外界条件影响也是产生系统误差的主要因素,例如钢尺量距时,因温度与检定钢尺时的温度不一致而使所测长度产生误差;测交角时,因大气折光的影响而产生的误差等。

系统误差具有累计性,对测量成果影响很大,必须采取各种措施使其消除或减小到可以忽略不计的程度,一般可采取以下措施:

(1)检校仪器:把仪器的系统误差降低到最小程度;

(2)求改正数:对观测成果进行必要的改正,如钢尺经过检定求出的尺寸改正数等;

(3)采用适当的观测方法和操作程序:观测时使系统误差在观测结果中得以抵消。例如,水准测量时使其前后视距相等;测水平角时用盘左、盘右两个位置观测等。

(二)偶然误差

在相同的观测条件下,对某量进行一系列的观测,如果误差在符号与大小上均不一致,表面没有任何规律性,但就大量误差整体来看,则具有一定的统计规律,这种误差称为偶然误差。偶然误差的产生受仪器望远镜的放大倍率、人眼的分辨率、自然的温度、风力、大气折光等的影响。例如,用水准仪在水准尺上读数时所估读的毫米数,有时偏大,有时偏小;用经纬仪测水平角时瞄准目标,有时偏左,有时偏右等。这类误差都属于偶然误差。由于系统误差与偶然误差在观测过程中是同时发生的,当设法消除或减弱系统误差后,决定观测精度的关键因素就是偶然误差,所以在测量误差理论中主要是讨论偶然误差。

(三)偶然误差的特征

上面我们已经提到,偶然误差从表面上看不出什么规律,但具有一定的统计规律,而且,这一规律性随着观测次数的增加表现得更加明显,下面我们以实例来说明偶然误差的规律性。

在相同的观测条件下,对三角形的三个内角进行观测,由于存在观测误差,三角形三内角观测值之和 l 不等于真值 180°,真值与观测值之差 Δ 称为真误差。表示为

$$\Delta = 180^\circ - l \tag{5-1}$$

【例 5-1】 在某地观测了 386 个三角形,测出了 386 个真误差,按其正负号的大小排列,取误差区间为 0.30″,统计出各误差区间误差出现的个数,列入表 5-1。

由表 5-1 可以看出误差的分布规律为:

(1)小误差的个数比大误差的个数多;

(2)绝对值相同的正负误差区间出现的个数基本相等;

(3)最大误差不超过 1.80″。

在实际测量工作中,通过大量的统计结果表明,偶然误差具有以下的特征:

(1)在一定的观测条件下,偶然误差的绝对值不超过一定的限制;

(2)绝对值较小的误差出现的概率大;

表 5-1　正、负误差个数统计表

误差区间	正误差个数	负误差个数	总和
0.00″~0.30″	81	82	163
0.30″~0.60″	53	54	107
0.60″~0.90″	30	30	60
0.90″~1.20″	19	18	37
1.20″~1.50″	7	7	14
1.50″~1.80″	2	3	5
1.80″以上	0	0	0
总和	192	194	386

(3)绝对值相等的正负误差出现的概率大致相同；

(4)同一量的等精度观测，当观测次数无限增加时，其偶然误差的算术平均值趋于零，即

$$\lim_{n\to\infty}\frac{[\Delta]}{n}=0 \tag{5-2}$$

式中　n——观测次数；

$[\Delta]$——真误差的和，$[\Delta]=\Delta_1+\Delta_2+\cdots+\Delta_n$。

根据偶然误差的第三个特性可知，当取误差总和时，由于大小相同、符号相反的正负误差大部分抵消，如果 $n\to\infty$，误差的算术平均值就会越来越小，趋于零。说明偶然误差具有抵偿性。

观测值的精度主要取决于偶然误差的影响，观测值的精度越高，则表示偶然误差的取值范围越小，观测值之间的差异越小。反之，则表示观测值之间的差异越大，观测值的精度越低。为了提高观测值的精度，通常对偶然误差进行如下处理，以减小其影响：

(1)提高观测仪器的等级，使观测值的精度得到有效提高；

(2)进行多次观测；

(3)求平均值。

第二节　评定观测值精度的标准

研究测量误差的目的之一，就是对观测值的精度做出科学的研究。目前常用的衡量精度的标准有中误差、容许误差和相对误差三种。

一、中误差

设在等精度观测条件下对某未知量进行了 n 次观测，得到一组观测值 l_1、l_2、…、l_n，根据公式计算出一组真误差 Δ_1、Δ_2、…、Δ_n。则中误差 m 为

$$m=\pm\sqrt{\frac{[\Delta\Delta]}{n}} \tag{5-3}$$

式中　m——观测值的中误差；

$[\Delta\Delta]$——真误差的平方和，$[\Delta\Delta]=\Delta_1^2+\Delta_2^2+\cdots+\Delta_n^2$；

n——观测次数。

式(5-3)表明，中误差并不等于每个观测值的真误差，而是取一组真误差的平方和的平均值再开方作为这组误差的代表值。因此，用中误差作为标准评定观测值的精度是科学的。中误差愈大，表示观测值的精度愈低；反之，精度愈高。由式(5-3)还可以看出，因为是等精度观测，所以，这组观测值中每个观测值都有相同的中误差，因此 m 又称为观测值中误差。

【例 5-2】 设有甲、乙两个小组，对同一个三角形的内角和各进行了 10 次观测，其真误差为：

甲组：$-2''$，$-1''$，$-3''$，$+3''$，$-4''$，$+4''$，$+2''$，$0''$，$+3''$，$+2''$

乙组：$0''$，$+1''$，$+2''$，$-1''$，$+1''$，$0''$，$-8''$，$+3''$，$+1''$，$-7''$

试求出这两组观测值的中误差。

解：按式(5-3)计算如下：

$$m_{甲}=\pm\sqrt{\frac{(-2)^2+(-1)^2+(-3)^2+3^2+(-4)^2+4^2+2^2+0^2+3^2+2^2}{10}}$$

$$=\pm 2.7''$$

$$m_{乙}=\pm\sqrt{\frac{0^2+1^2+2^2+(-1)^2+1^2+0^2+(-8)^2+3^2+1^2+(-7)^2}{10}}$$

$$=\pm 3.6''$$

$m_{甲}<m_{乙}$ 说明甲组观测的精度高于乙组。例 5-2 中甲组观测值的中误差为 $\pm 2.7''$。如果观测是在相同的条件下进行，则各观测的精度是相同的，都是 $\pm 2.7''$。

二、容许误差

容许误差又称为极限误差。由偶然误差第一特性可知，在一定的观测条件下，偶然误差的绝对值不超过一定的限值。误差理论和数据统计表明，在等精度观测中，绝对值大于 1 倍中误差的偶然误差的出现概率为 32%；大于 2 倍中误差的偶然误差的出现概率为 5%；大于 3 倍中误差的偶然误差出现概率为 0.3%。而在实际工作中，观测次数是有限的，可以认为大于 3 倍中误差的偶然误差实际上是不可能出现的。所以，采用 3 倍中误差作为偶然误差的极限误差，即

$$\Delta_{限}=3m \tag{5-4}$$

当测量精度要求较高时，对误差的要求更为严格，也可采用 2 倍中误差作为偶然误差的限差，即

$$\Delta_{限}=2m \tag{5-5}$$

三、相对误差

真误差、中误差、容许误差都是表示本身的大小，称为绝对误差。在某些情况下，单独用中误差来表示观测值的精度是不完善的。

例如用钢尺丈量 200 m 和 20 m 的两段距离，其中误差均为 0.02 m。显然不能认为

两段距离的精度是相等的。实际上丈量长度的误差与长度大小有关。距离愈大，误差愈大。为了更好地衡量精度，我们引入了相对误差的概念。

把中误差 m 的绝对值与观测值 D 相比，并将其化为分子为 1、分母为整数的分数形式，我们把这种形式称为相对误差。用公式表示为

$$k=\frac{|m|}{D}=\frac{1}{\frac{D}{|m|}} \tag{5-6}$$

在上例中，则有

$$k_1=\frac{0.02}{200}=\frac{1}{10\ 000}$$

$$k_2=\frac{0.02}{20}=\frac{1}{1\ 000}$$

$k_1<k_2$ 说明前者的精度比后者高得多。

在一般距离测量中，通常往返各丈量一次，取往返丈量距离之差（$D_{往}-D_{返}$）的绝对值，与往返丈量距离平均值（$D_{平均}$）之比，将分子化为 1，分母取整数来评定丈量距离的精度，这是相对误差的另一种形式，即

$$k=\frac{|D_{往}-D_{返}|}{D_{平均}}=\frac{|\Delta D|}{D_{平均}}=\frac{1}{\frac{D_{平均}}{|\Delta D|}}$$

另外，在用经纬仪测角时，相对误差不能用于评定角度的精度，因为观测角的误差与角的大小无关。

第三节　算术平均值及其观测值的中误差

一、算术平均值

研究误差的目的之一，就是对带有误差的观测值给予适当的处理，最终求其最可靠值，最简单的方法就是求其算术平均值。

设对于某量进行 n 次等精度观测，观测值分别为：l_1、l_2、…、l_n，其算术平均值 L 为

$$L=\frac{l_1+l_2+\cdots+l_n}{n}=\frac{[l]}{n} \tag{5-7}$$

设某量的真值为 x，其等精度观测值为 l_1、l_2、…、l_n，则有

$$\left.\begin{aligned}\Delta_1&=x-l_1\\ \Delta_2&=x-l_2\\ &\vdots\\ \Delta_n&=x-l_n\end{aligned}\right\} \tag{5-8}$$

将上列等式两端相加，得

$$\Delta_1+\Delta_2+\cdots+\Delta_n=nx-(l_1+l_2+\cdots+l_n)$$

即

$$[\Delta]=nx-[l]$$

等式两端同除以 n，得

$$\frac{[\Delta]}{n}=x-\frac{[l]}{n}$$

将式(5-7)代入上式，得

$$L=x-\frac{[\Delta]}{n}$$

根据偶然误差第四特性

$$\lim_{n\to\infty}\frac{[\Delta]}{n}=0$$

则有

$$\lim_{n\to\infty}L=x \tag{5-9}$$

由式(5-9)可知，当观测次数 n 无限增加时，算术平均值趋近于真值。在实际工作中，对某一量的观测次数总是有限的，算术平均值不等于真值，但与其他任一观测值相比，算术平均值更接近于真值。因此，测量上通常把观测值的算术平均值称为最或是值或最可靠值，并且把算术平均值作为最终观测结果。

二、观测值中误差

在前面讲到中误差 m 的定义时，需要已知观测值的真误差 Δ_i，但在实际工作中，所求量的真值往往是未知的，所以真误差也无法求得。因此，中误差也无法计算。但我们知道算术平均值接近于真值，可用算术平均值代替真值，将算术平均值与各次观测值之差作为改正数代替真误差，由此推导出用改正数表示的中误差计算公式。

设对某量进行等精度观测，观测值分别为 l_1、l_2、…、l_n。观测值的算术平均值为 L，V_i 表示改正数，则有

$$\left.\begin{aligned}V_1&=L-l_1\\V_2&=L-l_2\\&\vdots\\V_n&=L-l_n\end{aligned}\right\} \tag{5-10}$$

将上列等式两端相加，得

$$[V]=nL-[l] \tag{5-11}$$

由式(5-7)有

$$L=\frac{[l]}{n}$$

代入式(5-11)得

$$[V]=0 \tag{5-12}$$

式(5-12)表明改正数的代数和为零，利用这一特性可以检验算术平均值和改正数的计算是否正确。

下面讨论 V_i 与 Δ_i 之间的关系，由式(5-8)减去式(5-10)得：

$$\left.\begin{aligned}\Delta_1 &= V_1 + (x - L) \\ \Delta_2 &= V_2 + (x - L) \\ &\vdots \\ \Delta_n &= V_n + (x - L)\end{aligned}\right\} \tag{5-13}$$

将式(5-13)平方并取和,得

$$[\Delta\Delta] = [VV] + 2[V](x - L) + n(x - L)^2$$

两边除以 n 并由 $[V] = 0$,可得

$$\frac{[\Delta\Delta]}{n} = \frac{[VV]}{n} + (x - L)^2 \tag{5-14}$$

又因为

$$\begin{aligned}(x - L)^2 &= \left(\frac{nx}{n} - \frac{[l]}{n}\right)^2 \\ &= \frac{1}{n^2}(nx - [l])^2 \\ &= \frac{1}{n^2}(x - l_1 + x - l_2 + \cdots + x - l_n)^2 \\ &= \frac{1}{n^2}(\Delta_1 + \Delta_2 + \cdots + \Delta_n)^2 \\ &= \frac{1}{n^2}(\Delta_1^2 + \Delta_2^2 + \cdots + \Delta_n^2 + 2\Delta_1\Delta_2 + 2\Delta_1\Delta_3 + \cdots) \\ &= \frac{[\Delta\Delta]}{n^2} + \frac{2(\Delta_1\Delta_2 + \Delta_1\Delta_3 + \cdots)}{n^2}\end{aligned}$$

由于 Δ_1、Δ_2、…、Δ_n 是彼此独立的偶然误差,故 Δ_1、Δ_2、…、Δ_n 具有偶然误差的特性,当观测次数无限增大时

$$\lim_{n \to \infty} \frac{(\Delta_1\Delta_2 + \Delta_1\Delta_3 + \cdots)}{n} = 0$$

所以

$$(x - L)^2 = \frac{[\Delta\Delta]}{n^2}$$

则式(5-14)可整理为

$$\frac{[\Delta\Delta]}{n} = \frac{[VV]}{n} + \frac{[\Delta\Delta]}{n^2}$$

由 $m = \pm\sqrt{\frac{[\Delta\Delta]}{n}}$,得

$$m^2 - \frac{1}{n}m^2 = \frac{[VV]}{n}$$

即

$$m^2 = \frac{[VV]}{n - 1}$$

$$m = \pm\sqrt{\frac{[VV]}{n - 1}} \tag{5-15}$$

式(5-15)为利用观测值的改正数计算观测值中误差的公式,又称为白塞尔公式。

三、算术平均值中误差的计算公式

在衡量观测结果的精度时，除了要求出观测值的误差值之外，还要求出观测值的算术平均值的误差，作为评定观测值最后结果的依据，根据误差理论可知，若观测值的误差为 m，则算术平均值中误差 M 为

$$M = \pm \frac{m}{\sqrt{n}} \tag{5-16}$$

由式(5-16)可见，算术平均值的精度高于每一个观测值的精度，公式推导可参阅本章第四节。

【例 5-3】 对某段直线进行 6 次等精度的测量，各次的测量值列于表 5-2，试求该段距离的算术平均值及其中误差、观测值中误差和相对误差。

表 5-2　等精度观测结果

观测次数 n	观测值 l(m)	改正数 V(mm)	VV
1	148.116	−1	1
2	148.120	−5	25
3	148.108	7	49
4	148.112	3	9
5	148.123	−8	64
6	148.110	5	25
	$L=148.115$	$[V]=1$	$[VV]=173$

解：算术平均值　$L = \frac{[l]}{n} = 148.115$

观测值中误差　$m = \pm\sqrt{\frac{[VV]}{n-1}} = \pm\sqrt{\frac{173}{6-1}} = \pm 5.882(\text{mm})$

算术平均值中误差　$M = \pm\frac{m}{\sqrt{n}} = \pm\frac{5.882}{\sqrt{6}} = \pm 2.401(\text{mm})$

相对误差　$k = \frac{1}{\frac{D}{|m|}} = \frac{1}{\frac{148.115}{5.882}} = \frac{1}{25}$

【例 5-4】 对一个水平角观测了 5 个测回，其结果如表 5-3 所示，试求该角的算术平均值、每一测回角值的中误差及算术平均值的中误差。

表 5-3　等精度观测结果

测回	观测值(°　′　″)	改正数 V(″)	VV
1	78 21 20	−14	196
2	78 20 40	26	676
3	78 21 00	6	36
4	78 21 30	−24	576
5	78 21 00	6	36
	$L=78\ 21\ 06$	$[V]=0$	$[VV]=1\ 520$

解:算术平均值 $L=78°21'06''$

每测回角值的中误差 $m=\pm\sqrt{\dfrac{[VV]}{n-1}}=\pm\sqrt{\dfrac{1\ 520}{5-1}}=\pm19.5''$

算术平均值中误差 $M=\pm\dfrac{m}{\sqrt{n}}=\pm\dfrac{19.5''}{\sqrt{5}}=\pm8.7''$

第四节　误差传播定律及其应用

在实际测量工作中很多观测值之间保持着函数关系。有些未知量的值不是直接观测得出的,而是通过观测其他量,利用函数关系间接求出。例如,高差测定中 $h=a-b$,h 就是直接观测值 a、b 的函数,显然 a、b 存在着误差,必然使 h 产生误差,这种阐明直接观测值与函数之间的中误差关系,并通过具体分析建立两者之间的数学关系式,从而求得函数值中误差的定律,称为误差传播定律。

由于观测值与其函数有不同的表达方式,现分别进行讨论。

一、线性函数

设有线性函数

$$z=k_1x_1\pm k_2x_2 \tag{5-17}$$

式中　k_1、k_2——常数;

x_1、x_2——独立观测值。

x_1、x_2 的中误差分别为 m_1、m_2,函数 z 的中误差为 m_z。当观测值 x_1、x_2 中分别含有真误差 Δ_1、Δ_2 时,函数 z 也将产生真误差 Δ_z,即

$$z+\Delta_z=k_1(x_1+\Delta_1)\pm k_2(x_2+\Delta_2) \tag{5-18}$$

用式(5-18)减式(5-17),得

$$\Delta_z=k_1\Delta_1\pm k_2\Delta_2 \tag{5-19}$$

当观测值 x_1、x_2 各进行了 n 次观测,则有 n 列如式(5-19)所示的真误差关系式,将 n 列关系式取其和,则

$$[\Delta_z]=k_1[\Delta_1]\pm k_2[\Delta_2]$$

将上式两端平方,得

$$[\Delta_z]^2=k_1^2[\Delta_1]^2+k_2^2[\Delta_2]^2\pm2k_1k_2[\Delta_1][\Delta_2]$$

等式两边除以 n,得

$$\frac{[\Delta_z]^2}{n}=k_1^2\frac{[\Delta_1]^2}{n}+k_2^2\frac{[\Delta_2]^2}{n}\pm2k_1k_2\frac{[\Delta_1][\Delta_2]}{n} \tag{5-20}$$

根据误差的第四个特性,式(5-20)中等号右边第三项为零,且

$$[\Delta]^2=[\Delta\Delta]$$

则式(5-20)可整理

$$\frac{[\Delta_z\Delta_z]}{n}=k_1^2\frac{[\Delta_1\Delta_1]}{n}+k_2^2\frac{[\Delta_2\Delta_2]}{n}$$

根据中误差的定义式 $m = \pm\sqrt{\frac{[\Delta\Delta]}{n}}$,得

$$m_z^2 = k_1^2 m_1^2 + k_2^2 m_2^2$$

或

$$m_z = \pm\sqrt{k_1^2 m_1^2 + k_2^2 m_2^2} \tag{5-21}$$

同理,z 是一组观测值 x_1、x_2、…、x_n 的线性函数式,即

$$z = k_1 x_1 \pm k_2 x_2 \pm k_3 x_3 \pm \cdots \pm k_n x_n \tag{5-22}$$

根据以上的推导方法可得到 z 的中误差为

$$m_z = \pm\sqrt{k_1^2 m_1^2 + k_2^2 m_2^2 + k_3^2 m_3^2 + \cdots + k_n^2 m_n^2} \tag{5-23}$$

在应用误差传播定理时应注意测量上常用的两种函数形式,即倍数函数及和差函数,它们是线性函数的特例。

(一)倍数函数

当 $k_2 = k_3 = \cdots k_n = 0$ 时,式(5-22)变成倍数函数

$$z = kx$$

由式(5-23),则有

$$m_z = km_x \tag{5-24}$$

(二)和差函数

当 $k_1 = k_2 = \cdots = k_n = 1$ 时,式(5-22)则变成和差函数

$$z = x_1 \pm x_2 \pm x_3 \pm \cdots \pm x_n$$

当 $k_1 = k_2 = \cdots = k_n = 1$ 时,式(5-23)则变为

$$m_z = \pm\sqrt{m_1^2 + m_2^2 + m_3^2 + \cdots + m_n^2} \tag{5-25}$$

如果是等精度观测,即

$$m_1 = m_2 = m_3 = \cdots = m_n = m \tag{5-26}$$

则

$$m_z = \pm\sqrt{n}m$$

在此,我们应用误差传播定律推导一下算术平均值 $L = \frac{[l]}{n}$ 的中误差 M 的公式

$$L = \frac{[l]}{n} = \frac{1}{n}l_1 + \frac{1}{n}l_2 + \cdots + \frac{1}{n}l_n$$

上式为线性函数

$$k_1 = k_2 = \cdots = k_n = \frac{1}{n},\ m_1 = m_2 = \cdots = m_n = m$$

根据式(5-23),得

$$M = m_L = \pm\sqrt{\frac{1}{n^2}m^2 + \frac{1}{n^2}m^2 + \cdots + \frac{1}{n^2}m^2}$$

$$= \pm\sqrt{\frac{1}{n^2} \cdot nm^2}$$

$$= \pm\sqrt{\frac{m^2}{n}}$$

所以 $$M = \pm \frac{m}{\sqrt{n}}$$

在应用误差传播特性解题时,可按下列步骤进行:

(1)根据题意正确列出函数式;

(2)根据函数式找出所用的误差传播定律公式;

(3)将各数据对应代入误差传播定律公式,计算函数的中误差。

列函数式时应注意以下两个问题:

(1)列出函数式,观测值必须是相互独立的,否则,在运用传播定律时会出现错误的结果。

例如设有函数 $z = x + y$。如果其中 $y = 3x$,这时观测值 x 与 y 是相互不独立的,计算时应将 $y = 3x$ 代入函数式合并,使之独立,否则会出现错误,即

$$z = x + y = x + 3x = 4x$$

按式(5-24)

$$m_z = 4m_x \text{(正确值)}$$

如果不合并,则

$$z = x + y$$

按式(5-25),有

$$m_z^2 = m_x^2 + m_y^2$$

又因为 $$y = 3x$$

按式(5-24),有

$$M_y^2 = 3^2 m_x^2$$

则 $$M_z^2 = m_x^2 + 3^2 m_x^2 = 10m_x^2$$

即 $$M_z = \pm \sqrt{10} m_x \text{(错误值)}$$

(2)列函数式时,要注意倍数函数与和差函数的区别,否则也会出现错误。

【例5-5】 (1)测量正方形四条边。各边长为 l,中误差为 m_l,求周长 L 及其中误差 m_L。

(2)测量正方形的一条边,边长为 l,其中误差为 m_l,求周长 L 及其中误差 m_L。

这两道题似乎可按倍数函数计算,答案相同。其实不然。第一题是用和差函数,第二题是用倍数函数。第二题仅丈量一条边,而第一题四条边都丈量,应为和函数。

解:(1) $$L = l + l + l + l$$

$$m_L = \pm \sqrt{4} m_l = \pm 2m_l$$

(2) $$L = 4l$$

$$m_L = 4m_l$$

【例5-6】 在比例尺1:500的地图上量得两点间的距离 $d = 64.8$ mm,其中误差 $m_d = \pm 0.2$ mm,求两点间的地面距离 D 及其中误差 M_D。

解:根据题意 $$D = 500d$$

地面距离 $$D = 500 \times 64.8 = 32.4\text{(m)}$$

中误差 $M_D = \pm 500 \times m_d = \pm 500 \times 0.2 = \pm 0.1(\text{m})$

【例 5-7】 如图 5-1 所示，高差观测值如下：$h_1 = 20.234\ \text{m}$，$m_1 = \pm 3\ \text{mm}$；$h_2 = 18.578\ \text{m}$，$m_2 = \pm 4\ \text{mm}$；$h_3 = 16.478\ \text{m}$；$m_3 = \pm 5\ \text{mm}$。试求 A 到 D 的高差及其中误差。

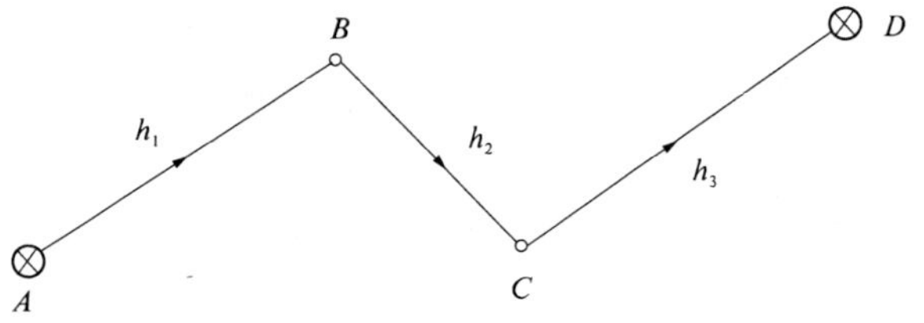

图 5-1 高差观测示意图

解：

$$h_{AD} = h_1 + h_2 + h_3 = 20.234 + 18.578 + 16.478 = 55.290(\text{m})$$

$$m_{AD} = \pm \sqrt{m_1^2 + m_2^2 + m_3^2} = \pm \sqrt{3^2 + 4^2 + 5^2} = \pm 7.071(\text{mm})$$

【例 5-8】 用某台经纬仪测量水平角，每测回角度中误差为 ±8″。现在用这台经纬仪测一个角度，要求测角中误差不超过 ±4″，问需要观测几个测回？

解：按式(5-16)

$$M = \frac{m}{\sqrt{n}}$$

根据题意：

$$m = \pm 8'' \qquad M = \pm 4''$$

所以

$$n = \frac{m^2}{M^2} = \frac{(64'')}{(16'')} = 4\ \text{测回}$$

二、非线性函数

设非线性函数的一般式为

$$z = f(x_1, x_2, \cdots, x_n) \tag{5-27}$$

式中 x_1、x_2、…、x_n——相互独立的可直接观测值；

m_1、m_2、…、m_n——与 x_1、x_2、…、x_n 相对应的中误差。

求 z 的中误差。

当 x_1、x_2、…、x_n 包含有真误差 Δx_1、Δx_2、…、Δx_n 时，则函数 z 相应地产生真误差 Δ_z，由数学分析可知，变量的误差与函数的误差之间的关系可以近似地用函数的全微分来表达。因此，对式(5-27)取全微分

$$d_z = \frac{\partial f}{\partial x_1}\text{d}x_1 + \frac{\partial f}{\partial x_2}\text{d}x_2 + \cdots + \frac{\partial f}{\partial x_n}\text{d}x_n$$

由于真误差很小，可用“Δ”代替“d”得

$$\Delta_z = \frac{\partial f}{\partial x_1}\Delta x_1 + \frac{\partial f}{\partial x_2}\Delta x_2 + \cdots + \frac{\partial f}{\partial x_n}\Delta x_n$$

式中：$\frac{\partial f}{\partial x_i}$为函数对各个观测值所取的偏导数，当函数式确定后，把观测值代入计算，则它们都是常数，因此上式是线性函数，代入式(5-23)，得

$$m_z = \pm \sqrt{\left(\frac{\partial f}{\partial x_1}\right)^2 m_1^2 + \left(\frac{\partial f}{\partial x_2}\right)^2 m_2^2 + \cdots + \left(\frac{\partial f}{\partial x_n}\right)^2 m_n^2} \tag{5-28}$$

式(5-28)是误差传播定律的一般形式,前面介绍的倍数函数、和差函数及线性函数是它的特例。从式(5-28)可以导出倍数函数、和差函数及线性函数中误差的关系式。

【例 5-9】 测量一矩形面积,a 边长为 40 m,$m_a = \pm 0.02$ m,b 边长为 60 m,$m_b = \pm 0.04$ m,求该矩形面积 A 及其中误差 M_A。

解:

$$A = a \cdot b = 40 \times 60 = 2\ 400(\mathrm{m}^2)$$

因为

$$\frac{\partial A}{\partial a} = b = 60 \text{ m}$$

$$\frac{\partial A}{\partial b} = a = 40 \text{ m}$$

所以

$$M_A = \pm \sqrt{\left(\frac{\partial A}{\partial a}\right)^2 m_a^2 + \left(\frac{\partial A}{\partial b}\right)^2 m_b^2}$$

$$= \pm \sqrt{60^2 \times 0.02^2 + 40^2 \times 0.04^2} = \pm 2(\mathrm{mm})$$

复习思考题

5-1 系统误差与偶然误差有哪些本质上的不同?

5-2 偶然误差有哪些特性?

5-3 衡量精度的标准有哪些?

5-4 在测量中,为何把算术平均值作为最终观测结果?

5-5 设对某段距离进行了等精度观测,6 次观测结果分别为:

187.662 m, 187.660 m, 187.681 m,

187.702 m, 187.654 m, 187.643 m,

试求其算术平均值、每一次观测值的中误差、算术平均值中误差及相对误差。

5-6 设在图上量得一圆的半径 $R = 40$ mm,其中误差 $m_R = \pm 0.4$ mm。试求其圆周长及其中误差。

5-7 设有关系式 $z = x + y, y = 4x, m_x = \pm 2$ mm。求 z 的中误差。

5-8 等精度对某角观测了 3 个测回,其平均值的中误差为 ±10″,若使平均值的中误差小于 ±5″,至少应观测多少测回?

5-9 用 30 m 的钢尺丈量直线 $AB = 89.968$ m,中误差 $m_{AB} = \pm 5$ mm。试求每尺段的中误差。

5-10 在△ABC 中,量得底边长 AB 为 120 m,中误差为 ±0.04 m,高为 58 m,中误差为 ±0.03 m。试求三角形面积 A 及其中误差 M_A。

第六章　小区域控制测量

本章重点

1. 小区域平面控制和高程控制测量的方法；

2. 导线外业选点、观测和导线内业计算（即根据外业观测数据和已知起算数据计算各导线点的坐标）；

3. 四等水准测量的测站观测程序、记录和计算检核方法，三角高程测量原理和观测计算方法。

第一节　控制测量概述

为防止测量误差积累，提高测量精度，测量工作应按照“从整体到局部，先高级后低级，先控制后碎部”的原则，在测区范围内选定若干个控制点构成控制网。控制网分为平面控制网和高程控制网两种。测定控制点平面位置的工作称为平面控制测量；测定控制点高程的工作称为高程控制测量。

国家平面控制网通常采用三角测量方法建立。将地面上所选控制点组成相互连接的若干个三角形，构成三角网，这些控制点称为三角点。我国三角网采用分级布网、逐级控制的原则。国家平面控制网按精度划分为一、二、三、四等四个等级。如图 6-1 所示，一等三角锁（网）是国家控制网的骨干，一般沿经纬线布成纵横交叉的锁系，二等三角网布设于一等三角锁（网）环内，构成全面三角网，三、四等三角网是在一、二等三角锁（网）基础上的加密。

目前国家控制点还比较稀少，以四等三角点来说，其平均边长约 4 km，因此在进行小区域测图时，还必须在各级控制点基础上，进一步加密足够的、能满足地形测图需要的、精度较低的控制点，称为图根控制点，简称图根点。测定图根点位置的工作称为图根控制测量。

高程控制测量的方法主要有水准测量和高程测量。在全国领土范围内，由一系列按国家统一规范测定高程的水准点构成的网称为国家水准网。国家水准网分为一、二、三、四等（见图 6-2）。

一等水准测量是国家高程控制网的骨干。二等水准网在一等水准环内布设，二等水准网是国家高程控制网的全面基础，三、四等水准测量是国家高程控制网的进一步加密。小区域高程控制网也按测区面积和工程要求采用分级布网的方法建立。一般以国家等级水准点为基础，在全区建立三、四等水准路线或水准网，再以三、四等水准点为基础，建立图根高程控制，测定图根点的高程。

工程测量的范围一般较小，可根据面积大小采用小三角或导线方式分级建立测区首级控制和图根控制(见表6-1)。

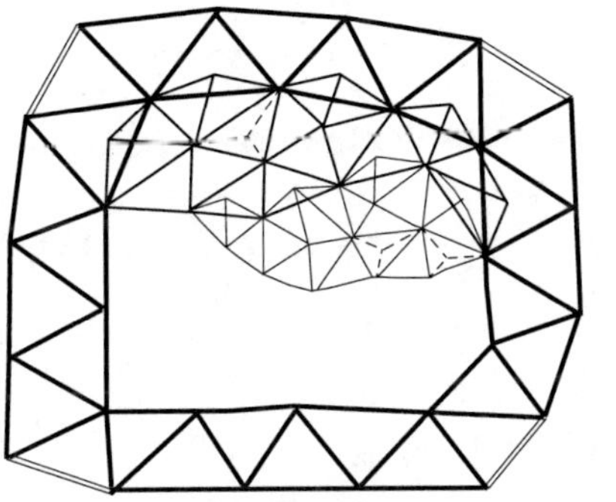

图6-1　平面控制网

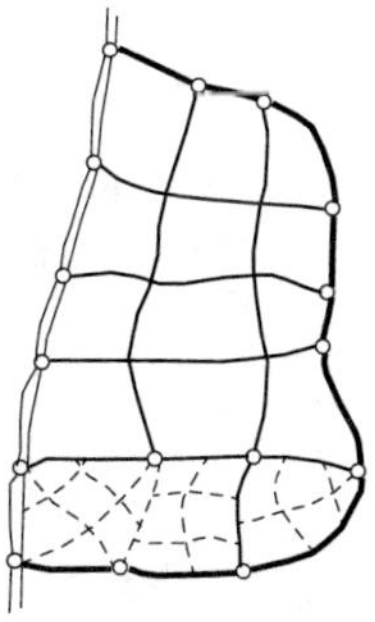

图6-2　高程控制网

表6-1　测区面积与控制等级

测区面积(km^2)	首级控制	图根控制
1~1.5	5″小三角或一级导线	两级图根三角或图根导线
0.5~2	10″小三角或二级导线	两级图根三角或图根导线
0.5以下	图根三角或图根导线	

第二节　导线测量

导线是由若干条直线连成的折线,每条直线叫导线边,相邻两直线之间的水平角叫做转折角,相邻直线的交点(导线的各转折点)叫做导线点。导线测量适合在通视条件不良的地区(如城市、森林区)应用。

一、导线的布置形式与等级

(一)导线的布置形式

根据不同的技术和测区具体情况,导线可布设成下列三种形式。

(1)附合导线。如图6-3(a)所示,自某一高级控制点出发,经过若干个待定点,最后附合到另一高级控制点上的导线。

(2)闭合导线。如图6-3(b)所示,由某一高级控制点出发,经过若干个待定点,最后又回到原点,组成一个闭合多边形。

(3)支导线。如图6-3(c)所示,从一个已知点出发,既不闭合也不附合的导线。这种导线没有已知点进行校核,错误不易发现,所以导线点数不得超过3点。

(二)导线的等级

用导线测量方法建立小区域平面控制,通常分为一级、二级、三级和图根导线四个等级。各级导线测量的技术要求如表 6-2 所示。

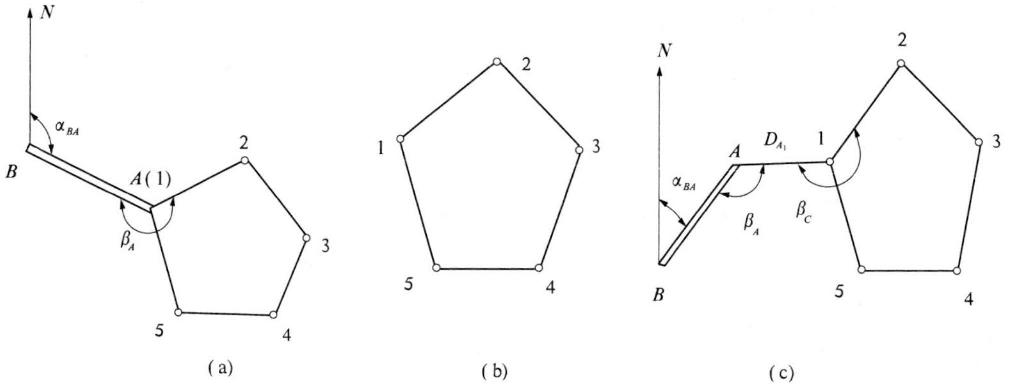

图 6-3　导线的布设形式

表 6-2　导线测量的主要技术要求

等级	导线长度（m）	平均边长（m）	测角中误差（″）	测回数		角度闭合差（″）	相对闭合差
				DJ_6	DJ_2		
一级	4 000	500	±5	4	2	$\pm 10\sqrt{n}$	1/15 000
二级	2 400	250	±8	3	1	$\pm 16\sqrt{n}$	1/10 000
三级	1 200	100	±12	2	1	$\pm 24\sqrt{n}$	1/5 000
图根导线	≤1.0 *M*	≤1.5 倍测图最大视距	±20	1		$\pm 40\sqrt{n}$	1/2 000

注：表中 *M* 为测图比例尺分母，*n* 为导线转折角的个数。

二、导线测量的外业工作

首先踏勘现场，了解测区范围、地形条件以及测图要求等内容，搜集测区有关资料，根据已有控制点初步编制导线网布设方案，然后到实地选定导线点位置。

（一）选点与标定

（1）导线点应选在地势较高，视野开阔的地点，以便于施测周围地形。

（2）导线点应选在土质坚实处，便于保存标志和安置仪器。

（3）相邻两导线点间要通视良好，地面平坦，便于测角和量距。

（4）导线点应有足够的密度而且分布要均匀。导线边长要大致相等，相邻边长不应悬殊过大。

（5）公路测量中，导线应尽可能接近线路位置。在桥位和隧道口要设置导线点。

导线点选定后，要用标志固定下来，一般用木桩在桩顶钉入小钉以表示点位。若需要长期保存，就要埋设混凝土桩或石桩，桩顶刻“十”字，作为永久性标志。导线点要进行编号并绘草图。

（二）测角

导线水平角一般用经纬仪按测回法观测。附合导线按测量前进方向可测左角或右角，闭合导线只测内角。

(三)量边

导线边长用全站仪或光电测距仪或检定过的钢尺直接丈量。

(四)导线定向

定向的目的是确定导线的方向。当布设的导线为独立控制时,可以根据各级导线的精度要求和设备条件,选用罗盘仪、陀螺仪和天文测量等方法测定起始边方位角;当测区有高级点时,须测出连接角,以便进行导线定向。

三、导线测量的内业计算

导线计算就是算出各导线点的坐标。计算前,要仔细检查所有外业观测资料的计算是否正确、各项误差是否在容许范围内,以保证原始资料的正确性。同时绘制导线略图,注明已知数据及观测数据,以方便导线计算和检查。

(一)闭合导线的计算

1. 角度闭合差的计算和调整

如图 6-4 所示,对于 n 条边的闭合导线,多边形内角和的理论值应为

$$\sum \beta_{理} = (n-2) \cdot 180°$$

由于角度观测存在误差,使得实测内角之和不等于其理论值,产生角度闭合差 f_β,即

$$f_\beta = \sum \beta_{测} - \sum \beta_{理} = \sum \beta_{测} - (n-2) \cdot 180° \quad (6\text{-}1)$$

根据表 6-2 的技术要求,若 $f_\beta > f_{\beta容}$,应重新检测角度。若 $f_\beta \leqslant f_{\beta容}$,可将角度闭合差调整,使调整后的角值满足理论上的要求。由于导线各个角度是采用相同仪器和方法、在相同的条件下观测的,所以每个角的误差大致相同,在调整角度时,可将闭合差反符号平均分配到各观测角内。若分配有余数,将剩余部分分配到若干较短边所夹角度的改正数中。设观测角为 β',各观测角的改正数为 V_β,改正后的观测角值 β 为

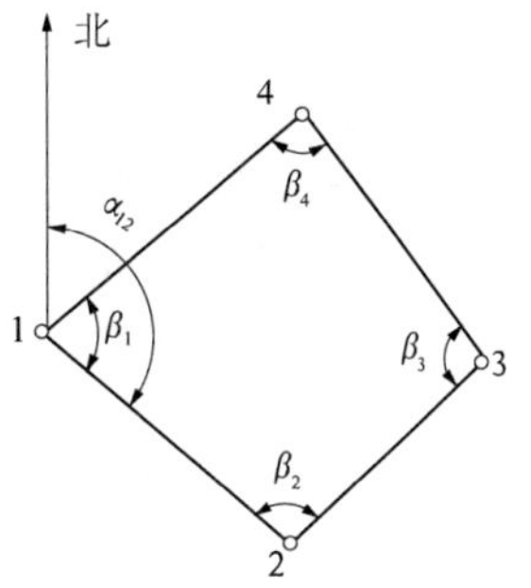

图 6-4 闭合导线

$$\beta = \beta' + V_\beta = \beta' - \frac{f_\beta}{n} \quad (6\text{-}2)$$

2. 导线各边坐标方位角的推算

闭合导线如按逆时针编号,则所测内角为导线左角;按顺时针编号为右角。根据坐标方位角的推算方法,用调整后的内角推算其他各边的坐标方位角。

3. 坐标增量计算

设导线边长为 D,坐标方位角为 α。则纵坐标增量 Δx、横坐标增量 Δy 分别为

$$\left.\begin{aligned} \Delta x &= D\cos\alpha \\ \Delta y &= D\sin\alpha \end{aligned}\right\} \quad (6\text{-}3)$$

坐标增量的正负号由方位角所在的象限确定。过去常用对数表或用坐标增量表计算坐标增量,现在可用电子计算器直接计算。

4. 坐标增量闭合差计算和调整

如图 6-5(a)所示,闭合导线纵、横坐标增量代数和的理论值应分别等于零,即

$$\left.\begin{aligned}\sum \Delta x_{理} &= 0\\ \sum \Delta y_{理} &= 0\end{aligned}\right\} \tag{6-4}$$

由于测角和量边有误差,计算出的坐标增量通常是一个不为零的数,这个数值称为坐标增量闭合差。

$$\left.\begin{aligned}f_x &= \sum \Delta x_{测}\\ f_y &= \sum \Delta y_{测}\end{aligned}\right\} \tag{6-5}$$

由于坐标增量闭合差的存在,实际计算的闭合导线并不闭合,而是存在一个缺口,如图 6-5(b)所示,此缺口的距离称为导线全长闭合差,以 f_D 表示。从图可知

$$f_D = \sqrt{f_x^2 + f_y^2} \tag{6-6}$$

f_D 随着导线总长度的增大而增大,与距离测量相似,通常用导线全长相对闭合差 K 来衡量精度的标准。导线全长相对闭合差 K 按下式计算

$$K = \frac{f_D}{\sum D} = \frac{1}{\sum D / f_D} \tag{6-7}$$

式中　$\sum D$ ——导线边长的总和。

不同等级导线全长相对闭合差的容许值见表 6-2。若 K 值符合精度要求,可将坐标增量闭合差反符号按边长成正比分配到各边的坐标增量中;否则,应先检查记录、计算,必要时重测部分或全部成果。坐标增量改正数按下式计算:

$$\left.\begin{aligned}V_{xi} &= -\frac{f_x}{\sum D} D_i\\ V_{yi} &= -\frac{f_y}{\sum D} D_i\end{aligned}\right\} \tag{6-8}$$

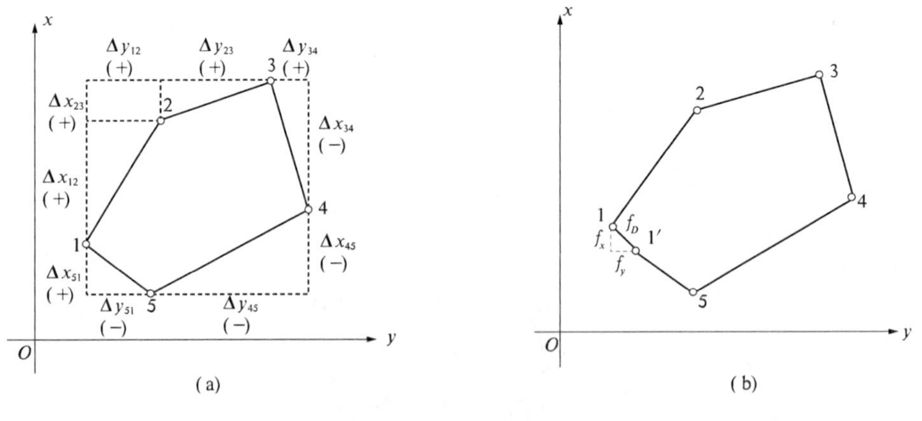

图 6-5　坐标增量及其闭合差

各边坐标增量改正数之和应与坐标增量闭合差数值相等、符号相反，以作校核。

$$\left.\begin{aligned}\sum V_{xi} &= -f_x\\ \sum V_{yi} &= -f_y\end{aligned}\right\} \tag{6-9}$$

5. 导线点坐标计算

根据起始点坐标和改正后的坐标增量，按下式依次推算各点坐标。详见表 6-3。

$$\left.\begin{aligned}x_i &= x_{i-1} + \Delta x_{i-1,i}\\ y_i &= y_{i-1} + \Delta y_{i-1,i}\end{aligned}\right\} \tag{6-10}$$

表 6-3　闭合导线坐标计算

点号	观测角	改正数	改正后角值	坐标方位角	边长（m）	坐标增量		改正后坐标增量		坐标		点号
						Δx	Δy	Δx	Δy	x	y	
1	2	3	4	5	6	7	8	9	10	11	12	13
	(° ′ ″)	(″)	(° ′ ″)	(° ′ ″)								
1										500.00	800.00	1
				124 59 43	105.22	−0.03 −60.34	+0.02 +86.20	−60.37	+86.22			
2	107 48 30	+13	107 48 43							439.63	886.22	2
				52 48 26	80.18	−0.02 +48.47	+0.02 +63.87	+48.45	+63.89			
3	73 00 20	+12	73 00 32							488.08	950.11	3
				305 48 58	129.34	−0.03 +75.69	+0.02 −104.88	+75.66	−104.86			
4	89 33 50	+12	89 34 02							563.74	845.25	4
				215 23 00	78.16	−0.02 −63.72	+0.01 −45.26	−63.74	−45.25			
1	89 36 30	+13	89 36 43							500.00	800.00	1
				124 59 43								
2												2
Σ	359 59 10	+50	360 00 00		392.90	+0.10	−0.07	0.00	0.00			

辅助计算：

$\sum\beta_{测} = 359°59'10''$　　$f_x = +0.10$　$f_y = -0.07$

$\sum\beta_{理} = 360°00'00''$　　导线全长闭合差

$f_\beta = -50''$　　$f_D = \sqrt{f_x^2 + f_y^2} = 0.12$ m

$f_{\beta容} = \pm 40''\sqrt{4} = \pm 80''$　　相对闭合差 $K = 0.12/392.90 = 1/3\ 200$

容许相对闭合差 $K_{容} = 1/2\ 000$

略图

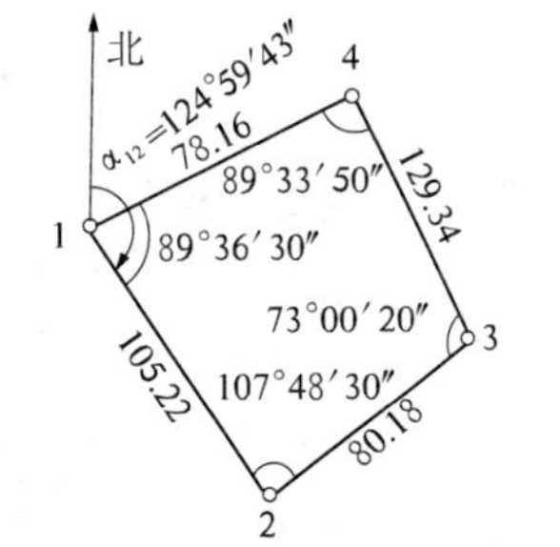

（二）附合导线的计算

图 6-6 为一附合导线，A、B、C、D 为高级控制点，其坐标和起始边方位角 α_{AB} 及终边方位角 α_{CD} 均已知，β_i 和 D_i 为观测值，附合导线计算步骤与闭合导线基本相同，现介绍其不同之处。

1. 角度闭合差计算

由于观测角度存在误差，用观测角推算的 CD 边方位角 α'_{CD} 与其已知值 α_{CD} 不相等，

它们之间的差值称为附合导线角度闭合差f_β,根据第一章知识,可以推导出:

$$f_\beta = \alpha'_{CD} - \alpha_{CD} = \alpha_{AB} - \alpha_{CD} + \sum \beta_{左} - n \cdot 180°$$

或

$$f_\beta = \alpha'_{CD} - \alpha_{CD} = \alpha_{AB} - \alpha_{CD} - \sum \beta_{右} + n \cdot 180° \tag{6-11}$$

附合导线角度闭合差容许值及闭合差的调整方法与闭合导线相同。

2. 坐标增量闭合差的计算

如图 6-7 所示,附合导线坐标增量代数和的理论值应为起终两已知点坐标之差,即

$$\left.\begin{aligned} \sum \Delta x_{理} &= x_C - x_B \\ \sum \Delta y_{理} &= y_C - y_B \end{aligned}\right\} \tag{6-12}$$

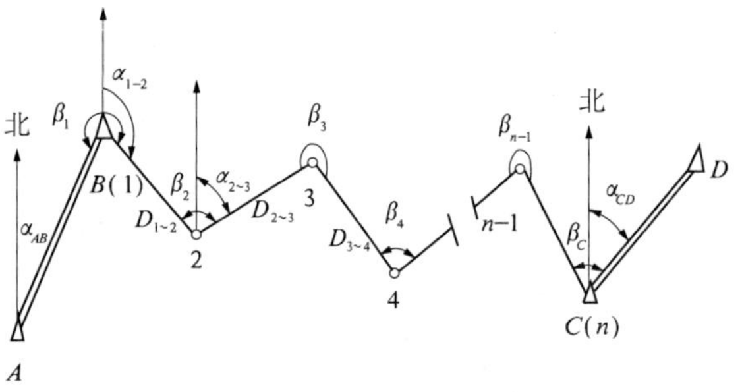

图 6-6 附合导线

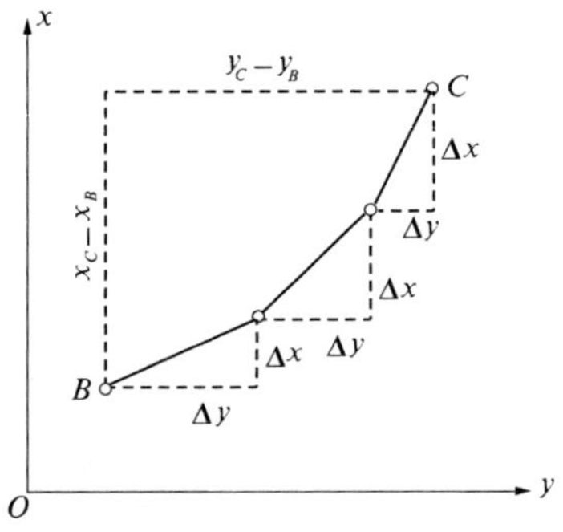

图 6-7 坐标增量

由于测角和量边存在误差,计算出的坐标增量代数和并不等于其理论值,产生纵、横坐标增量闭合差,即

$$\left.\begin{aligned} f_x &= \sum \Delta x_{测} - (x_C - x_B) \\ f_y &= \sum \Delta y_{测} - (y_C - y_B) \end{aligned}\right\} \tag{6-13}$$

其他计算与闭合导线相同。计算结果见表 6-4。

(三)支导线的计算

如图 6-8 所示,支导线的计算步骤如下:

(1)根据已知方位角 α_{BA}及 β_1、β_2、…推算出各边的坐标方位角。

(2)由各边坐标方位角及边长,按坐标正算求出各边的坐标增量。

(3)依次求出各点的坐标。

表 6-5 为支导线的计算示例,其中 α_{AB}、A 点的坐标为已知。

从以上支导线的计算可看出,由于支导线没有任何的检核条件,所以当测角和量距存在错误和误差时,求出的坐标是不正确的,但我们无法知道。因此,在地形测量中,对于地形较困难,无法布设附合导线来进行图根加密时,可布设支导线,但支导线的导线点数最多不得超过三个。

表 6-4　附合导线计算

点号	观测角	改正数	改正后角值	坐标方位角	边长（m）	坐标增量		改正后坐标增量		坐标		点号
						Δx	Δy	Δx	Δy	x	y	
1	2	3	4	5	6	7	8	9	10	11	12	13
	(° ′ ″)	(″)	(° ′ ″)	(° ′ ″)								
B				237 59 30								B
A	99 01 00	+6	99 01 06	157 00 36	225.85	+0.05 −207.91	−0.04 +88.21	−207.86	+88.17	2 507.69	1 215.63	A
1	167 45 36	+6	167 45 42	144 46 18	139.03	+0.03 −113.57	−0.03 +80.20	−113.54	+80.17	2 299.83	1 303.80	1
2	123 11 24	+6	123 11 30	87 57 48	172.57	+0.03 +6.13	−0.03 +172.46	+6.16	+172.43	2 186.29	1 383.97	2
3	189 20 36	+6	189 20 42	97 18 30	100.07	+0.02 −12.73	−0.02 +99.26	−12.71	+99.24	2 192.45	1 556.40	3
4	179 59 18	+6	179 59 24	97 17 54	102.48	+0.02 −13.02	−0.02 +101.65	−13.00	+101.63	2 179.74	1 655.64	4
C	129 27 24	+6	129 27 30	46 45 24						2 166.74	1 757.27	C
D												D
Σ	888 45 18	+36			740.00	+0.15 −341.10	−0.14 +541.78	−340.95	+541.64			

辅助计算：

$\alpha_{BA} = 237°59'30''$

$+\sum\beta_{测} = 888°45'18''$

$= 1126°44'48''$

$-6\times180° = 1080°$

$\alpha'_{CD} = 46°44'48''$

$-\alpha_{CD} = 46°45'24''$

$f_\beta = -36''$

$f_{\beta容} = \pm40''\sqrt{6} = \pm97''$

$\sum\Delta x_{测} = -341.10$

$-)\ x_C - x_A = 340.95$

$f_x = -0.15$

$\sum\Delta y_{测} = +541.78$

$-)\ y_C - y_A = +541.64$

$f_y = +0.14$

导线全长闭合差 $f_D = 0.20$ m

相对闭合差 $K = 0.20/740.00 = 1/3\ 700$

容许相对闭合差 $K_{容} = 1/2\ 000$

略图

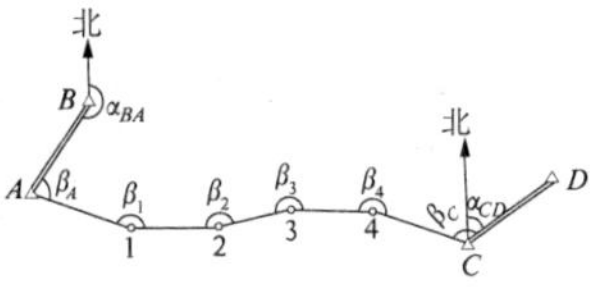

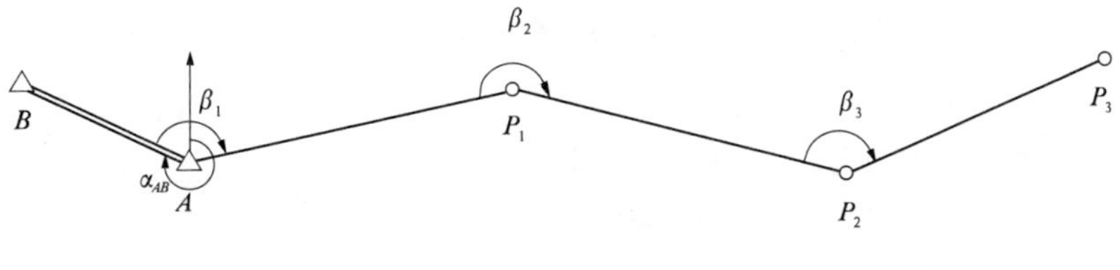

图 6-8　支导线的计算

表 6-5　支导线的计算

点名	观测角 β	坐标方位角	边长	坐标增量		纵坐标 X	横坐标 Y
	(° ′ ″)	(° ′ ″)	(m)	Δx	Δy		
B							
		80 33 54					
A	156 22 00					1 806.004	5 785.775
		236 55 54	109.467	−59.729	−91.736		
P_1	198 31 24					1 746.275	5 694.039
		255 27 18	234.378	−58.862	−226.866		
P_2	146 02 09					1 687.413	5 467.173
		221 29 27	130.987	−98.117	−86.779		
P_3						1 589.296	5 380.394

第三节　交会测量

当用导线和小三角布设的图根点密度不够时,还可用交会法进行加密。交会法是利用已知控制点,通过观测水平角或测定边长来确定未知点坐标的方法。交会法有测角交会和测边交会两种,测角交会包括前方交会、侧方交会、后方交会。

一、前方交会

如图 6-9 所示,已知 A、B 的坐标分别为(x_A,y_A)和(x_B,y_B),在 A、B 两点设站测得 α、β 两角,则未知点 P 的坐标计算公式(证明从略)如下

$$\left.\begin{aligned} x_P &= \frac{x_A \cdot \cot\beta + x_B \cdot \cot\alpha + (y_B - y_A)}{\cot\alpha + \cot\beta} \\ y_P &= \frac{y_A \cdot \cot\beta + y_B \cdot \cot\alpha + (x_A - x_B)}{\cot\alpha + \cot\beta} \end{aligned}\right\} \qquad (6\text{-}14)$$

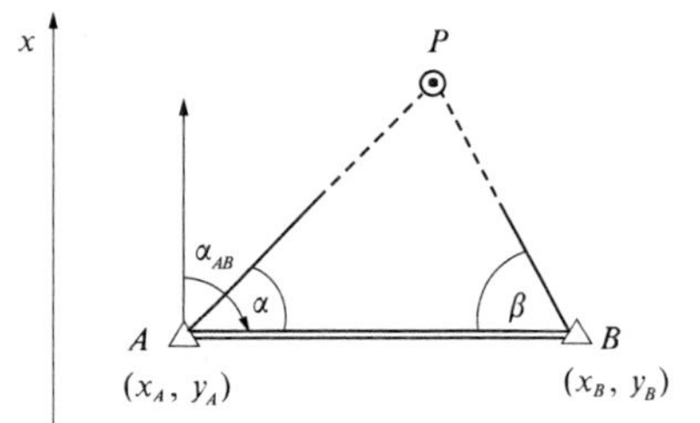

图 6-9　测角前方交会示意图

式(6-14)中除已知点坐标外,就是观测角余切,故称余切公式。

用计算器计算前方交会点时要注意:三角形顶点 A、B、P 按逆时针方向编号,A、B 为已知点,P 为未知点。若 α、β 大于90°,其余切为负值,小数取位要正确,角的余切一般取六位,坐标值取两位(计算实例见表 6-6)。

为防止外业观测的错误,提高未知点 P 的精度,测量规范要求布设有 3 个已知点的前方交会,如图 6-10 所示,这时在 A、B、C 三个已知点上向 P 点观测,测出四个角值 α_1、β_1、α_2、β_2,分两组计算 P 点坐标,若两组 P 点坐标的较差在容许范围内,则取它们的平均值作为 P 点的最后坐标,一般其较差的容许值以下式表示

$$\Delta\varepsilon_{容} = \sqrt{\delta_x^2 + \delta_y^2} \leqslant 0.2M \qquad (6\text{-}15)$$

式中　δ_x——P 点 x 坐标值的较差；

　　δ_y——P 点 y 坐标值的较差；

　　M——测图比例尺分母。

表 6-6　前方交会计算

计算者：　　　检查者：

点名	x 坐标		观测角(°　′　″)		y 坐标	
A	x_A	37 477.54	α_1	40 41 57	y_A	16 307.24
B	x_B	37 327.20	β_1	75 19 02	y_B	16 078.90
P	x'_P	37 194.57			y'_P	16 226.42
B	x_B	37 327.20	α_2	59 11 35	y_B	16 078.90
C	x_C	37 163.69	β_2	69 36 23	y_C	16 046.65
P	x'_P	37 194.54			y'_P	16 226.42
中数	x_P	37 194.56			y_P	16 226.42
略图	见图 6-10	辅助计算	$\delta_x = 0.03$ m　$\delta_y = 0$ $\Delta\varepsilon_{容} = 0.03$ m　$M = 1\ 000$　$\Delta\varepsilon_{容} < 0.2 \times 10^{-3} M = 0.2$ m			

二、侧方交会

如图 6-11 所示，分别在已知点 A(或 B)和未知点 P 上设站，则得 α(或 β)和 γ，计算 P 点坐标时，先求出 $\beta = 180° - \alpha - \gamma$，这样就和前方交会的情况相同，可应用前方交会的计算公式进行计算。

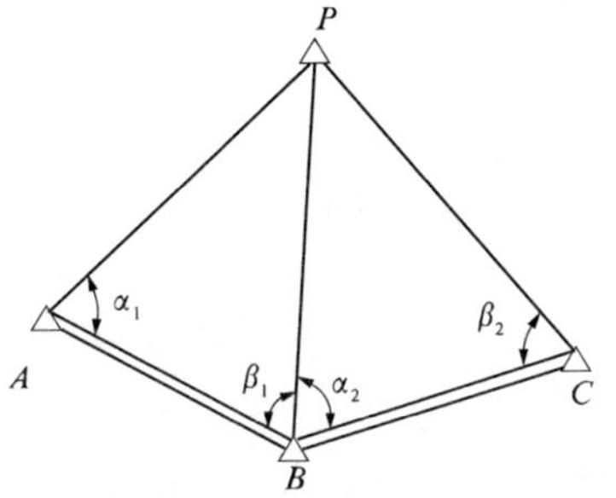

图 6-10　前方交会

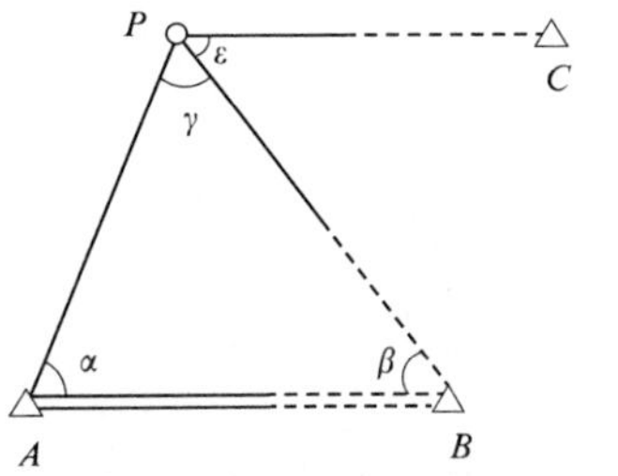

图 6-11　侧方交会

为了检核，侧方交会要多观测一个检查角 ε，利用检查角的计算值和观测值相比较达到检核的目的。在图 6-11 中，当计算出 P 点坐标后，根据坐标反算公式求得 PC、PB 的坐标方位角 α_{PC}、α_{PB} 和边长 S_{PC}，则检查角计算值为

$$\varepsilon_{算} = \alpha_{PC} - \alpha_{PB}$$

与检查角的观测值 $\varepsilon_{测}$ 的较差为

$$\Delta\varepsilon = \varepsilon_{算} - \varepsilon_{测}$$

一般要求其较差的容许值

$$\Delta\varepsilon''_{容} \leqslant \frac{0.2M}{S_{PC}}\rho'' \tag{6-16}$$

式中　S_{PC}——PC 边边长,mm;
　　M——测图比例尺分母;
　　ρ''取 206 265″。
$\Delta\varepsilon''_{容}$的单位为秒。

三、后方交会

后方交会是加密控制点的又一种方法,它具有布点灵活,设站少等特点,如图 6-12 所示。要测定未知点 P 的坐标,只要将仪器置于 P 上,观测 P 到已知点 A、B、C 间的夹角 α、β、γ,就可以算出 P 点坐标。为了校核,后方交会必须观测 4 个已知点,如图 6-12 所示,可分成 A、B、C 和 B、C、D 两组,分别计算 P 点坐标,其较差的限差与前方交会相同。在限差范围内,取两组坐标平均值作为 P 点最后坐标值。

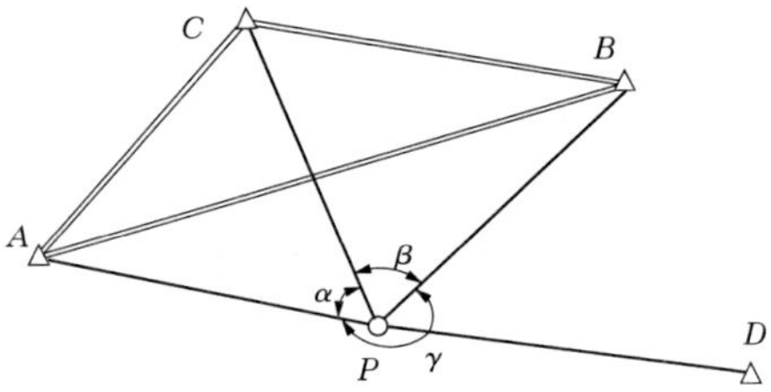

图 6-12　后方交会

解算后方交会的方法很多,这里介绍一种直接计算坐标的公式(证明从略)。在图 6-12中,P 为待求点,A、B、C 为已知点,α、β、γ 为观测角,则 P 点坐标为

$$\left.\begin{aligned}x_P&=\frac{PAx_A+PBx_B+PCx_C}{PA+PB+PC}\\y_P&=\frac{PAy_A+PBy_B+PCy_C}{PA+PB+PC}\end{aligned}\right\}\tag{6-17}$$

式中:

$$PA=\frac{1}{\cot A\mu\cot\alpha}\qquad PB=\frac{1}{\cot B\mu\cot\beta}\qquad PC=\frac{1}{\cot C\mu\cot\gamma}$$

公式要求观测角与因定角组成对应的关系而与点的代号顺序无关。PA、PB、PC 分母中的“μ”正负号的决定方法:若待定点 P 位于已知点 A、B、C 组成的三角形内,或三角形三条边的外侧区域,则取“ - ”;若待定点 P 位于已知点 A、B、C 组成的三角形三顶角的延长线内则取“ + ”号;若待定点 P 与三个已知点共圆,则不论采用何种后方交会公式均无解,此圆称为危险圆,作业中尽量避免应用。

四、测边交会

由于全站仪的普及,测边交会也非常容易。如图 6-13 所示,已知 A、B 两点的坐标为(x_A,y_A)、(x_B,y_B),则可反算出 A、B 两点间的水平距离 S_{AB} 及直线 AB 的坐标方位角为 α_{AB},测定 S_a、S_b 后,就可算出 P 点坐标(x_P,y_P)。

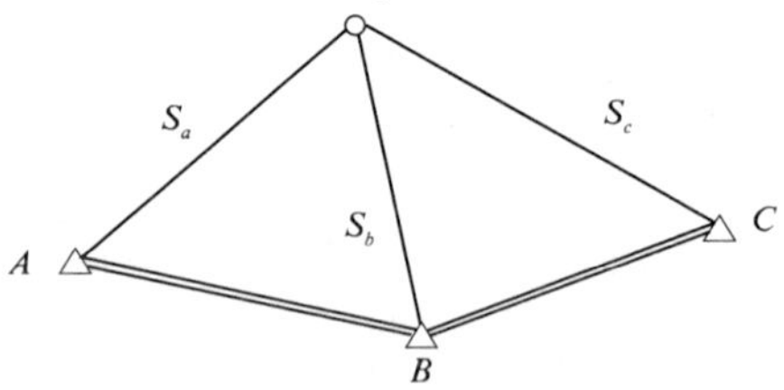

图 6-13　测边交会

因为　$\angle A=\arccos\dfrac{S_a^2+S_{AB}^2-S_b^2}{2S_aS_{AB}}$

所以

$$\alpha_{AP}=\alpha_{AB}-\angle A$$

则 P 点的坐标为

$$\left.\begin{aligned}x_P&=x_A+S_b\cos\alpha_{AP}\\y_P&=y_A+S_b\sin\alpha_{AP}\end{aligned}\right\}\tag{6-18}$$

为检查观测错误,需测定三条边(需三个已知点),组成两个距离交会图形,解出两组 P 点坐标,当两组坐标差满足式(6-15)要求时,取其平均值作为 P 点坐标。具体算例见表 6-7。

表 6-7　测边交会计算

三角形编号	边名	边长	点名	坐标 x	坐标 y	略图
Ⅰ	$AP(S_a)$	321.180	$A(A)$	524.767	919.750	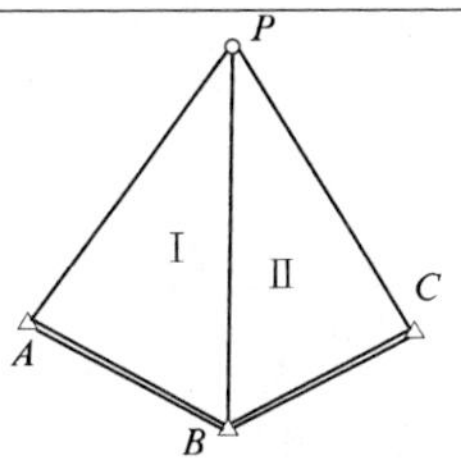
	$AB(S_{AB})$	301.065	$B(B)$	479.593	1 217.407	
	$BP(S_b)$	312.266	$P(P)$	776.161	1 119.644	
Ⅱ	$BP(S_b)$	312.266	$B(A)$	479.593	1 217.407	
	$BC(S_{BC})$	260.722	$C(B)$	566.558	1 355.991	
	$CP(S_c)$	248.177	$P(P)$	776.163	1 119.650	
	P 点最后坐标			776.162	1 119.647	
辅助计算	$\alpha'_{AB}=98°37'47''$		$\alpha''_{AB}=32°06'34''$		$\delta_x=0.03\ \text{m}\quad \delta_y=0$	
	$-\angle A'=60°08'24''$		$-\angle A''=50°21'11''$		$\Delta\varepsilon_{容}=0.03\ \text{m}\quad M=1\ 000$	
	$\alpha'_{AP}=38°29'23''$		$\alpha''_{AP}=341°45'23''$		$\Delta\varepsilon_{容}<0.2\times10^{-3}M=0.2\ \text{m}$	

第四节　高程控制测量

为满足地形测绘和工程建设需要,除进行平面控制测量外,还要进行高程控制测量。首级高程控制主要用三、四等水准测量完成,再以三、四等水准点为起始点,进行图根水准测量,测出各图根控制点的高程。当测区地形起伏较大时,水准测量的工作量太大,为便于操作,此时,可用三角高程测量方法测定控制点的高程。

一、四等水准测量

(一)主要技术要求

四等水准测量的精度要求高于普通水准测量,其技术指标见表 6-8。

表 6-8　四等水准测量的技术要求

等级	水准仪	水准尺	附合路线长度(km)	视线长度(m)	视线离地面最低高度	前后视距差(m)	前后视距累计差(m)	基本分划、辅助分划(黑红面)读数差(mm)	一测站所测高差之差(mm)	观测次数		往返较差、附合或环形闭合差	
										与已知点联测	附合或环形	平地(mm)	山地(mm)
四	DS_1	铟瓦	15	≤100	三丝能读数	≤5.0	≤10.0	3.0	3	往返各一次	往一次	$\pm20\sqrt{L}$	$\pm6\sqrt{n}$
	DS_3	双面		≤80									

（二）四等水准测量的观测方法

四等水准测量的测站操作方法是：

(1)在两尺中间安置仪器，使前后视距大致相等，其差以不超过 3 m 为准。

(2)用圆水准器整平仪器，照准后视尺黑面，转动微倾螺旋使水准管气泡严格居中，分别读取下、上、中丝读数(1)、(2)、(3)。

(3)照准前视尺黑面，符合气泡居中后分别读下、上、中丝读数(4)、(5)、(6)。

(4)照准前视尺红面，符合气泡居中后读中丝读数(7)。

(5)照准后视尺红面，符合气泡居中后读中丝读数(8)。

上述(1)、(2)、…、(8)表示观测与记录次序，记入表 6-9 的相应栏中。

这样的观测顺序称为“后—前—前—后”，即“黑—黑—红—红”。若在土质坚硬地区施测，也可采用“后—后—前—前”，即“黑—红—黑—红”的观测步骤。

（三）四等水准测量一个测站的计算与检核

为及时发现错误，每个测站都要随时进行如下计算和检核：

1. 视距计算

后视距离：(9) = (1) − (2)。

前视距离：(10) = (4) − (5)。

前、后视距差：(11) = (9) − (10)。四等水准测量对此值的限差要求详见表 6-8。

前、后视距累计差：(12) = 上站的(12) + 本站的(11)。四等水准测量对此值的限差要求详见表 6-8。

2. 同一水准尺黑、红面中丝读数的检验

同一水准尺红、黑面中丝读数之差应等于该尺红、黑面的常数 K(4 787 或 4 687)，其差值为：

前视尺：(13) = (6) + K − (7)。

后视尺：(14) = (3) + K − (8)。

(13)和(14)的理论值应为 0，由于测量存在误差，其实际值的限差详见表 6-8。表6-9 中 55 号尺的 K 值为 4 787，56 号尺的 K 值为 4 687。

3. 高差计算与检核

黑面所测高差：(15) = (3) − (6)。

红面所测高差：(16) = (8) − (7)。

黑、红面所测高差之差：(17) = (15) − (16) ± 0.1 m = (14) − (13)。

式中 0.1 是一对双面尺红面起始分划值之差。如后视标尺的 K 为 4 787(或 4 687)，则按红面读数所得的高差应减去(或加上)0.1 m 才是实际高差。不同等级水准测量对(17)值的限差规定不同，详见表 6-8。

黑、红面高差的平均值：(18) $=\frac{1}{2}[(15)+((16)\pm 0.100)]$。

（四）每页计算的校核

1. 视距计算检核

后视距离总和与前视距离总和之差应等于末站视距累计差，即

$$\sum(9) - \sum(10) = \text{末站的}(12)$$

检验无误后，计算总视距

$$\text{总视距} = \sum(9) + \sum(10)$$

2. 高差总和的检核

红黑面后视总和与红黑面前视总和之差应等于红黑面高差之和，同时还等于平均高差总和的两倍。

当测站为偶数时：$\sum[(3)+(8)] - \sum[(6)+(7)] = \sum[(15)+(16)] = 2\sum(18)$

当测站为奇数时：$\sum[(3)+(8)] - \sum[(6)+(7)] = \sum[(15)+(16)] = 2\sum(18) \pm 0.100$

四等水准测量的计算方法见表 6-9。

表 6-9　四等水准观测手簿

仪器型号：　　　记录者：　　　观测者：

测站编号	测段	后尺 下丝 / 上丝 后视距 视距差 d(m)	前尺 下丝 / 上丝 前视距 累计差 $\sum d$(m)	方向及尺号	水准尺读数 黑面(m)	水准尺读数 红面(m)	K+黑−红(m)	平均高差(m)	备注
		(1)	(4)	后	(3)	(8)	(14)		K_{55} = 4 787
		(2)	(5)	前	(6)	(7)	(13)		K_{56} = 4 687
		(9)	(10)	后−前	(15)	(16)	(17)	(18)	BM_A =
		(11)	(12)						56.345 m
1	$BM._A$	1 426	0 801	后 K_{55}	1 211	5 998	0		
	↓	0 995	0 371	前 K_{56}	0 586	5 273	0		
		43.1	43.0	后−前	+0.625	0.725	0	+0.625 0	
	$TP1$	+0.1	+0.1						
2	$TP1$	1 812	0 570	后 K_{56}	1 554	6 241	0		
	↓	1 296	0 052	前 K_{55}	0 311	5 097	+1		
		51.6	51.8	后−前	+1.243	+1.144	−1	1.243 5	
	$TP2$	−0.2	−0.1						
3	$TP2$	0 889	1 713	后 K_{55}	0 698	5 486	−1		
	↓	0 507	1 333	前 K_{56}	1 523	6 210	0		
		38.2	38.0	后−前	−0.825	−0.724	+1	−0.824 5	
	$TP3$	+0.2	+0.1						
4	$TP3$	1 891	0 758	后 K_{56}	1 708	6 395	0		
	↓	1 525	0 390	前 K_{55}	0 574	5 361	0		
		36.6	36.8	后−前	+1.134	+1.034	0	+1.134 0	
	B	−0.2	−0.1						

辅助计算：

$\sum(9) = 169.5$
−) $\sum(10) = 169.6$
$= -0.1 = $ 末站(12)
总视距 $\sum(9) + \sum(10) = 339.1$

$\sum[(3)+(8)] = 29.291$
−) $\sum[(6)+(7)] = 24.935$
$= +4.356$

$\sum[(15)+(16)]$
$= +4.356$

$\sum(18) = +2.178\ 0$
$2\sum(18) = +4.356$

(五)成果计算

计算步骤和方法与普通水准测量相同。

当四等水准测量采用单面水准尺时，可用仪器变高法观测两次。两次高差之差按规定不得超过 ±5 mm，符合要求，则取两次高差的平均值数作本站的实测高差。

图根水准测量属于等外水准测量，具体观测、记录、计算方法详见本书第二章——水准测量。

二、三角高程测量

(一)三角高程测量的原理

如图 6-14 所示，已知 A、B 两点间的水平距离为 D，A 点高程 H_A 已知，观测竖角为 α，目标高 v，量得仪器高 i，则 B 点高程 H_B 为

$$H_B = H_A + h_{AB} \qquad h_{AB} = D\tan\alpha + i - v \tag{6-19}$$

式中 $D\tan\alpha$——高差主值，以 h' 表示。

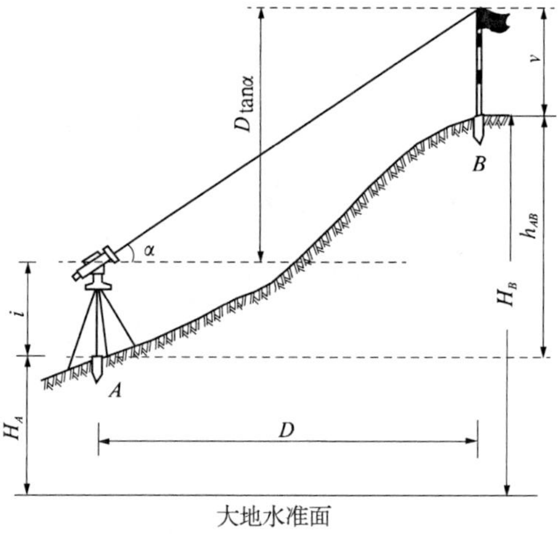

图 6-14 三角高程测量原理

用三角高程测量方法测定控制点高程，必须进行对向观测，两次测得高差之差不超过 0.4D(D 以百米为单位)，取其平均值作为最后结果。当 A、B 两点的距离超过 400 m 时，还需考虑地球曲率及大气折光的影响，其改正数计算公式为

$$f = C - r \approx \frac{D^2}{2R} - \frac{D^2}{14R}$$

$$= 0.43\,\frac{D^2}{R} \tag{6-20}$$

式中 f——地球曲率及大气折光对高差的改正数；

C——地球曲率改正；

r——大气折光改正；

R——地球半径；

D——两点间的水平距离。

注意:采用对向观测能抵消地球曲率及大气折光的影响。

(二)三角高程测量步骤

(1)在测站点安置仪器,量取仪器高 i 和目标高 v。

(2)测量竖角 α 一至二个测回,再将仪器搬至目标点进行对向观测。

(3)计算高差和高程,注意计算检核。具体计算见表 6-10。

表 6-10 三角高程测量计算

仪器型号: 记录者: 观测者:

所求点	*B*	起算点	*A*
觇标	直		反
平距 D(m)	286.36		286.36
竖角 α	+10°32′26″		-9°58′41″
$D\tan\alpha$(m)	+53.28		-50.38
仪器高 i(m)	+1.52		+1.48
觇标高 v(m)	-2.76		-3.20
高差改正数 f(m)	0		0
高差 h(m)	+52.04		-52.10
平均高差(m)	+52.07		
起算点高程(m)	105.72		
所求点高程(m)	157.79		

第五节 GPS 测量技术

一、GPS 简介

全球定位系统(Global Positioning System,简称 GPS),于 1994 年建成并正常工作,向全球提供连续、实时、高精度的三维位置、三维速度和时间信息。GPS 系统由空间系统、地面监控系统和用户系统三部分组成(见图 6-15)。

(一)GPS 空间系统的构成

空间系统(GPS 星座图)由 21 颗工作卫星和 3 颗备用卫星组成,均匀地分布在 6 个轨道平面上,如图 6-16 所示,各轨道面之间的交角为 60°,对赤道的倾角为 55°。每个轨道平面上布设 3 颗卫星,彼此间隔相等,相距 120°。卫星距地球约 20 200 km,运行周期为 11 小时 58 分,在全球任何地区任何时间都可以同时接收至少 4 颗卫星信号,每颗卫星上装有原子钟(2 台铯钟、2 台铷钟)、微型计算机、电文接收存储和信号发射设备,并由太阳能电池提供电源。还备有少量燃料,用来调节卫星的轨道和姿态。

GPS 卫星的主要作用在于:接收地面各注入站发送来的卫星星历(卫星在某时刻的位置)、钟差信息和信号的大气传播改正等信息,并连续不断地向用户发送含有上述信息的导航定位电文。每颗卫星用两个波段频率发射载波无线电信号,向用户发送 P 码(精码)和 C/A 码(粗码),P 码只供军方和授权用户使用。C/A 码的测距精度可达到 20 ~ 24 cm。

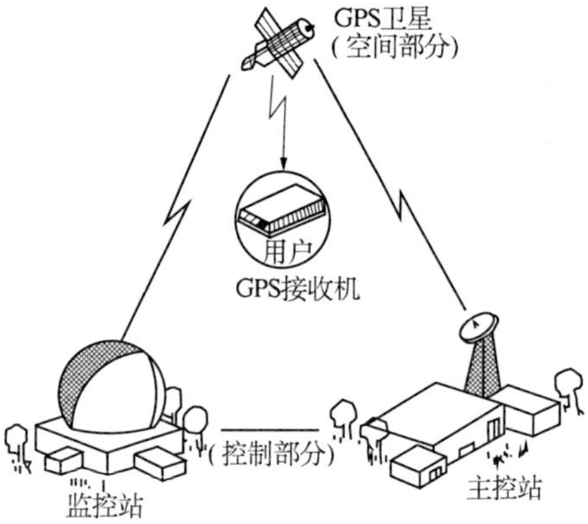

图 6-15 GPS 系统组成示意图

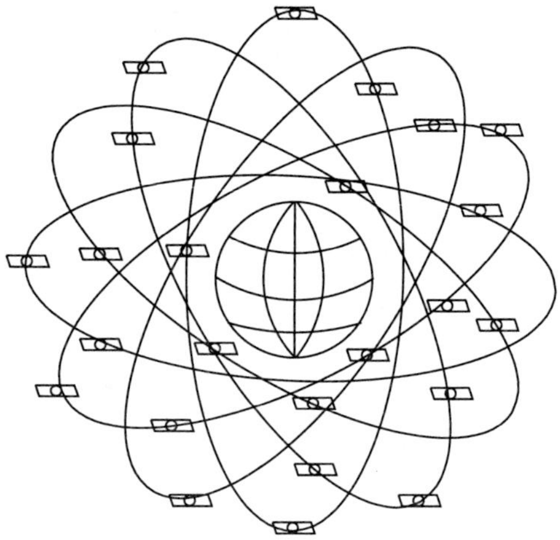

图 6-16 GPS 星座图

(二)地面监控系统

地面监控系统由 1 个主控站、5 个监控站和 3 个注入站组成。

1. 主控站

卫星操控中心的作用是根据各监控站对 GPS 的观测数据,计算出卫星的星历和卫星钟的改正参数等,并将这些数据通过注入站注入到卫星中去;同时,它还对卫星进行控制,向卫星发布指令,当工作卫星出现故障时,调度备用卫星,替代失效的工作卫星工作;另外,主控站也具有监控站的功能。

2. 监控站

5 个控制站分别装配有双频 GPS 接收机、气象元素传感器、原子钟和微机。监控站是无人值守的 GPS 卫星跟踪站,在微机控制下,对视场中所有 GPS 卫星进行连续观测和收集有关的气象数据,进行初步的数据处理并存储和将这些数据发送到主控站。

3. 注入站

3 个注入站在主控站的控制下,将主控站发送来的数据和指令信息注入到相应卫星的存储器,并监测注入信息的正确性。

(三)用户系统

用户系统通常称为 GPS 接收机,一般由接收机主机、天线和电源组成。GPS 接收机的主要任务是:捕获跟踪所选择的待测卫星,以测量出 GPS 信号从卫星到接收天线的传播时间,解译出 GPS 卫星所发送的导航电文,经初步数据处理而实时计算出测站(天线相位中心)的三维坐标,达到导航与定位并根据预设置的更新率,不断更新计算点位坐标;通过面板键盘的控制,可以显示所需要的数据信息。

GPS 定位因具有实时、全天候、测站间无须相互通视、操作简单方便等诸多特点,其技术发展相当迅速,已经在测量工作的各个领域得到了普遍的应用。

二、GPS 的定位原理

（一）伪距测量原理

GPS 定位就是把卫星看成是“飞行”的控制点，根据测量的星站距离，进行空间距离后方交会，确定地面接收机的位置。

定位的基本观测量是测站至观测卫星的距离。设卫星发射中心的电磁波信号在大气中的传播速度为 c，由安置在地面待定点上的 GPS 接收机测得的观测卫星从发射信号到接收该信号所经过的时间（称为时间延迟）为 Δt，则卫星至地面接收天线间的距离为

$$\rho = \Delta t \cdot c \tag{6-21}$$

式中　$\Delta t = t - T$；

T——由卫星钟所记录的卫星发送信号的时刻，由卫星电文中给出；

t——地面接收机钟所记录的接收信号的时刻。

由此可见，伪距测量就是用卫星信号到观测站的传播时间乘以光波在大气中的传播速度来求卫地距离。

事实上式（6-21）中所求得的 ρ 是有误差的。首先，卫星钟和地面钟均有误差，称为钟差，分别记为 δT 和 δt；其次，信号在传播过程中要受到对流层和电离层的影响而产生时间延迟 $\delta\tau_{trop}$ 和 $\delta\tau_{ion}$，因此正确的卫地距离为

$$\rho = c[t + \delta t - (T + \delta T) - \delta\tau_{trop} - \delta\tau_{ion}]$$

上式中，卫星钟差可根据被观测卫星发送的导航电文提供钟差修正参数求得，$\delta\tau_{trop}$ 和 $\delta\tau_{ion}$ 可选定相应的对流层模型和电离层修正模型求得，因而上式中实质上只有接收机钟差 δt 为未知数。

GPS 的定位原理是空间后方交会。如图 6-17 所示，由已知瞬时位置的卫星点 A、B、C、D，接收机的位置坐标（x，y，z）即可计算。

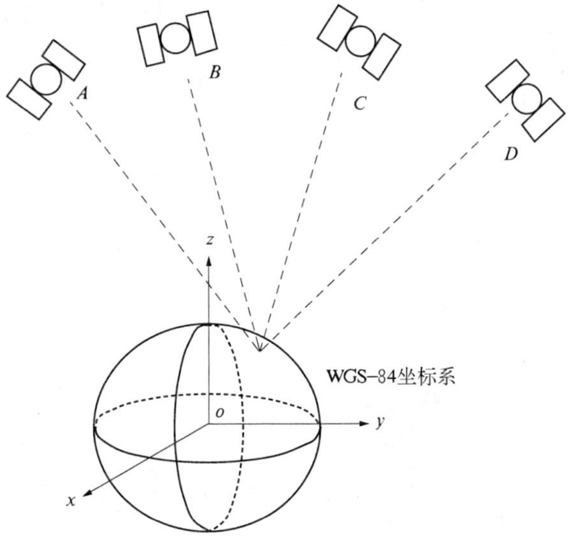

图 6-17　GPS 定位原理

事实上,在一个测站上观测 3 颗卫星获取 3 个独立的距离观测量就够了。但是由于 GPS 采用了单程测距原理,此时卫星钟与用户接收机钟不能保持同步,所以实际的观测距离均含有卫星钟与接收钟不同步的误差影响,一般称之为伪距。其中卫星钟差可以用卫星电文提供的钟差参数加以修正,而接收机的钟差只能作为一个未知参数,与测站坐标在数据的处理中一并求解。因此,只要在待定点同时跟踪 4 颗以上的卫星就能求解上述 4 个未知数,从而求得待定点在 WGS - 84 坐标系中的三维坐标。然后根据 WGS - 84 坐标系与大地坐标系之间的转换关系就可得到待定点的大地坐标。

(二)载波相位测量原理

伪距测量是全球定位系统的基本测距方法,然而由于测距码的码元长度较大(C/A 码 293 m,P 码 29.3 m),测量精度大约为码元长度的 1/100,加之美国对 P 码加密,不提供民用,所以伪距测量不能满足一些高精度测量的需要,载波相位测量技术就是在这种背景下提出的。在全球定位系统中,载波是用来运载测距码和卫星电文的,为了消除电离层延迟误差,GPS 同时使用了两种不同频率的载波 L_1 和 L_2。若按 1/100 的测相精度,那么载波相位测量的精度可以达到毫米级至亚毫米级。

载波相位测量是利用接收机测定 GPS 卫星自发送信号时刻到接收到该信号 L_1 载波(或 L_2)的相位变化数 φ,依式(6-22)来求卫星至测站的距离

$$\rho = \lambda\varphi/2\pi \tag{6-22}$$

如图 6-18 所示。设在 t_0 时刻发送的信号经过 Δt 后被地面接收,其相位变化为

$$\varphi_0 = N_0 2\pi + \Delta\varphi_0$$

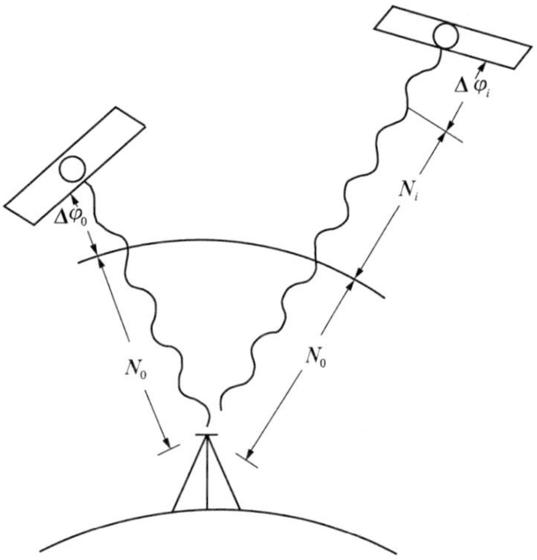

图 6-18　载波相位测量原理

在上式中,当接收机初次收到某卫星的信号时,t_0 时刻发送的信号到达接收机载波相位变化的整周数 N_0 是不可测的(称为整周模糊度),而只能测出不足整周的 $\Delta\varphi_0$。但是,只要卫星从 t_0 到 t_i 卫星信号没有失锁(中断)则整周模糊度 N_0 就为常数,t_i 时刻卫星到接收机载波的相位变化为:

$$\varphi_i = N_0 2\pi + N_i 2\pi + \Delta\varphi_i$$

N_i 为 t_0 时刻到 t_i 时刻变化的整周数,这里 N_i 和 $\Delta\varphi_i$ 接收机可测得,即为已知。那么,对任何一时刻 t_i,卫星至接收机的距离为

$$\rho_{t_i} = \lambda(N_0 + N_i + \Delta\varphi_i/2\pi)$$

显然有方程

$$\lambda(N_0 + N_i + \Delta\varphi_i/2\pi) = [(x_G - x_{t_i}^s)^2 + (y_G - y_{t_i}^s)^2 + (z_G - z_{t_i}^s)^2]^{\frac{1}{2}} \tag{6-23}$$

上式就是相位法定位的基本原理方程,其中 N_0、x_G、y_G、z_G 为未知数,只要在测站上对同一颗卫星观测至少 4 个历元,就可联立求解进行测站定位。

(三)相位差分测量原理

事实上,在式(6-23)中,有卫星钟钟差、接收机钟差、卫星轨道误差等的影响。为了保证定位精度,必须修正这些误差的影响,因此实用的观测定位方程要比该式复杂得多,常

用的方法是建立差分方程。其基本依据是,在上述诸影响因素中,有着良好的空间相关性,也就是说,上述误差对于两个相差不太远的测站而言,可认为相同,而对于同一测站而言,认为对不同的星站间的影响或同一颗、不同历元的影响是相同的。

因此,对相位观测值进行线性组合,就可达到消除或削弱相关误差的影响,提高定位精度。相位差分有一次差分、二次差分和三次差分等方法,此外,又可依测站、星和历元三个要素求差。

三、GPS 定位误差

GPS 定位测量的误差不仅影响定位精度,而且也影响模糊值解算。模糊值解算正确与否,又直接影响观测成果的可靠性。GPS 定位测量的各种误差可归纳为三类:

第一类:同卫星误差有关的误差,包括卫星轨道误差、卫星钟差和相位不确定性等;

第二类:同信号传播有关的误差,包括电离层误差、对流层误差和多路径误差等;

第三类:同接收设备有关的误差,包括接收钟误差和接收机噪声等。

四、GPS 动态定位原理

(一)动态定位的特点

(1)用户的广泛性。GPS 动态定位是运动状态下的一种实时定位方法。其绝大多数用户均在陆、海、空军事领域。同时,在交通运输、地球物理勘探、航空摄影测量、采矿生产等领域中,也有着广泛的应用。运动载体可以是地面运动的、水上航行的、空中飞行的,所以它的用户具有广泛性,比 GPS 静态定位具有更加广阔的应用天地。

(2)定位的实时性。在静态定位时,用户天线相对于地球是固定不动的;而动态定位,用户天线将随着运动载体不停地运动,特别是对于高态定位,要求以极短时间(如亚秒级)采集一个点的实时定位数据,适时地处理定位数据,及时地给出定位成果。所以,动态定位具有强烈和紧迫的实时性。

(3)速度的多样性。GPS 动态定位其载体多种多样,这些载体的速度从几米每秒到几千米每秒。据此,GPS 动态定位分为低、中、高三种定位形式:低动态定位,载体的运动速度几米每秒至几十米每秒;中等动态定位,载体的运动速度 100 ~ 1 000 m/s;高动态定位,载体的运动速度在 1 km/s 以上。

综上所述,动态定位显著区别于静态定位。在用户天线以几米每秒到几千米每秒的速度相对于地球运动的情况下,需要用 GPS 信号测定它们的七维状态参数:三维坐标、三维速度、时间。

(二)单点动态定位

单点动态定位又叫绝对动态定位。例如在行驶的火车和汽车上,安置 GPS 信号接收机,独立自主地测得运动载体的实时位置,进而描绘出运动载体的运动轨迹。

在单点动态定位的情况下,由于观测站是运动的,为了获得瞬时定位的结果,必须至少同步观测 4 颗卫星,以便获得 4 个同步伪距观测值,解得 4 个未知参数。

解算运动载体的实时位置时,需要正确确定点位的初始坐标值。其中第一个点位的初始坐标值,可以按照用矢量表示载体状态的方法,通过若干次迭代计算,得到第一个点位的三维坐标和时钟偏差。直接解算出第一个点的三维位置之后，就可作为后一个点位的坐标初始值，通过解算，取得第二个点的三维坐标和时钟偏差，余点类推。

研究表明，单点动态定位所确定的三维位置精度为 ±120 m，速度测量误差为 ±30 cm/s，时间测量精度为 ±(300～400) ns。如果动态用户要求达到再高的精度，就不能采用单点动态定位了。

(三)伪距差分动态定位

所谓差分动态定位(DGPS)，就是使用两台接收机分别置于两个测站上同时测量来自相同 GPS 卫星的导航定位信号，用以联合测出动态用户的精确位置。其中一个测站是已知的基准点，该点的 GPS 接收机称为基准接收机；另一台安设于运动载体上，称为动态接收机。两台接收机测量来自同一 GPS 卫星的导航定位信号。基准接收机所测得的三维位置与该点已知值进行比较，可以获得 GPS 定位数据的改正值，据此来改正动态接收机所测得的实时位置。此时多项误差得到抵消，可以得到更为精确的动态用户位置。这种方法称为伪距差分动态定位。

如果基准、动态接收机各观测了相同的 4 颗 GPS 卫星，则可解动态用户在时元 t 的三维位置。差分动态定位的结果，消除了星钟误差、星历误差、电离层与对流层时延误差，从而显著地提高了动态定位的精度。

五、GPS 测量实施

使用 GPS 进行控制测量的过程为：方案设计、外业观测和内业数据处理。用户可以根据测量成果的用途选择相应的 GPS 测量规范实施：《全球定位系统(GPS)测量规范》、《全球定位系统城市测量技术规范》和《公路全球定位系统(GPS)测量规范》。

GPS 测量控制网一般是使用载波相位静态相对定位法，使用两台或两台以上的接收机同时对一组卫星进行同步观测。控制网的精度指标是以网中基线观测的距离误差 m_D 来定义的：

$$m_D = a + bD \tag{6-24}$$

式中 a——距离固定误差；

b——距离比例误差；

D——基线距离。

习惯上称 1×10^{-6} 为 1 ppm，即 1 km 的比例误差为 1 mm。城市及工程控制网的精度指标要求列于表 6-11。

表 6-11　城市及工程控制网精度指标

等级	平均距离 (km)	a (mm)	b (1×10^{-6})	最弱边相对中误差
二等	9	≤10	≤2	1/120 000
三等	5	≤10	≤5	1/80 000
四等	2	≤10	≤10	1/45 000
一级	1	≤10	≤10	1/20 000
二级	<1	≤15	≤20	1/10 000

复习思考题

6-1 为什么要进行控制测量？平面和高程控制测量各有哪几种形式，它们分别适用于哪些地形或地区？

6-2 四等水准测量一个测站的计算校核有哪几项？

6-3 简述三角高程测量的原理。

6-4 试述闭合导线及附合导线主要的外业工作和内业计算步骤。

6-5 某一附合导线如图 6-19 所示，有关数据为 $\alpha_{AB}=45°00'00''$，$\alpha_{CD}=116°44'48''$，B 点的坐标（200.00，200.00），C 点的坐标（155.37，756.06），$\beta_B=239°30'00''$，$\beta_1=147°44'30''$，$\beta_2=214°50'00''$，$\beta_C=189°41'30''$，$S_{B1}=297.26$ m，$S_{12}=187.81$ m，$S_{2C}=93.40$ m，试计算各导线点坐标值。

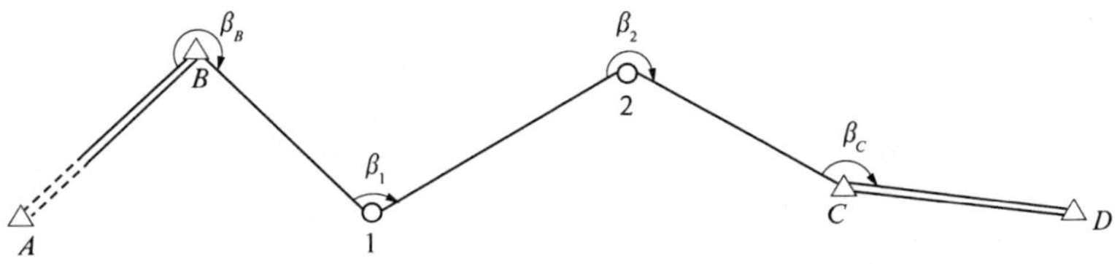

图 6-19　题 6-5 图

6-6 GPS 全球定位系统由哪几部分组成？

6-7 叙述 GPS 卫星的载波相位测量原理。

6-8 GPS 定位有哪些方法？

6-9 什么是 GPS 卫星的相对定位？为什么静态相对定位的精度较高？

6-10 如图 6-9 所示，已知 $x_A=3\ 001.23$ m，$y_A=740.54$ m，$x_B=3\ 216.95$ m，$y_B=1\ 628.11$ m，$\alpha=50°23'10''$，$\beta=50°28'50''$，试用前方交会法计算 P 点坐标。

6-11 根据表 6-12 中的观测数据，计算待求点 B 的高程。

表 6-12　题 6-11 表

<table>
<tr><td>所求点</td><td>B</td><td colspan="2">起算点</td><td>A</td></tr>
<tr><td>觇标</td><td colspan="2">直</td><td colspan="2">反</td></tr>
<tr><td>平距 D(m)</td><td colspan="2">290.68</td><td colspan="2">290.68</td></tr>
<tr><td>竖角 α</td><td colspan="2">$+10°38'30''$</td><td colspan="2">$-10°24'00''$</td></tr>
<tr><td>$D\tan\alpha$(m)</td><td colspan="2"></td><td colspan="2"></td></tr>
<tr><td>仪器高 i(m)</td><td colspan="2">1.44</td><td colspan="2">1.50</td></tr>
<tr><td>觇标高 v(m)</td><td colspan="2">2.50</td><td colspan="2">1.80</td></tr>
<tr><td>高差改正数 f(m)</td><td colspan="2"></td><td colspan="2"></td></tr>
<tr><td>高差 h(m)</td><td colspan="2"></td><td colspan="2"></td></tr>
<tr><td>平均高差(m)</td><td colspan="4"></td></tr>
<tr><td>起算点高程(m)</td><td colspan="4"></td></tr>
<tr><td>所求点高程(m)</td><td colspan="4"></td></tr>
</table>

6-12 某一闭合导线有关数据如表 6-13 所示，试计算各导线点坐标值。

6-13 计算并校核表 6-14 中四等水准测量成果。

表 6-13 题 6-12 表

点号	观测角	改正数	改正后角值	坐标方位角	边长(m)	坐标增量		改正后坐标增量		坐标		点号
						Δx	Δy	Δx	Δy	x	y	
1	2	3	4	5	6	7	8	9	10	11	12	13
	(° ′ ″)	(″)	(° ′ ″)	(° ′ ″)								
A										569.26	713.38	A
				150 48 12								
1	98 39 49											1
2	88 36 19											2
3	87 25 43											3
A	85 18 13											A
1												1
Σ												
辅助计算								图略				

表 6-14 题 6-13 表

测站编号	测段	后尺 下丝 / 上丝 后视距 视距差 d(m)	前尺 下丝 / 上丝 前视距 累积差 $\sum d$(m)	方向及尺号	水准尺读数 黑面(m)	水准尺读数 红面(m)	K+黑−红(m)	平均高差(m)	备注
		(1)	(4)	后	(3)	(8)	(14)		$K_{55}=4\ 787$
		(2)	(5)	前	(6)	(7)	(13)		$K_{56}=4\ 687$
		(9)	(10)	后－前	(15)	(16)	(17)	(18)	
		(11)	(12)						
1	$BM._A$ ↓ 转 1	1 571	0 739	后 K_{55}	1 924	6 611			
		1 197	0 363	前 K_{56}	1 198	6 486			
				后－前					
2	转 1 ↓ 转 2	1 916	2 057	后 K_{56}	1 728	6 515			
		1 541	1 686	前 K_{55}	1 868	6 556			
				后－前					
3	转 2 ↓ B	1 945	2 121	后 K_{55}	1 812	6 499			
		1 680	1 854	前 K_{56}	1 987	6 773			
				后－前					
辅助计算									

第七章　地形图的测绘与应用

本章重点

1. 地形图的基本知识；
2. 大比例尺地形图的测绘方法；
3. 地形图的基本应用。

第一节　地形图的基本知识

一、比例尺

（一）比例尺

地形图测绘时，需要选择比例尺。比例尺是指图上某线段的长度 d 与其地上相应线段的水平距离 D 之比。常见的比例尺表示形式有两种：数字比例尺和图示比例尺。

1. 数字比例尺

数字比例尺是用分子为1，分母为正数的分数式来表示的比例尺，即

$$\frac{d}{D}=\frac{1}{M} \tag{7-1}$$

式中　M——比例尺分母。

M 愈小，比例尺愈大，反之，比例尺愈小。

2. 图示比例尺

为了用图方便，避免由于图纸伸缩而引起的误差，通常在图上绘制图示比例尺，也称直线比例尺。如图7-1所示，为1∶1 000的图示比例尺，在图上绘制两条平行线，在其上分成若干1 cm长的线段，称为比例尺的基本单位，左端一段基本单位细分成10等份，每等份相当于实地1 m，每一基本单位相当于实地10 m。

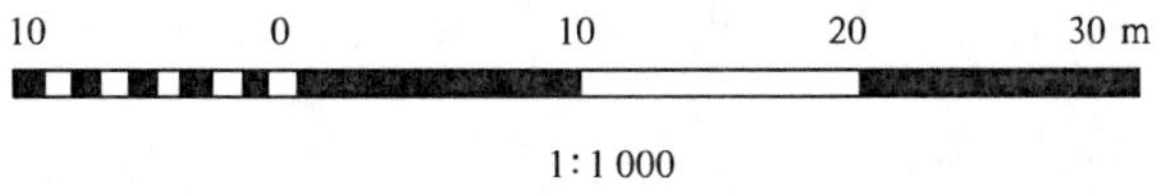

图7-1　图示比例尺

（二）地形图按比例尺分类

地形图按比例尺分为大、中、小三种比例尺地形图。

1. 大比例尺地形图

通常把1∶500、1∶1 000、1∶2 000、1∶5 000比例尺的地形图称为大比例尺地形图。

2. 中比例尺地形图

把 1∶10 000、1∶25 000、1∶50 000、1∶100 000 比例尺的地形图称为中比例尺的地形图。

3. 小比例尺地形图

把比例尺小于 1∶100 000 的地形图称为小比例尺地形图，如 1∶20 万、1∶25 万、1∶50 万、1∶100 万比例尺的地形图称为小比例尺地形图。

不同比例尺的地形图有不同的用途。大比例尺地形图多用于各种工程建设的规划和设计，公路工程中也多使用大比例尺地形图。

(三) 比例尺精度

人眼在正常分辨能力的情况下，在图上辨认的最小长度是 0.1 mm，它在实地上表示的水平距离 $0.1 \times M$，称为比例尺精度（见表 7-1）。即

$$比例尺精度 = 0.1 \times M(\text{mm})$$

式中　M——比例尺分母。

比例尺精度对测图和用图都具有十分重要的意义。其一，根据测图比例尺，确定实地量距的最小尺寸。例如，用 1∶1 000 的比例尺测图时，实地量距只需精确到 0.1 m，因为量得再精细，在图上也无法表示出来。其二，根据工程要求选用合适的比例尺。例如，在测图时，要求在图上能反映出地面上 5 cm 的细节，则由比例尺精度可知所选用的测图比例尺不应小于 1∶500。

比例尺愈大，比例尺精度愈高。但比例尺愈大，采集的数据信息愈详细，造成测图工作量和投资成倍增加，因此使用何种比例尺测图，应从实际需要出发，合理选择，不应盲目追求更大比例尺的地形图。

表 7-1　比例尺精度

比例尺	1∶500	1∶1 000	1∶2 000	1∶5 000	1∶10 000
比例尺精度(m)	0.05	0.10	0.20	0.50	1.00

二、地形图图式

为了便于测图和用图，用各种符号将实地上的地物和地貌在图上表示出来，这些用来表示地物和地貌特征的符号统称为地形图图式（见表 7-2）。地形图图式中的符号有三类：地物符号、地貌符号、注记符号。地形图图式由国家测绘机关统一颁布，是测图和用图的主要依据。

(一) 地物符号

地物符号根据地物的大小和描绘的方法分为比例符号、非比例符号和半比例符号。可按测图比例尺缩小，用规定符号画出的地物符号称为比例符号，如房屋、稻田、湖泊等。有些地物，如三角点、导线点、水准点、独立树、井等，其轮廓较小，无法将其形状和大小按照地形图的比例尺绘到图上，所以在测绘时则不考虑其实际大小，而是采用规定的符号表示，这种符号称为非比例符号。对于一些带状延伸地物，如铁路、公路、管道、围墙、篱笆等，其长度可按比例缩绘，而宽度无法按比例表示，这种符号称为半比例符号。比例符号与半比例符号的使用界限并不是绝对的，如铁路、公路等地物，在 1∶500 比例尺地形图上

用比例符号绘制的,但在 1∶5 000 以下比例尺地形图上是按半比例符号绘制的。

表 7-2　地形图图式

编号	名称	符号	编号	名称	符号
1	坚固房屋 4——房屋层数	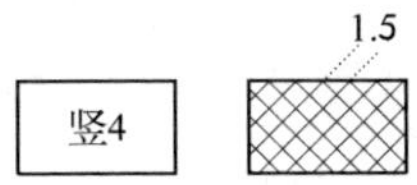	11	旱地	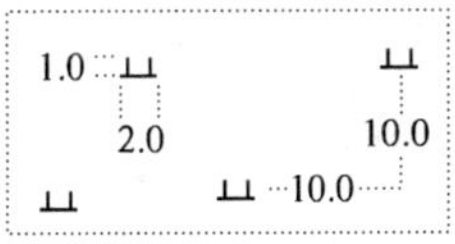
2	普通房屋 2——房屋层数	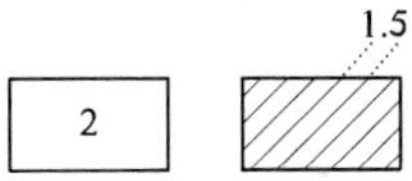	12	灌木林	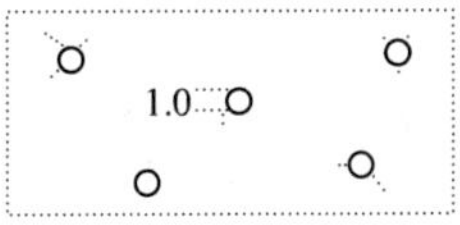
3	窑洞 1. 住人的 2. 不住人的 3. 地面下的	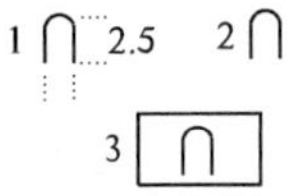	13	低压线	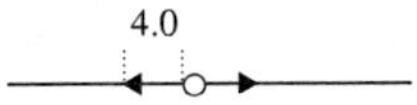
4	台阶	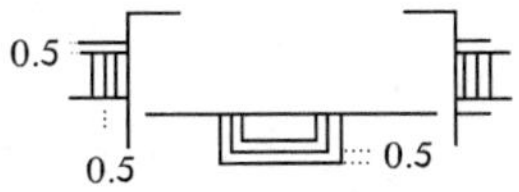	14	高压线	
5	经济作物地	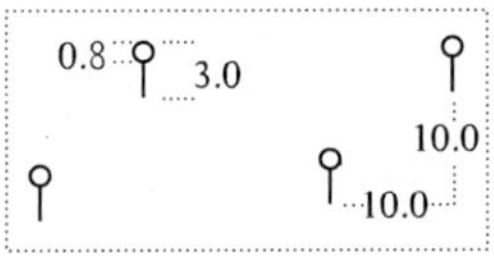	15	电杆	
6	水生 经济作物	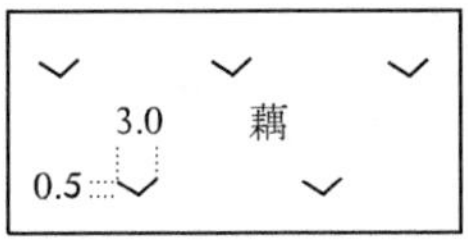	16	电线架	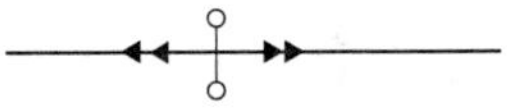
7	稻田	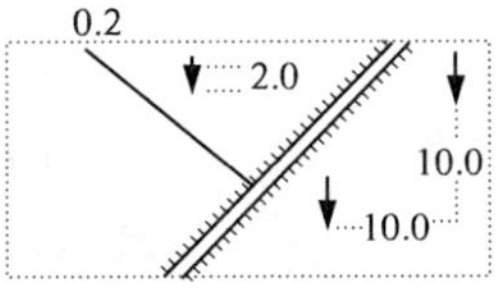	17	砖、石及 混凝土围墙	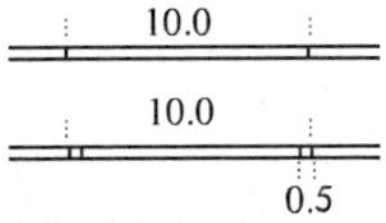
8	菜地	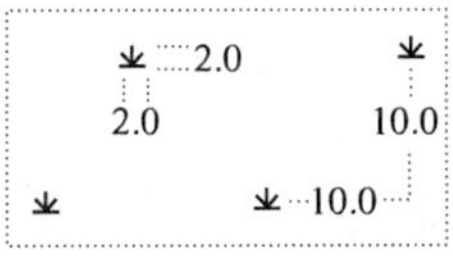	18	土围墙	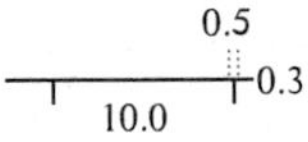
9	花圃	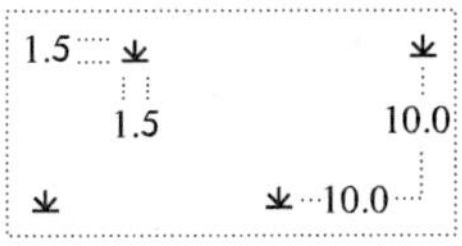	19	栅栏 栏杆	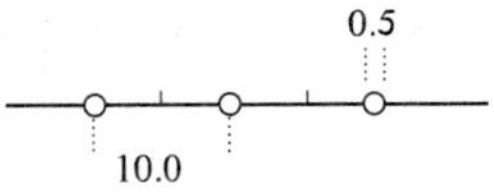
10	草地	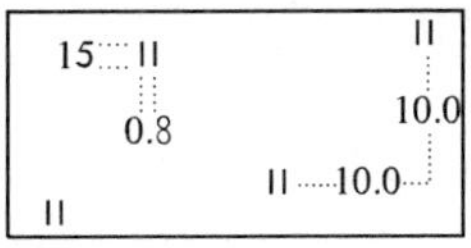	20	篱笆	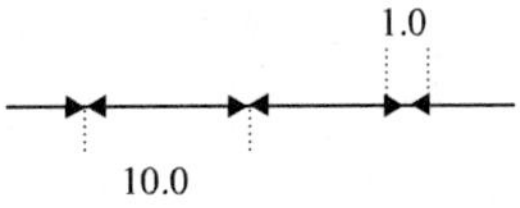

续表 7-2

编号	名称	符号	编号	名称	符号
21	公路		29	旗杆	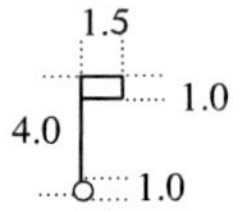
22	简易 公路	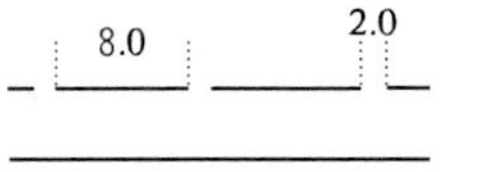	30	烟囱	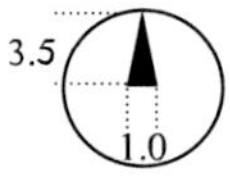
23	大车路	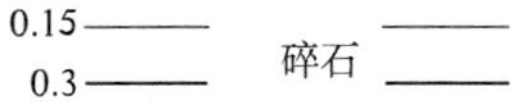	31	气象 站(台)	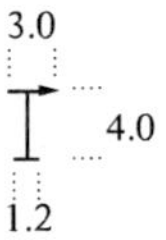
24	小路		32	消火栓	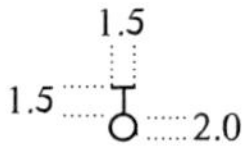
25	三角点 凤凰山——点名 394.463——高程	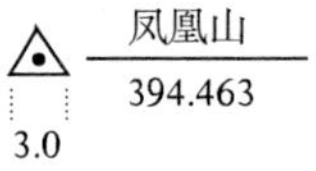	33	阀门	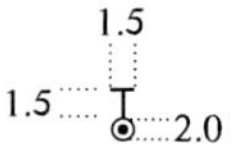
26	图根点 1——埋石的 2——不埋石的	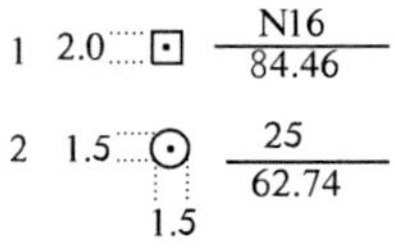	34	水龙头	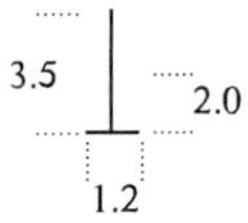
27	水准点	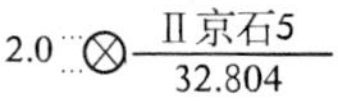	35	钻孔	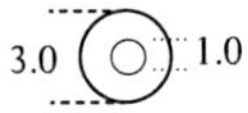
28	水塔	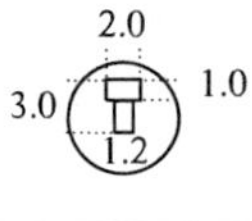	36	路灯	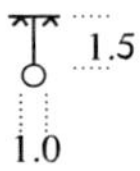

(二)地貌符号

地貌的形态多种多样,按其起伏变化程度分为平地、丘陵地、山地和高山地,见表7-3。地貌的表示方法有多种,但在地形图上,地貌的表示方法一般是等高线法,因此等高线是常见的地貌符号。对于一些特殊地貌,如冲沟、梯田、峭壁、悬崖等不便用等高线表示的,可根据地形图图式用相应符号绘制。

表 7-3 地貌分类

地貌形态	地面坡度
平地	3°以下
丘陵地	3°~10°
山地	10°~25°
高山地	25°以上

(三)注记符号

对地物、地貌的种类和特性加以说明的数字或文字等,称为注记符号。如楼房的结构和层数、地名、路名、河流名称、江河的流向以及等高线的高程和散点的高程等。

三、等高线

(一)等高线

等高线是地面上高程相等的相邻各点所连成的闭合曲线。如图 7-2 所示,设想有一座高出水面的小岛,与某一静止的水面相交形成的水涯线为一闭合曲线,曲线的形状随小岛与水面相交的位置而定,曲线上各点的高程相等。将这些水涯线垂直投影到水平面上,并按一定的比例尺缩绘在图纸上,这样就可以将小岛用等高线表示在地形图上了。这些等高线的形状和高程,客观地显示了小岛的空间形态。

(二)等高距与等高线平距

相邻两等高线之间的高差称为等高距,常用 h 表示。在同一幅地形图上,等高距是相同的。相邻两等高线之间的水平距离称为等高线平距,常用 d 表示。因为同一幅地形图内等高距是相同的,所以等高线平距 d 的大小与地面坡度有关。等高线平距越小,地面坡度越大;平距越大,坡度越小。因此,可根据地形图上等高线的疏、密来判定地面坡度的缓、陡。

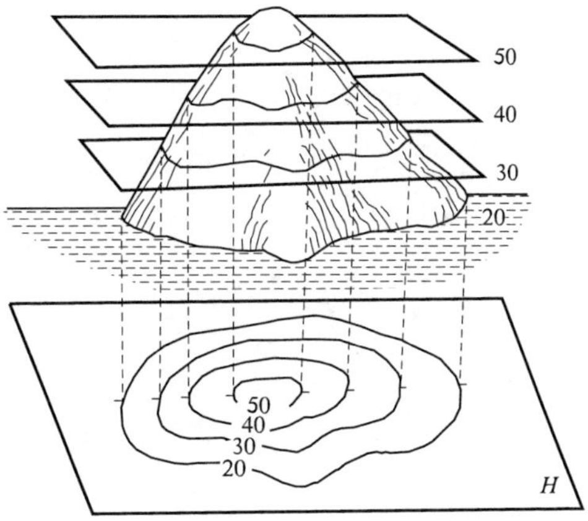

图 7-2　等高线

用等高线表示地貌时,等高距的选择具有重要意义。在选择等高距时,应结合地形图的用途、比例尺以及测区地形坡度的大小等多种因素综合考虑。大比例尺地形图等高距的选择见表 7-4。

表 7-4　地形图的基本等高距　　(单位:m)

地貌	比例尺			
	1:500	1:1 000	1:2 000	1:5 000
平地	0.5	0.5	1	2
丘陵地	0.5	1	2	5
山地	1	1	2	5
高山地	1	2	2	5

(三)等高线的种类

(1)首曲线也称基本等高线,是指按基本等高距绘制的等高线。

(2)计曲线也称加粗等高线,是指每隔 4 或 9 条首曲线加粗绘制的等高线。

(3)间曲线是指当基本等高距不足以显示局部地貌特征时,按二分之一基本等高距绘制的等高线,用长虚线表示。

(4)助曲线是指按四分之一基本等高距绘制的等高线,用短虚线表示。

(四)典型地貌的等高线

地貌的形态虽然复杂多样,但其主要由以下几种典型地貌构成。

1. 山头与洼地

中央凸出而且高于四周的高地称为山地,高大的称为山峰,矮小的称为山丘。其等高线如图7-3所示。周围地面较高,中央凹的地方称为低地,大范围低地称为盆地,小范围低地称为洼地。其等高线如图7-4所示。由图7-3、图7-4可知,山头和洼地的等高线都是一组闭合曲线,两者形状很相似。为了区别起见,必须在等高线上注记高程或画出示坡线。示坡线是垂直于等高线而指向下坡的短线。

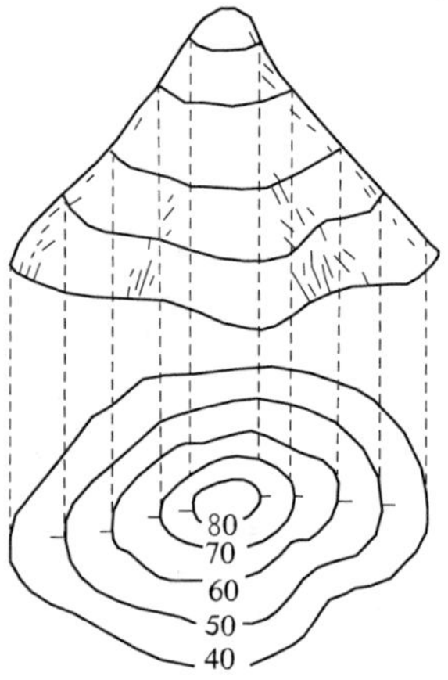

图7-3 山头

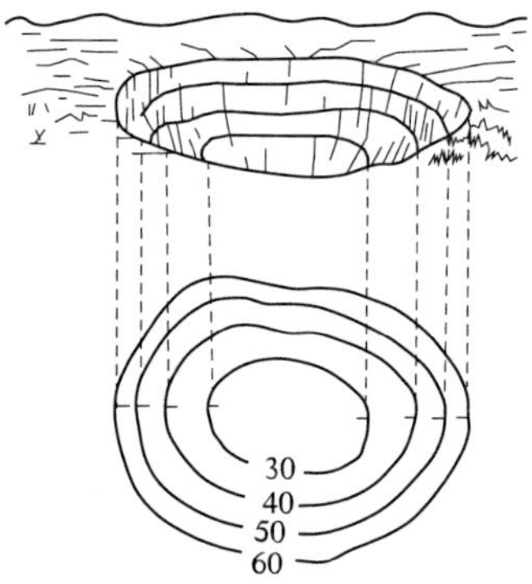

图7-4 洼地

2. 山脊与山谷

山脊是从山顶到山脚的凸起部分,山脊最高点间的连线称为山脊线,又称分水线。其等高线如图7-5所示。相邻两山脊之间的低洼部分称为山谷。山谷中最低点间的连线称为山谷线或集水线。其等高线如图7-6所示。

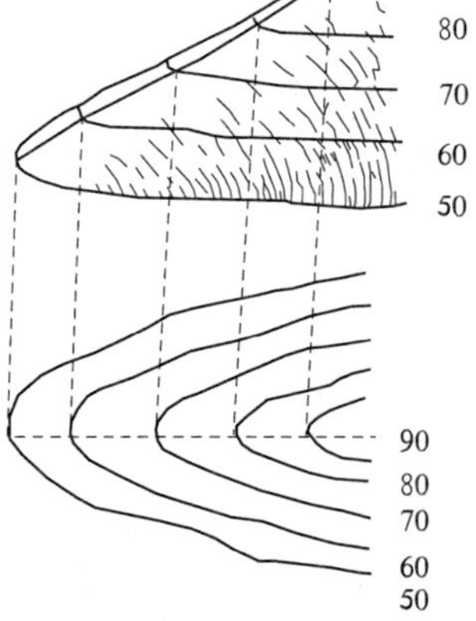

图7-5 山脊

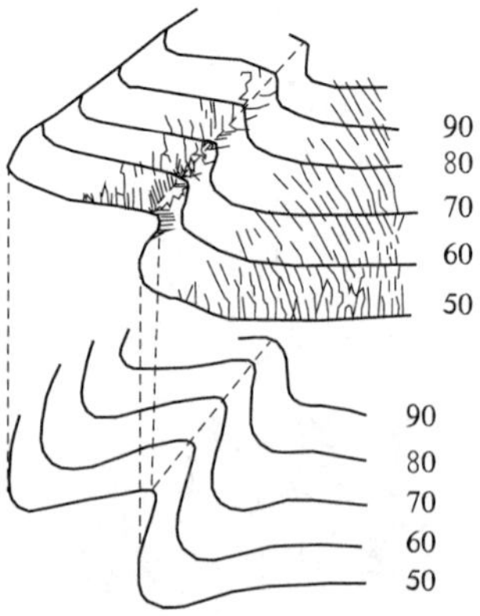

图7-6 山谷

3. 鞍部

相邻两个山头之间呈马鞍形的低凹部分称为鞍部。其等高线如图 7-7 所示。

4. 绝壁与悬崖

坡度在 70°以上或接近 90°的陡峭崖壁称为峭壁,峭壁包括陡崖和绝壁。陡崖和绝壁用等高线表示,将非常密集或重合为一条线,因此采用陡崖符号来表示,如图 7-8、图 7-9 所示。上部突出、下部凹进的陡崖称为悬崖。悬崖上部的等高线投影到水平面时,与下部的等高线相交,下部凹进的等高线部分用虚线表示。其等高线如图 7-10 所示。

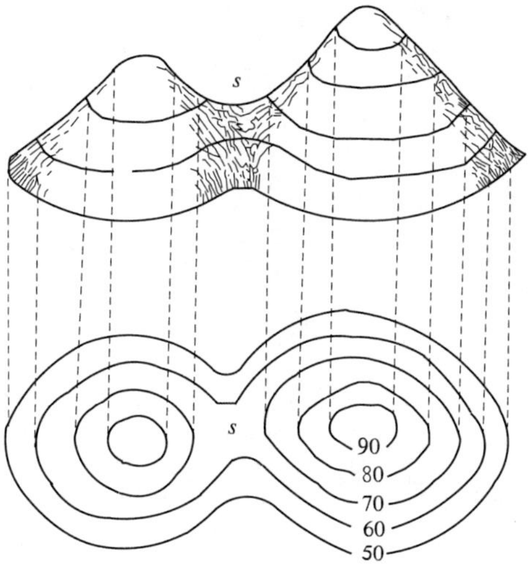

图 7-7 鞍部

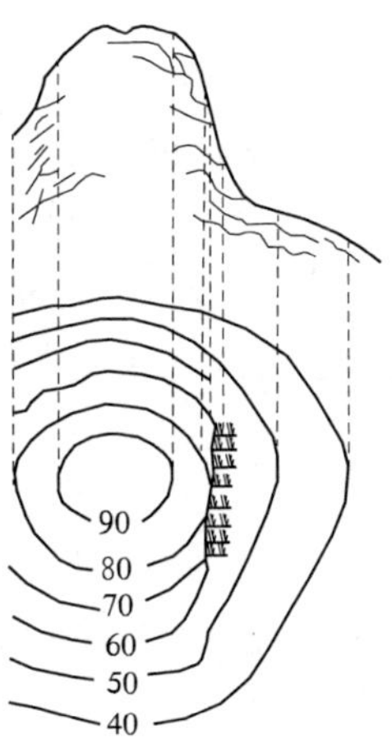

图 7-8 陡崖

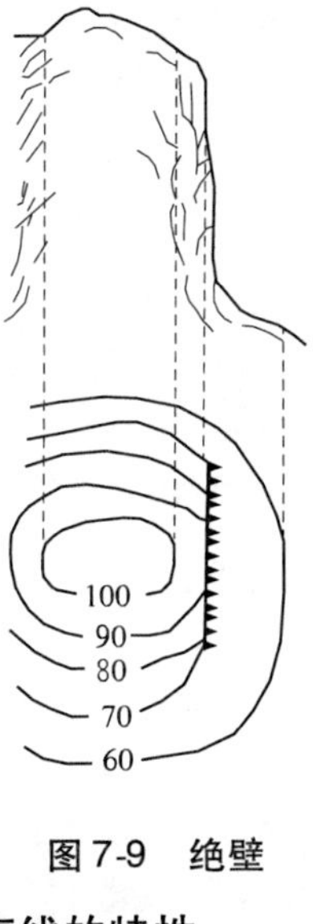

图 7-9 绝壁

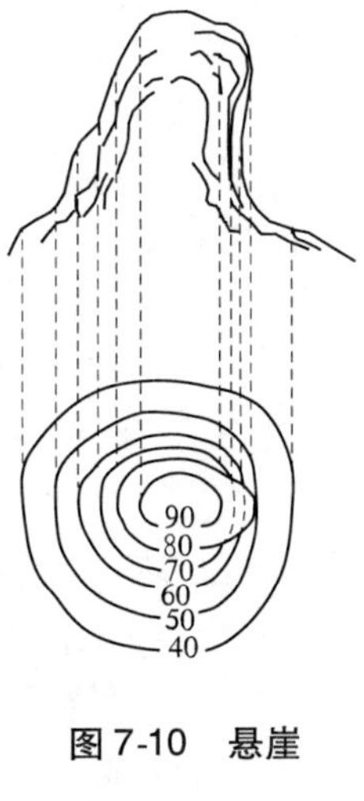

图 7-10 悬崖

(五)等高线的特性

等高线具有以下特性:

(1)同一条等高线上各点的高程相等。

(2)等高线是闭合曲线,如在本幅内不闭合,则必在相邻图幅内闭合。

(3)不同高程的等高线一般不能相交,只有在悬崖、绝壁处才会重叠或相交。

(4)等高线与地性线相交时必须是正交。

第二节　测图前的准备工作

在地形测图前,除应收集整理本测区内的控制点成果资料,制订作业计划,做好仪器、人员的配备工作外,还应做好如下工作。

一、准备图纸

目前,测绘地形图使用的图纸多为聚酯薄膜,其厚度为 0.07 ~ 0.10 mm,一面打毛。聚酯薄膜经过热定型处理后,具有透明度好、伸缩性小、不怕潮湿、经久耐用等优点。若表面有污物,可用清水或淡肥皂水洗涤,并可直接在底图上着墨复晒蓝图。但聚酯薄膜具有易燃、易折等缺点,因此在使用过程中应注意防火、防折。

二、绘制坐标格网

为了准确地将控制点展绘在图纸上,首先要在图纸上精确地绘制 10 cm × 10 cm 的直角坐标格网。常用的绘制坐标格网的方法有对角线法、坐标格网尺法和绘图仪法。

(一)对角线法

对角线法绘制坐标格网的步骤是:如图 7-11 所示,在图纸上绘两条对角线,交于 *O* 点。从 *O* 点起沿对角线量取 4 段等长的线段,得 *A*、*B*、*C*、*D* 4 点,用直线顺序连接这 4 点得矩形 *ABCD*。再从 *A*、*D* 两点起各沿 *AB*、*DC* 方向每隔 10 cm 定一点;从 *A*、*B* 两点起各沿 *AD*、*BC* 方向每隔 10 cm 定一点,连接矩形对边上的相应点,擦去多余的线条,即可得到坐标格网。

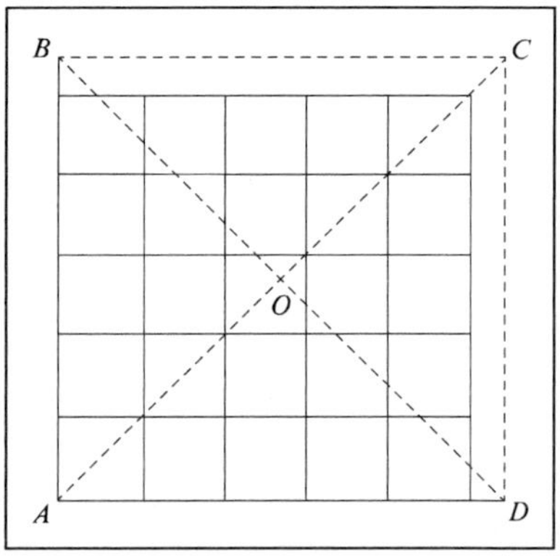

图 7-11　对角线法

(二)坐标格网尺法

坐标格网尺法是利用专用的绘制坐标格网的工具——坐标格网尺,进行坐标格网绘制的一种方法。坐标格网尺(如图 7-12 所示)是一种金属直尺,尺上每隔 10 cm 有一小孔,起始孔中的直线上刻有零点,其余各孔的斜边是以零点为圆心,分别以 10 cm、20 cm、…、50 cm 为半径的圆弧,尺段圆弧的半径为 50 cm × 50 cm,正方形的对角线长度为 70.711 cm。

坐标格网尺绘制坐标格网的步骤是:用坐标格网尺在图纸下边缘处画一直线作为图廓的下边线。在直线左端适当位置取一点 *A*,使坐标格网尺的零点对准 *A*,将格网尺置于直线上,并使其他各孔通过该直线,沿各孔边缘画弧交直线于 *A*、1、2、3、4、*B* 点,如图 7-13(a)所示。将尺子的零点对准 *B* 点,并使尺子垂直于直线 *AB*,再沿各孔画弧线 6、7、8、9、10,如图 7-13(b)所示。将尺子零点对准 *A* 点,使 70.711 cm(50 cm × 50 cm 图幅的对角线长度)弧线与弧线 10 相交,定出 C 点,连接 BC 直线,则其与弧线 6、7、8、9 相交,定出 6、7、8、9 点,便得到图廓的右边线,如图 7-13(c)所示。将尺子的零点对准 A 点,并使尺子垂直于直线 AB,再沿各孔画弧线,如图 7-13(d)所示。将尺子的零点对准 C 点,并使尺子与直线 AB 大致平行,再沿各孔画弧线,其中两弧线的交点,即为 D 点,如图 7-13(e)所示。连接 AD、CD 得到相应的图廓边界线,同样也定出相应图廓边界线上的格网点,再连接对边上的对应点,就得到坐标格网,如图 7-13(f)所示。

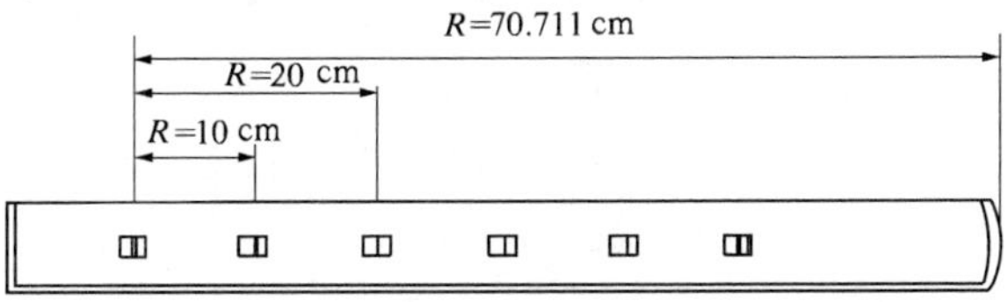

图 7-12　坐标格网尺

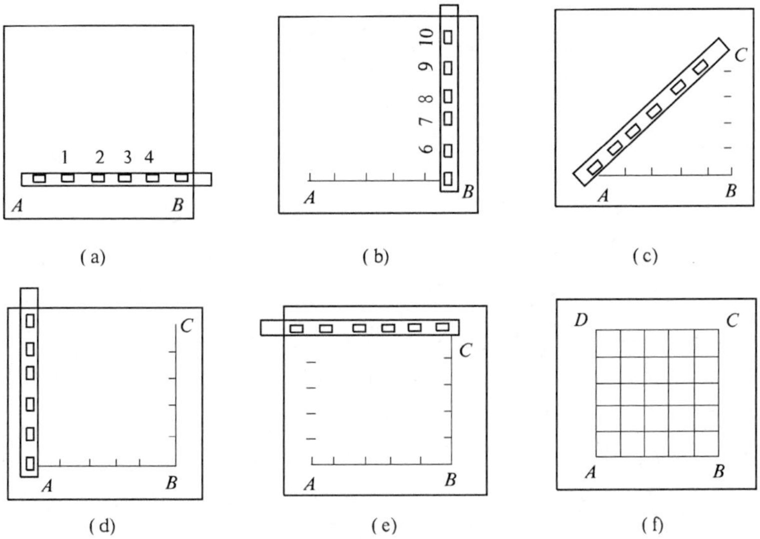

图 7-13　坐标格网尺法绘制坐标格网

(三)绘图仪法

绘图仪法是在计算机中用 AutoCAD 等绘图软件编制好坐标格网图形,然后将图形通过绘图仪绘制在图纸上。

无论使用哪一种方法,坐标格网绘制好后,均应进行检查。用直尺检查各方格的角点是否在同一直线上,偏离不应大于 0.2 mm,各个小方格对角线的长度误差不应超过 ±0.3 mm(图距)。否则,应重新绘制。

三、展绘控制点

在控制点展点前,首先按图的分幅位置,将坐标格网线上的坐标值标注在相应坐标格网线的外侧。展点时,先要根据控制点的坐标,确定其所在的小方格。如图 7-14 所示,控制点 P 的坐标 $x_P = 1\,765.25$ m、$y_P = 1\,667.40$ m,根据点 P 的坐标,判断出其在 $abcd$ 小方格内。从 a 和 b 点分别沿 ad 和 bc 向上用比例尺量 65.25 m,得出 e、f 两点,再从 a 和 d 点

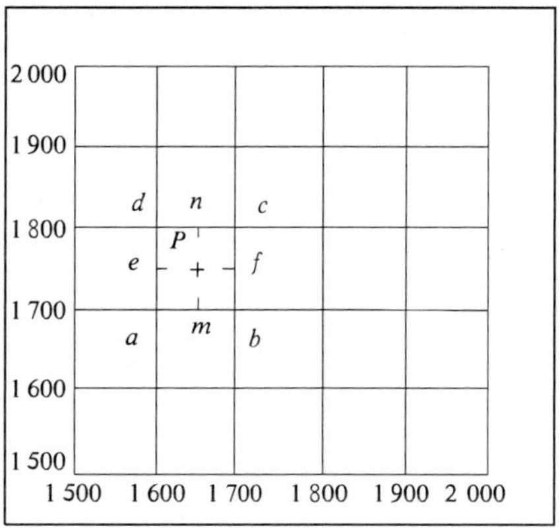

图 7-14　展绘控制点

分别沿 ab 和 dc 向右用比例尺量 67.40 m，得出 m、n 两点，连接 ef 和 mn，其交点即为 P 点在图上位置。用同样的方法将所有控制点展绘在图廓内。

控制点展绘好后，应进行检查。用比例尺在图上量取相邻控制点之间的距离，与已知距离进行比较，其图上误差不应超过 0.3 mm，否则，应重新展绘控制点。检查无误后，应在点的右侧绘一短线，在短线的上方注明点号，下方注明点的高程。

第三节　地形图的测绘

一、测站点的加密

地形图测绘时，是以控制点为测站点进行测图的，当控制点的密度不够时，应根据具体情况采用不同的方法对测站点进行加密，如可以采用支导线法、附合导线法、闭合导线法或交会法进行加密，以满足测图的需要。若采用支导线法，可连续设置两个测站点，水平角用经纬仪测一个测回，边长和高差均应往返观测，距离相对较差不大于 1/200，高差较差不大于该边水平距离的 1/500，当往返测较差在允许范围内时，取往返测边长和高差的平均值作为观测成果，求出测站点的平面坐标与高程，并展绘在图纸上；采用附合或闭合导线法，加密的测站点数目一般不超过 5 个，导线边和转折角的测量方法与支导线法相同；若采用前方交会法，交会方向不得少于三个，交会角应介于 30°～150°之间。为保证测图精度，每幅图内应保证一定数目的控制点，具体规定见表 7-5。

表 7-5　一幅图内图根控制点的个数

测图比例尺	图幅尺寸(cm×cm)	图根控制点个数
1∶500	50×50	8
1∶1 000	50×50	12
1∶2 000	50×50	15
1∶5 000	40×40	20

二、碎部点的选择与跑尺

在地形图测量中，碎部点选择的好坏直接影响到测图的质量，跑尺的选择是否恰当则影响测图进度的快慢。

(一)碎部点的选择

碎部点是指地物、地貌的特征点。碎部点的选择应根据测图比例尺和地物、地貌的状况，选在能反映地物和地貌特征的点上。

地物特征点是指地物轮廓线和边界线的转折点、交叉点及独立地物的几何中心点等。如建筑物的房角点、道路的交叉点、电线杆的几何中心等。对于形状不规则的地物，一般规定，主要地物凸凹部分在图上若大于 0.4 mm 均应表示出来，在地形图上若小于 0.4 mm 则可以用直线连接。

地貌特征点是指地性线上坡度变化点和方向变化点。地球表面的形态虽然复杂，但均可以把实际地面看成是由不同坡度的面组成的多面体。而山脊线（分水线）、山谷线（集水线）、山脚线等地性线是多面体的棱线。因此，地貌特征点就是这些棱线上的坡度和方向变化点。根据这些特征点的高程勾绘等高线，就可以把地貌在图上表示出来。

为了保证测图的质量，在地面坡度无明显变化的地方，碎部点的间距和碎部点到测站点的最大视距不应超过表 7-6 规定。

表 7-6　碎部点间距和最大视距

测图比例尺	碎部点间距（m）	最大视距（m）	
		地物点	地貌点
1:500	15	60	100
1:1 000	30	100	150
1:2 000	50	180	250
1:5 000	100	300	350

（二）跑尺

跑尺时要按照一定的线路进行，以减少跑尺的线路长度，提高工作效率。一般跑尺有“由近及远”和“由远及近”两种方法。对于地物，可以按照不同的地物逐一测量的方法进行。对于地貌，可以沿着等高线或地性线进行跑尺。

三、经纬仪测绘法测图

地形图的测绘应遵循测量的基本原则进行，先进行控制测量，然后以控制点为测站，测定其周围地物、地貌的特征点的平面位置和高程，并按比例尺使用地形图图式规定的符号，勾绘出地物、地貌的位置、大小和形状等，绘制形成地形图。地形图测绘的方法有多种，如大平板仪测图法、小平板仪与经纬仪联合测图、全站仪测图及经纬仪测绘法测图。本节主要介绍经纬仪测绘法测图。

经纬仪测绘法测图是将经纬仪安置在测站上，绘图板安置于测站旁，用经纬仪测定碎部点的方向与已知方向之间的夹角，测站点至碎部点的平距和碎部点的高程。然后根据测定的数据用量角器（或半圆仪）按比例尺把碎部点的位置展绘在图纸上，并在点的右侧注明其高程，最后对照实地绘制地物和地貌。

（一）测站测量工作程序

1. 安置仪器

如图 7-15 所示，将经纬仪安置在测站点 A 上，对中、整平。量取仪器高 i，并记入地形碎部点测量手簿。

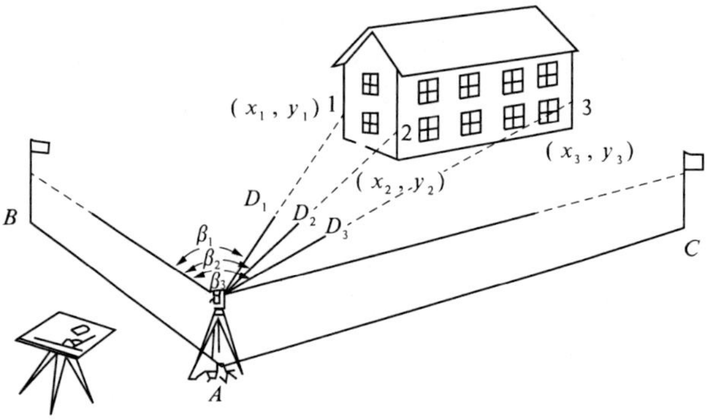

图 7-15　经纬仪测绘法测图

2. 归零(定向)

用经纬仪的盘左照准另一控制点 B,配置度盘为 $0°00'00''$。

3. 跑尺

跑尺员依次将尺立在地物、地貌的特征点上。跑尺前,跑尺员应根据实地情况和跑尺范围,选定立尺点,并与观测员、绘图员共同商定跑尺线路。

4. 观测

观测员转动经纬仪的照准部,照准地形尺,读取尺间隔 l、中丝读数 v、竖盘读数和水平角。同理,依次观测测站周围的其他各点。

5. 记录与计算

记录员将测得的尺间隔 l、中丝读数 v、竖盘读数和水平角等数据依次填入地形测量手簿(见表 7-7),并根据观测数据,按照视距测量公式计算碎部点的水平距离 D 和高程 H。

表 7-7　地形碎部点测量手簿

测站点高程:H_0 = 43.25 m　仪器高:i = 1.46 m								
碎部点	尺间隔 (m)	中丝 (m)	竖盘读数 (°　′)	竖直角 (°　′)	水平角 (°　′)	水平距离 (m)	高程 (m)	备注
1	0.622	1.390	91 15	1 15	67 32	62.17	44.68	
2	0.566	1.240	91 14	1 14	68 26	56.59	44.68	
⋮								

6. 刺点

绘图员利用量角器,根据水平角和视距测量公式计算出的水平距离 D,用分规在图上刺出碎部点的位置,并在点的右侧注明点的高程 H。同理,依次绘出其他各点。

为了确保测图质量,一测站上,每观测 20 ~ 30 个碎部点,就要检查起始方向的水平度盘读数是否仍为原读数,以免因缺乏检查造成错误,引起返工。同时,仪器搬到下一测站后,应先观测前一站所测的某些明显碎部点,以检查两站测得该点的平面位置和高程是否相同,若相差较大,则应查明原因,纠正错误,然后继续进行测绘。

(二)地物、地貌的绘制

当碎部点展绘在图纸上后,就可以对照实地情况绘制地物和地貌。

1. 地物的绘制

地物要用地形图图式规定的符号进行绘制。如房屋轮廓线用规定的线条连接,道路、河流的弯曲部分则是逐点连成平滑的曲线。不能按比例绘制的地物,应用规定的非比例符号表示。

2. 地貌的绘制

地貌的绘制就是勾绘等高线。不能用等高线表示的地貌,如悬崖、峭壁、冲沟、雨裂等,应用规定的符号表示。

勾绘等高线时,首先用铅笔轻轻描绘出山脊线、山谷线等地性线,如图 7-16(a)所示。再根据地性线上碎部点的高程内插等高点,由于在同一条地性线上坡度是均匀的,可用目估的方法按高差与平距成正比例内插等高点,如图 7-16(b)所示,在直线 ad 上,碎部点 a 的高程为 56.5 m,碎部点 d 的高程为 51.8 m,若基本等高距 1 m,则高程为 52 m、53 m、54 m、55 m 和 56 m 的 5 条等高线从直线 ad 上通过,按高差与平距成正比例的关系首先目估确定出高程为 52 m 和 56 m 的 1、5 两点,然后对 1、5 两点间的距离进行 4 等分,确定出高程为 53 m、54 m 和 55 m 的 2、3 和 4 点。同理,可以确定出其他地性线上相邻两碎部点间等高线通过的位置。将高程相等的相邻各点用光滑的曲线连接起来,就得到等高线,如图 7-16(c)所示。这种等高线的勾绘方法就是目估内插法。

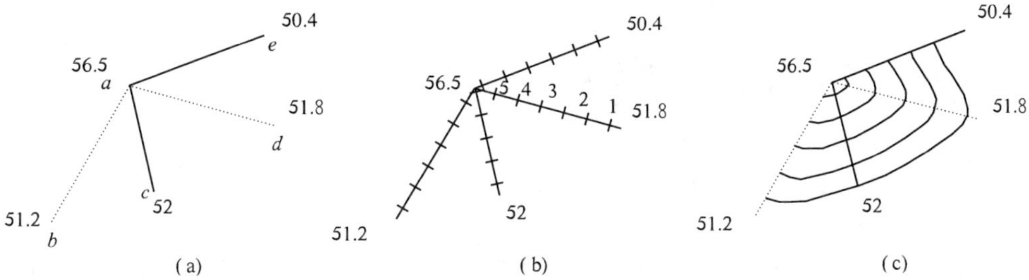

图 7-16 等高线的勾绘

第四节 地形图的应用

地形图包含有丰富的自然地理信息和社会经济信息,被广泛地应用于各行各业。其在工程建设中的应用具体来讲主要包括以下几个方面。

一、确定点的空间坐标

(一)确定点的平面坐标

利用地形图上坐标格网的坐标值可以确定点的平面坐标。如图 7-17 所示,欲求图上 A 点的坐标,首先确定 A 点所在的小方格 $abcd$,过 A 点分别作坐标格网的平行线 ef 和 mn,然后量取 ae 和 am 的长度,则 A 点的坐标为:

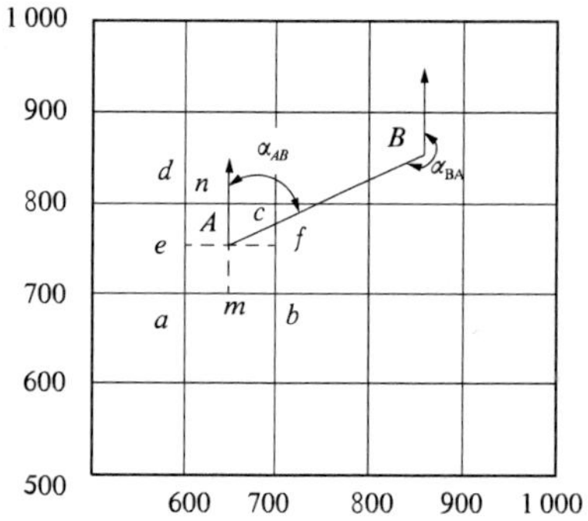

图 7-17　确定点的坐标和方位角

$$\left.\begin{aligned} x_A &= x_a + ae \cdot M \\ y_A &= y_a + am \cdot M \end{aligned}\right\} \tag{7-2}$$

式中　M——地形图比例尺分母；

x_a、y_a——A 点所在小方格的西南角 a 点的坐标。

若图纸有变形，则 A 点的坐标可按下式计算

$$\left.\begin{aligned} x_A &= x_a + \frac{ae}{ad} \times 0.1M \\ y_A &= y_a + \frac{am}{ab} \times 0.1M \end{aligned}\right\} \tag{7-3}$$

（二）确定点的高程

如果所求点恰好位于某一条等高线上，则该等高线的高程就是该点的高程。如果所求某点位于两条等高线之间，则可以过该点作相邻两等高线的近似公垂线。如图 7-18 所示，过 p 点的公垂线交两条等高线于 m、n 两点，在图上量取 nm 和 mp 的长度，则 p 点的高程为

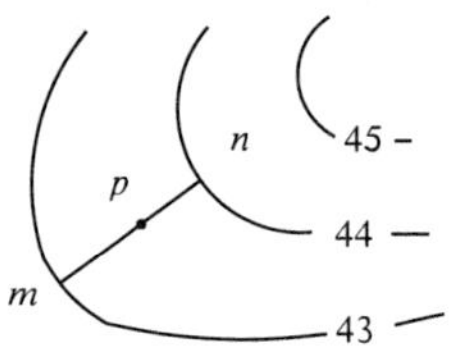

图 7-18　确定点的高程

$$H_p = H_m + \frac{mp}{mn} \times h \tag{7-4}$$

式中　h——等高距；

H_m——m 点的高程。

二、确定直线的距离、方向、坡度

（一）确定两点间的距离

确定两点间的距离，可以采用两种方法。

1. *解析法*

如图 7-17 所示，欲求 A、B 两点间的水平距离，可先按式（7-3）求出 A、B 两点的坐标，再利用下式计算距离

$$D_{AB} = \sqrt{(x_A - x_B)^2 + (y_A - y_B)^2} \tag{7-5}$$

2. *图解法*

如图 7-17 所示，在图上直接用直尺量取 A、B 两点的图距 d_{AB}，则按下式可得 A、B 两点间的水平距离

$$D_{AB} = d_{AB} \times M \tag{7-6}$$

式中　M——比例尺分母。

（二）确定直线的方位角

1. *解析法*

如图 7-17 所示，欲求直线 AB 的坐标方位角，可先按式（7-3）求出 A、B 两点的坐标，再按式（7-7）计算坐标方位角

$$\alpha_{AB} = \arctan \frac{y_B - y_A}{x_B - x_A} \tag{7-7}$$

2. 图解法

如图 7-17 所示，在图上过 A、B 两点分别作坐标纵轴的平行线，然后用量角器分别量出 α_{AB} 和 α_{BA}，则 $\overline{\alpha_{AB}}$ 可按下式计算

$$\overline{\alpha_{AB}} = [\alpha_{AB} + (\alpha_{BA} \pm 180°)]/2 \tag{7-8}$$

（三）确定直线的坡度

坡度是指地面上两点之间的高差 h 与其水平距离 D 的比值，一般用 i 表示。可按下式计算

$$i = \frac{h}{D} = \frac{h}{d \cdot M} \tag{7-9}$$

式中 d——两点之间的图距；

M——比例尺分母。

坡度一般用百分率（%）或千分率（‰）表示，而且所求出的坡度是平均坡度。

三、按指定坡度确定路线

在道路工程中的路线初步设计阶段，要先在地形图上根据设计的坡度选择线路的可能走向。如图 7-19 所示，地形图的比例尺为 1∶2 000，等高距为 2 m，要求从 A 点到 B 点选择一条坡度不超过 5% 的路线。为了符合坡度要求，可按下式求出符合要求的相邻两等高线间的最小平距（指图距）

$$d = \frac{h}{iM} = \frac{2}{5\% \times 2\ 000} = 2(\text{cm})$$

然后在地形图上从 A 开始，以 A 为圆心，以 2 cm 为半径，做弧交高程为 42 m 的等高线于 1 点，再以 1 点为圆心，以 2 cm 为半径，做弧交高程为 44 m 的等高线于 2 点，依次进行下去，直到 B 点，依次连接各点，得到如图的坡度线 $A-1-2-3-\cdots\cdots-7-B$。同理，可以得到另外一条指定坡度的路线 $A-1'-2'-3'-\cdots\cdots-7'-B$。通过比较可以选择一条经济的路线。

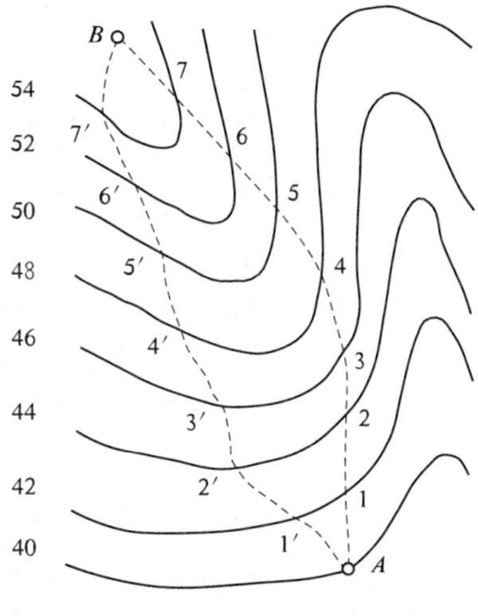

图 7-19 按指定坡度确定路线

四、根据地形图绘制纵断面图

在道路工程设计中，为了计算土石方量，以及合理地确定线路的纵坡，需要沿着路线设计方向绘制纵断面图。

如图 7-20 所示，欲了解 AB 方向的地面起伏，必须绘出 AB 方向的纵断面图。在毫米方格纸上绘出两条相互垂直的轴线，以横轴表示水平距离，其比例尺与地形图比例尺相同，以纵轴表示高程，为了更突出地表示地面的起伏状况，其比例尺一般是水平比例尺的 10 倍或 20 倍，并且纵轴上注明的高程起始值要适当，以使断面图位置适中。在地形图上 AB 的连线与等高线相交，交点 1、2、3、…、B 的高

程即为等高线的高程，用分规在地形图上分别量取 A 和 1、1 和 2、…、12 和 B 的距离，在横坐标轴上，以 A 为起点，量出长度 $A1$、12、…、$12B$，以定出 A、1、2、…、B 点，过这些点作垂线，垂线与相应高程的交点即为断面点。最后，用光滑曲线将各断面点连接起来，即得到 AB 方向的纵断面图。

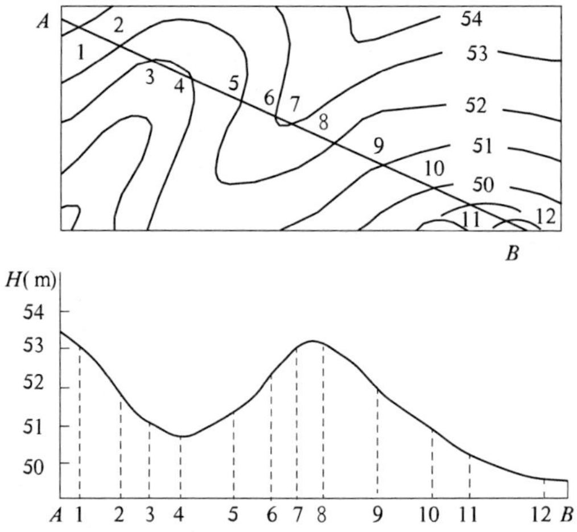

图 7-20　纵断面图的绘制

五、确定汇水面积

当道路跨越河流或河谷时，需要修建桥梁或涵洞。桥梁和涵洞的孔径的大小，取决于河流或河谷的水流量，水流量的大小取决于汇水面积的大小。汇水面积是指降雨时雨水汇集于某一区域的面积。因此，汇水面积可以看成由集水线（山脊线）所包围的区域。地形图上面积量算的方法有多种，应根据不同情况进行选择。

（一）图解法

1. 几何图形法

如果需要量测面积的图形为梯形、三角形、矩形等规则几何图形时，按几何图形面积公式计算面积。但一般需要量测面积的图形都不是这些常用的简单的几何图形，这时需要将复杂图形分解成若干个简单的几何图形，然后再分别进行量算。

2. 方格法

如图 7-21 所示，在透明纸上绘出边长为 1 mm 的小方格，每个方格的图上面积为 1 mm^2，而其所代表的实际面积则由地形图的比例尺决定。量测图上面积时，将透明毫米方格纸覆盖在被量测的图形上，先数出图形内完整小方格数 n_1，再数出图形边缘不完整的小方格数 n_2，则被量测图形的实地面积可按下式计算：

$$A = \left(n_1 + \frac{1}{2}n_2\right) \times \frac{M^2}{10^6} \tag{7-10}$$

式中　A——被量测图形的实地面积，m^2；

M——地形图比例尺分母。

3. 平行线法

如图 7-22 所示，在透明纸上刻上间距为 h 的一组平行线。量测图上面积时，将刻有平行线的透明纸覆盖在被量测的图形上，转动或平移透明纸，使上下平行线与图形相切，则整个图形被平行线分割成若干个等高的近似梯形，梯形的中线长为 c_i，各梯形的高均为 h，则各被量测梯形的实地面积可按下式计算

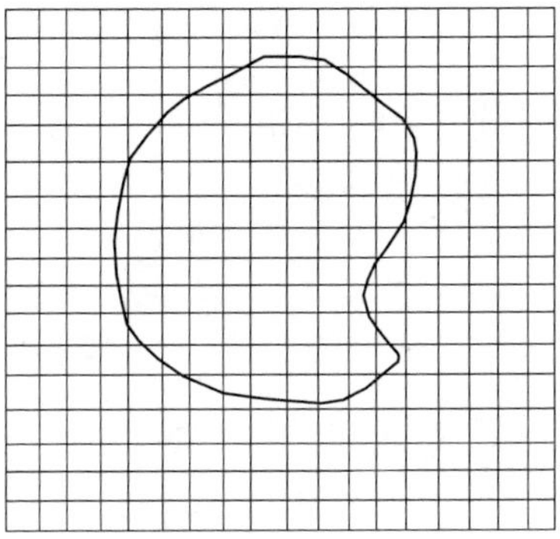

图 7-21　方格法

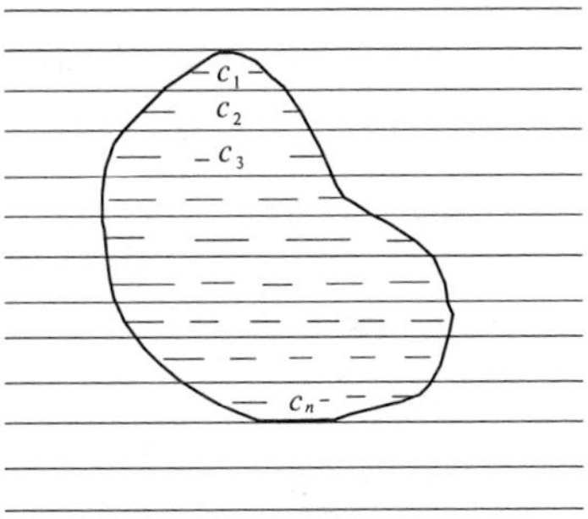

图 7-22　平行线法

$$A_i = c_i \times h \times M^2 \tag{7-11}$$

则汇总后的面积为

$$A = \sum_{i=1}^{n} c_i \times h \times M^2 \tag{7-12}$$

式中　M——比例尺分母。

(二)解析法

解析法也称为坐标法。当图形为任意多边形，而且多边形各顶点的坐标为已知时，可以利用面积计算公式计算面积。

如图 7-23 所示，图上任意四边形 1234 的四个顶点 1、2、3、4 各点坐标已知，并记为 $1(x_1、y_1)$、$2(x_2、y_2)$、$3(x_3、y_3)$、$4(x_4、y_4)$，由各顶点做 y 轴的垂线，垂足为 $1'$、$2'$、$3'$、$4'$，则四边形 1234 的面积为梯形 $122'1'$ 加梯形 $233'2'$ 减去梯形 $144'1'$ 与梯形 $433'4'$ 的面积，即

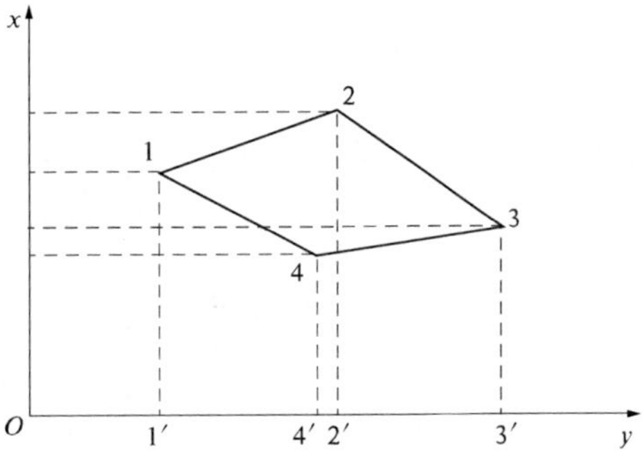

图 7-23　解析法

$$A = \frac{1}{2}[(x_1 + x_2)(y_2 - y_1) + (x_2 + x_3)(y_3 - y_2) - (x_1 + x_4)(y_4 - y_1) - (x_3 + x_4)(y_3 - y_4)]$$

整理上式得

$$A = \frac{1}{2}[x_1(y_2 - y_4) + x_2(y_3 - y_1) + x_3(y_4 - y_2) + x_4(y_1 - y_3)]$$

或

$$A = \frac{1}{2}[y_1(x_4 - x_2) + y_2(x_1 - x_3) + y_3(x_2 - x_4) + y_4(x_3 - x_1)]$$

同理推广至 n 边形：

$$A = \frac{1}{2}\sum_{i=1}^{n} x_i (y_{i+1} - y_{i-1}) \tag{7-13}$$

或

$$A = \frac{1}{2}\sum_{i=1}^{n} y_i (x_{i-1} - x_{i+1}) \tag{7-14}$$

在上式中,当 $i=1$ 时,$i-1$ 取 n;当 $i=n$ 时,$i+1$ 取 1。上述多边形按顺时针编号,若按逆时针编号,计算出的面积为负,但取值时应取正值。

(三)求积仪法

求积仪是一种可以在图纸上量算各种不同图形面积的电子仪器。市场上有多种型号的求积仪,如日本生产的 KP－90N 型电子求积仪等。

六、估算工程数量

(一)方格网法

在工程建设中,常需要整平场地。当场地地形起伏不大,且面积较大时,可以采用方格网法估算土石方量。如图 7-24 所示,其具体操作步骤如下。

1. 绘制方格网

在地形图上欲整平的区域范围内绘制方格网,方格网中小方格的边长取决于地形复杂程度和土方估算的精度要求,一般取 10 m、20 m 或 50 m 等。

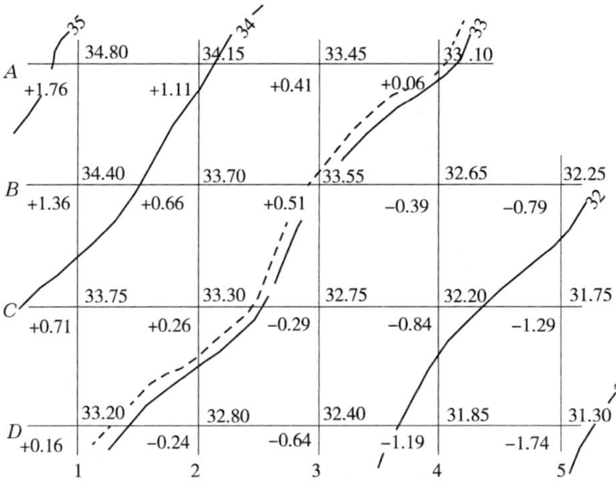

图 7-24　方格网法

2. 求各方格顶点的高程

根据地形图上所绘制的等高线,采用目估内插方法求出各方格顶点的高程,并标注在方格顶点的右上方。

3. 计算设计高程

工程建设中场地整平,一般要求填方和挖方大致平衡。因此,先将每一个方格 4 个顶点的高程相加除以 4,得到每一个方格的平均高程,然后把各个方格的平均高程相加,除以方格数,即可得到设计高程 $H_{设}$。

$$H_{设} = \frac{\sum H_{角} + 2\sum H_{边} + 3\sum H_{拐} + 4\sum H_{中}}{4n} \tag{7-15}$$

式中　$\sum H_{角}$、$\sum H_{边}$、$\sum H_{拐}$、$\sum H_{中}$——角点、边点、拐点和中点的高程累计之和；

n——方格总数。

根据设计高程 $H_{设}$，在图 7-24 上绘出高程为 $H_{设}$ 的等高线（如图中虚线所示），此线上的点即为不填又不挖，也就是填、挖边界线，亦称零线。

4. 计算填挖高度

填挖高度的计算式如下

$$h = H_{地} - H_{设} \tag{7-16}$$

式中　h——填挖高度，h 为正数时，表示挖方，为负数时，表示填方；

$H_{地}$——地面高程；

$H_{设}$——设计高程。

一般将计算得到的填挖高度，标注在对应方格顶点的左下方。

5. 计算填挖方量

填挖方量可根据各方格顶点填挖高度计算，也可根据方格线计算，将所有的填方和挖方汇总，即可得到总填方量和总挖方量。式(7-17)是根据各方格顶点填挖高度和小方格面积计算填挖方量。

$$\left.\begin{aligned} &角点：V_{角} = \frac{1}{4}Ah \\ &边点：V_{边} = \frac{1}{2}Ah \\ &拐点：V_{拐} = \frac{3}{4}Ah \\ &中点：V_{中} = Ah \end{aligned}\right\} \tag{7-17}$$

式中　A——小方格面积；

h——填(挖)高度。

然后将填方和挖方分别进行汇总，即可得到总填方量和总挖方量。

(二)断面法

在道路工程中，需要计算中线至两侧一定范围内线状地形的土方量，常采用断面法。该法是在施工场地范围内，利用地形图以一定的间距绘出断面图，然后求出各个断面上设计高程线与地面线所围成的填、挖面积，计算出相邻断面间的填(挖)方量，最后汇总即可得到总填(挖)方量。

如图 7-25 所示，地形图的比例尺为 1∶2 000，带状区域是欲整平的场地，场地整平后的设计高程为 53 m。首先在地形图上带状区域内每隔一定的距离 d 做一纵断面，断面间距 d 依据比例尺和土方计算精度而定，一般取 10 m、20 m、40 m 和 50 m 等，绘出断面线 1—1、2—2、3—3、4—4 和 5—5。再根据断面线绘出断面图，并在断面图上绘出设计高程线，然后分别求出设计高程线和地面高程线所围成的填方面积和挖方面积，计算相邻两断面间的土方量。例如 3—3 断面和 4—4 断面之间的土方量为：

$$V_{T} = \frac{1}{2}(A_{T3} + A_{T4}) \times d \tag{7-18}$$

$$V_W = \frac{1}{2}(A_{W3} + A_{W4}) \times d \tag{7-19}$$

同理,可以计算出其他相邻断面之间的土方量,最后汇总即可得到总填(挖)方量。

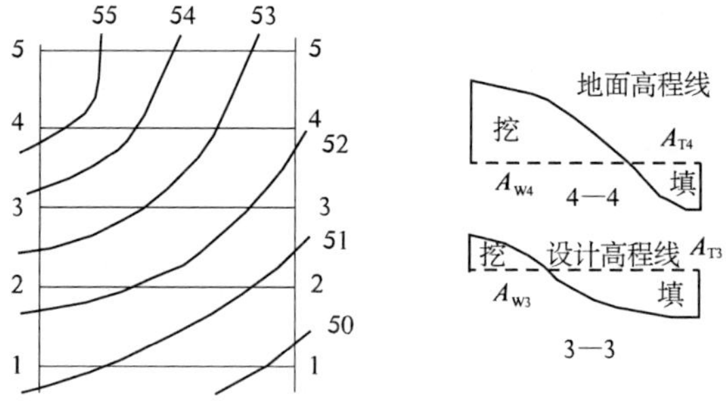

图 7-25　断面法

(三)等高线法

当地面起伏较大,且只计算挖方时,可以采用等高线法。首先求出各条等高线所围起的面积,然后将相邻两等高线所围面积的平均值乘以等高距(或相应的高差),得到相邻等高线间的体积(土方量),依次求得各相邻等高线间的体积,再汇总求和,即可得到总土方量。

如图 7-26 所示,地形图的等高距为 2 m,整平场地后的设计高程为 43 m,首先在地形图中内插出设计高程为 43 m 的等高线(如图中虚线),再求出 43 m、44 m、46 m 和 48 m 四条等高线所围成的面积 A_{43}、A_{44}、A_{46} 和 A_{48},即可按下式算出等高线之间的挖方量。

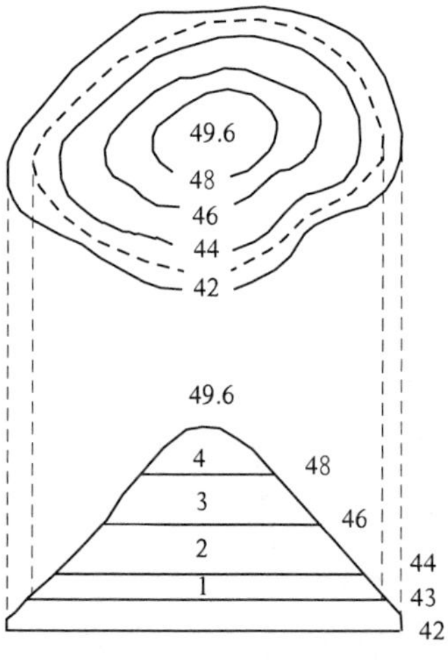

图 7-26　等高线法

$$V_1 = \frac{1}{2}(A_{43} + A_{44}) \times 1$$

$$V_2 = \frac{1}{2}(A_{44} + A_{46}) \times 2$$

$$V_3 = \frac{1}{2}(A_{46} + A_{48}) \times 2$$

$$V_4 = \frac{1}{3}A_{48} \times (49.6 - 48) = \frac{1}{3}A_{48} \times 1.6 \tag{7-20}$$

则总土方量为

$$\sum V_W = V_1 + V_2 + V_3 + V_4 \tag{7-21}$$

以上工程数量估算的三种方法,应根据实际工作需要进行选择。

复习思考题

7-1　什么是地形图?什么是地形图图式?

7-2　什么是地形图比例尺?它有几种类型?什么是比例尺精度?

7-3　什么是等高线？等高线有哪几种类型？有何区别？

7-4　等高线有哪些特征？

7-5　测图前的准备工作有哪些？

7-6　简述经纬仪测绘法测图的主要步骤。

7-7　简述如何选择碎部点。

7-8　如图7-27所示，根据地形线和碎部点的高程，按基本等高距为1 m，用目估内插法勾绘等高线。

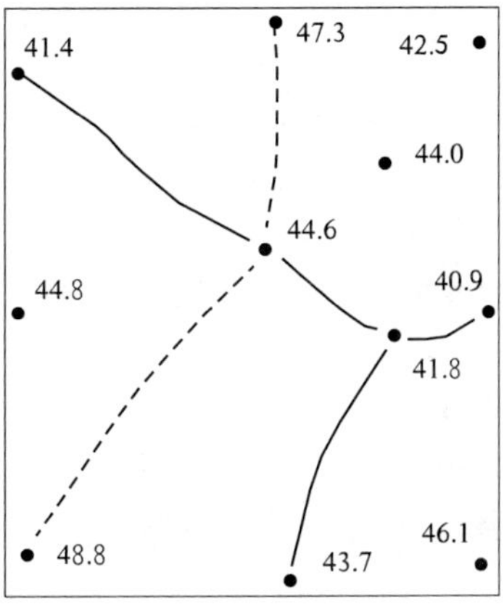

图7-27　地形线及碎部点的高程

7-9　如图7-28所示，为某一地区的地形图，其比例尺为1∶1 000，单位为m，要求根据所学的知识完成如下的问题。

(1)求A、B、C三点的高程。

(2)求A、B、C三点的坐标。

(3)求B、C两点间的水平距离。

(4)求AB连线的坐标方位角。

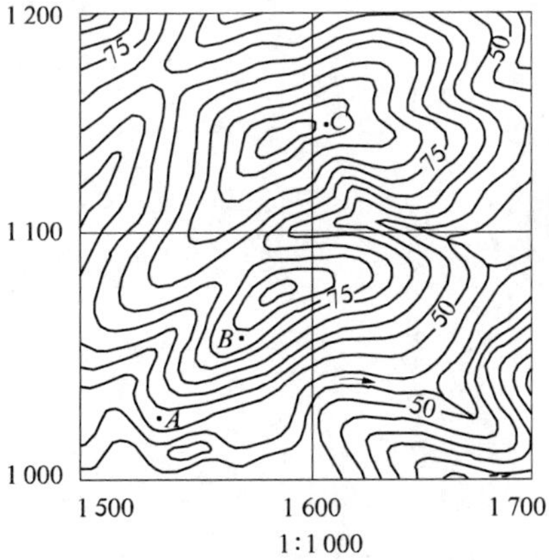

图7-28　地形图

第八章　道路中线测量

本章重点

1. 路线交点和转点的测设；
2. 转角和里程桩的测设；
3. 圆曲线测设方法；
4. 缓和曲线的测设方法。

第一节　概　述

公路工程一般由路线、桥涵、隧道及各种附属设施等构成。兴建公路之前，为了选择一条既经济又合理的路线，必须对沿线进行勘测，我国公路勘测分两阶段勘测和一阶段勘测两种。两阶段勘测就是对路线进行踏勘测量和详细测量；一阶段勘测是对路线作一次定测。

踏勘测量是两阶段设计的第一阶段勘测工作，它是根据上级批准的计划任务书拟定的路线走向，在指定范围内布设导线，测量路线各方案的带状地形图和纵断面图。收集路线水文、地质等有关资料，为纸上定线、编制比较方案等初步设计提供依据。

详细测量是在指定的区域内或批准方案的路线上进行中线测量、纵横断面测量以及有关资料的进一步收集，为路线平面图绘制、纵坡设计、工作量计算等有关施工技术文件的编制提供重要数据，以此确定公路路线及其中线线形（见图 8-1）。

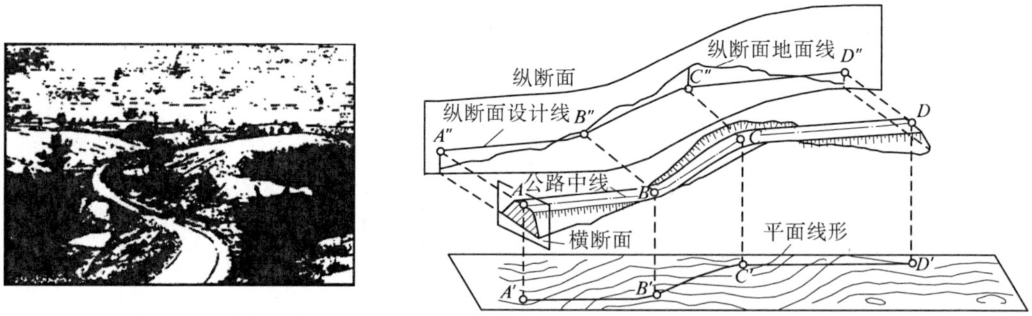

（a）　　　　（b）

图 8-1　公路路线及其中线

一般地从理论上讲，路线以平、直最为理想。但实际上，由于受到地物、地貌、水文、地质及其他因素的限制，路线的平面线形必然有转折，即路线前进的方向发生改变。为保证行车舒适、安全，并使路线具有合理的线形，在直线转向处必须用曲线连接起来，这种曲线称为平曲线。平曲线包括圆曲线和缓和曲线两种。圆曲线是具有一定半径的圆的一部分,即一段圆弧,它又分为单曲线、复曲线、回头曲线等。缓和曲线是在直线与圆曲线之间加设的一段特殊的曲线,其曲率半径由无穷大逐渐变化为圆曲线半径或由圆曲线半径逐渐变化为无穷大。

由上述分析知,路线中线是由直线和平曲线两部分组成。道路中线测量是通过直线和平曲线的测设,将道路中心线的平面位置用木桩具体地标定在现场,并测定路线的实际里程。根据其测量的特点,中线测量一般分两组进行:测角组和中桩组。测角组主要测定路线的转角点、转点和转角;中桩组主要通过对直线和平曲线的测设,在现场用木桩标定路线中心线的具体位置,并进行各桩里程的测算。

道路中线测量是公路工程测量中关键性的工作,它是测绘纵、横断面图和平面图的基础,是公路设计、施工和后续工作的依据。

第二节　交点和转点的测设

要进行道路中线测量,必须先进行定线测量,即在现场标定转角点和转点。所谓转角点(又称为交点)是指路线改变方向时,两相邻直线段延长线的交点,通常以 JD_i(取“交点”两字汉语拼音的第一个字母,i 为编号)表示,它是中线测量的控制点。而转点是指当相邻两交点之间距离较长或互不通视时,需要在其连线或延长线上定出一点或数点以供交点、测角、量距或延长直线时瞄准之用。这种在公路中线测量中起传递方向作用的点称为转点,通常以 ZD_i(取“转点”两字汉语拼音的第一个字母,i 为编号)表示。

目前,公路工程上常用的定线测量方法有纸上定线和现场定线两种。《公路勘测规范》(JTG C10—2007)规定:各级公路应在地形测量以后,采用纸上定线;若受条件限制或地形、方案较简单,也可采用现场定线。

一、交点的测设

纸上定线是先在实地布设导线,测绘大比例尺地形图(通常为 1∶1 000 或 1∶2 000 的地形图),在地形图上定出路线的位置,再到实地放线,把交点的位置在实地上标定下来。一般可采用以下两种方法。

(一)放点穿线法

放点穿线法是纸上定线放样到现场时常用的方法,它是以初测时测绘的带状地形图上就近的导线点为依据,按照地形图上设计的路线与导线之间的角度和距离关系,在实地将路线中线的直线段测设出来,然后将相邻直线延长相交,定出交点桩的位置。具体测设步骤如下:

1.放点

简单易行的放点方法有支距法和极坐标法两种。在地面上测设路线中线的直线部分,只需定出直线上若干个点,就可确定这一直线的位置。如图 8-2 所示,欲将纸上定出的两段直线 JD_3—JD_4 和 JD_4—JD_5 测设于地面,只需在地面上定 1、2、3、4、5、6 等临时点即可,这些临时点可选择支距点,即垂直于初测导线边、垂足为导线点的直线与纸上所定路线的直线相交的点，如1、2、4、6点；亦可选择初测导线边与纸上所定路线的直线相交的点，如3点；或选择能够控制中线位置的任意点，如5点，为便于检查核对，一条直线应选择三个以上的临时点。这些点一般应选在地势较高、通视良好、距初测导线点较近、便于测设的地方。临时点选定之后，即可在地形图上用比例尺和量角器量取放点所用的距离和角度，如图8-2中距离 l_1、l_2、l_3、…、l_6 和角度 β。然后绘制放点示意图，标明点位和数据作为放点的依据。

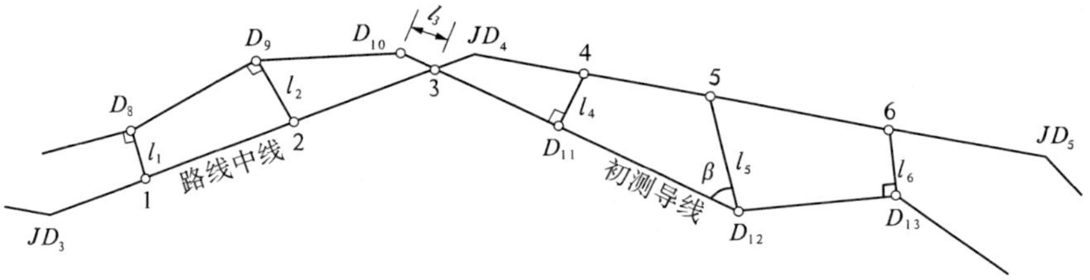

图8-2　初测导线与纸上所定路线

放点时，在现场找到相应的初测导线点。临时点如果是支距点，可用支距法放点，步骤为：用经纬仪或方向架定出垂线方向，再用皮尺量出支距 l 定出点位。如果是任意点，则用极坐标法放点，步骤为：将经纬仪安置在相应的导线点上，拨角 β 定出临时点方向，再用皮尺量距 l 定出点位。

2.穿线

由于图解数据和测量误差的影响，在图上同一直线上的各点放到地面后，一般均不能准确位于同一直线上。如图8-3所示为在图纸中某一直线段上选取的1、2、3、4点放样到现场的情况，显然所放4点是不共线的。这时可根据实地情况，采用目估或经纬仪法穿线，通过比较定出一条尽可能多地穿过或靠近临时点的直线 AB，在 A、B 或其方向线上打下两个或两个以上的方向桩，随即取消临时点，这种确定直线位置的工作称为穿线。

图8-3　穿线

3.交点

当相邻两直线 AB、CD 在地面上定出后，即可延长直线进行交会定出交点（JD）。如图8-4所示，按下述操作步骤进行：

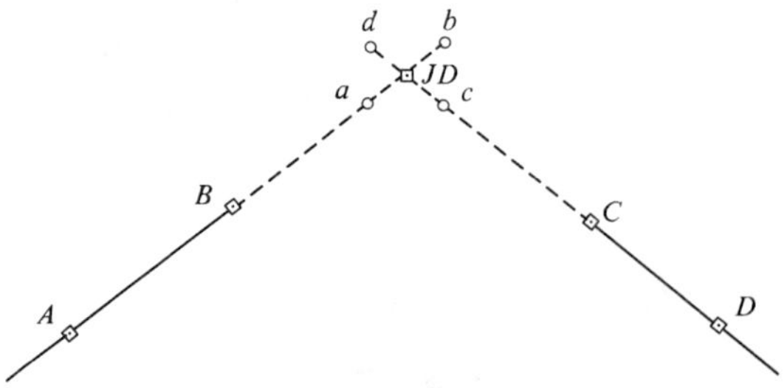

图8-4　交点

（1）将经纬仪安置于 B 点，盘左瞄准 A 点，倒转望远镜沿视线方向，在交点（JD）的概略位置前后，打下两个木桩，俗称骑马桩，并沿视线方向用铅笔在两桩顶上分别标出 a_1 和 b_1 点。

(2)盘右仍瞄准 A 点后，再倒转望远镜，用与上述同样的方法在两桩顶上又标出 a_2 和 b_2 点。

(3)分别取 a_1 与 a_2、b_1 与 b_2 的中点并钉上小钉得 a 和 b 两点。

(4)用细线将 a、b 两点连接。

这种以盘左、盘右两个盘位延长直线的方法称为正倒镜分中法。

(5)将仪器置于 C 点，瞄准 D 点，仍按上述(1)、(2)、(3)步操作，同法定出 c 和 d 两点，拉上细线。

(6)在两条细线(ab、cd)相交处打下木桩，并在桩顶钉以小钉，便得到交点(JD)。

(二)拨角放线法

这种方法是先在地形图上量算出纸上所定路线的交点坐标，反算相邻交点间的直线长度、坐标方位角及转折角。然后在野外将仪器置于路线中线起点或已确定的交点上，拨出转角，测设直线长度，依次定出各交点的位置。

如图 8-5 所示，N_1、N_2、…、N_6 为初测导线点，在 N_1 点安置经纬仪，瞄准 N_2 点，拨水平角 β_1，量出距离 S_1，由此便可定出交点 JD_1。然后，在 JD_1 上安置经纬仪，瞄准 N_1 点，拨水平角 β_2，量出距离 S_2 便可定出交点 JD_2。以同样的方法，将经纬仪安置于 JD_2，瞄准 JD_1，拨水平角 β_3 量出距离 S_3 便可定出交点 JD_3。同法依次定出其他交点。

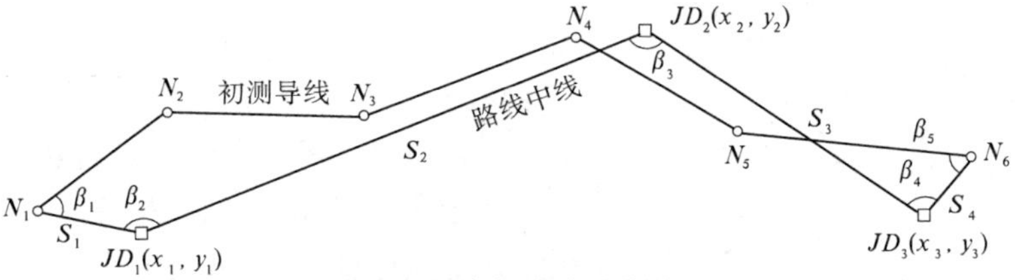

图 8-5　拨角放线法定线

这种方法工作效率高，适用于测量导线点较少的线路，缺点是拨角放线的次数愈多，误差累积也愈大，故每隔一定距离(一般每隔 3 ~ 5 个交点)应将测设的中线与测图导线联测，以检查拨角放线的质量，然后重新从初测导线点开始放出以后的交点。检查满足要求(见表 8-1 所列)，可继续观测。否则应查明原因予以纠正。

《公路勘测规范》(JTG C10—2007)规定：采用拨角法、支距法、直接定交点法等方法放线时，中线一般每隔 5 km(特殊情况下不远于 10 km)应与初测控制点联测，其闭合差应不超过表 8-1 的规定。

表 8-1　中线闭合差

名　称	高速公路、一级公路	二级及二级以下公路
水平角闭合差(″)	$\pm 30\sqrt{n}$	$\pm 60\sqrt{n}$
长度相对闭合差	1/2 000	1/1 000

注：n 为交点数。

二、转点的测设

对于受条件限制或地形、方案较简单的低等级公路可以采用直接在现场标定交点的方法，即根据既定的技术标准，结合地形、地质等条件，在现场反复比较，直接定出路线交点的位置。这种方法不需测地形图，比较直观，但当两相邻的交点间距离较长或互不通视时，需要设置转点。

（一）在两交点之间设转点

如果两交点互相通视，通常采用正倒镜分中法测定转点。定点横向偏差 f 一般每 100 m 不超过 10 mm，在限差以内分中定点。

如果两交点间由于地形、地物阻碍互不通视，需在两点间设置转点。方法如下：

如图 8-6 所示，设 JD_5、JD_6 为互不通视的相邻两交点，ZD' 为目估定出的转点位置。将经纬仪置于 ZD' 上，用正倒镜分中法延长直线 JD_5—ZD' 至 JD_6'。如 JD_6' 与 JD_6 重合或偏差 f 在路线容许移动的范围内，则转点位置即为 ZD'，此时应将 JD_6 移至 JD_6'，并在桩顶上钉上小钉表示交点位置。

当偏差 f 超过容许范围或 JD_6 为死点，不许移动时，则需重新设置转点。

设 e 为 ZD' 应横向移动的距离，仪器在 ZD' 处，用视距测量方法测出距离 a、b，则

$$e=\frac{a}{a+b}f \tag{8-1}$$

将 ZD' 沿偏差 f 的相反方向横移 e 至 ZD。将仪器移至 ZD，延长直线 JD_5—ZD 看其是否通过 JD_6 或偏差 f 是否小于容许值。否则应再次设置转点，直至符合要求。

（二）在两交点延长线上设转点

如图 8-7 所示，设 JD_8、JD_9 互不通视，ZD' 为其延长线上转点的目估位置。仪器置于 ZD' 处，盘左瞄准 JD_8，在 JD_9 附近处标出一点，盘右再瞄准 JD_8，在 JD_9 附近处又标出一点，取两次所标点的中点得 JD_9'。若 JD_9' 与 JD_9 重合或偏差 f 在容许范围内，即可将 JD_9' 代替 JD_9 作为交点，ZD' 即作为转点。若偏差 f 超出容许范围或 JD_9 为死点，不许移动，则应调整 ZD' 的位置。设 e 为 ZD' 应横向移动的距离，用视距测量方法测出距离 a、b，则

$$e=\frac{a}{a-b}f \tag{8-2}$$

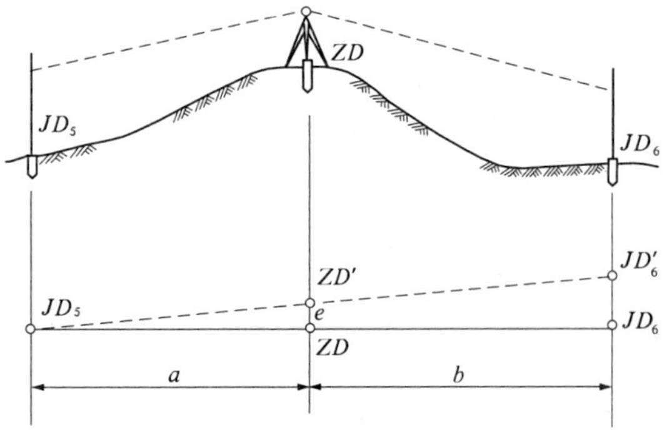

图 8-6　两不通视交点间设置转点

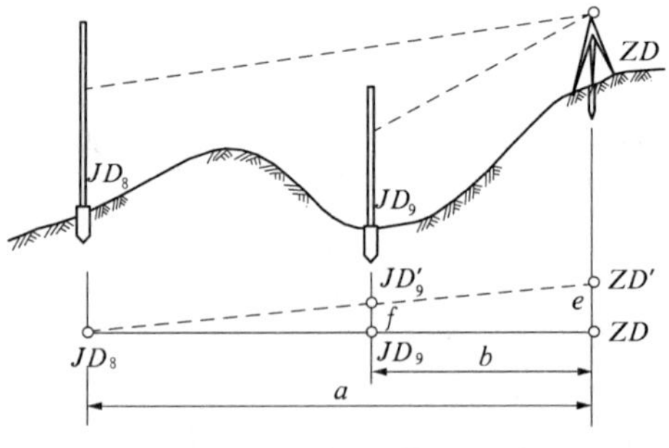

图 8-7　两不通视交点延长线上设置转点

将 ZD' 沿偏差 f 的相反方向横移 e 至 ZD，然后将仪器移至 ZD，重复上述方法，直至 f 小于容许值，最后将转点 ZD 和交点 JD_9 用木桩标定在地面上。

第三节　路线转角的测定和里程桩的测设

定线测量完成后,测角组就可以进行工作。其主要任务是标定直线与修定点位;测角与转角计算;平曲线要素计算;钉设平曲线中点方向桩;观测导线磁方位角并进行复核;视距测量;路线主要桩位固定等。为确保路线质量,加快测设进度,定线、测角应紧密配合相互协作。作为后续作业的测角组,应善于体会选线意图,发现问题及时予以修正补充,使之不断完善。

一、路线右角的测定与转角的计算

(一)路线右角的观测

按路线的前进方向,以路线中心线为界,在路线右侧的水平角称为右角,通常以 β 表示,如图 8-8 中所示的 β_5、β_6。在中线测量中,一般是采用测回法测定。上、下两个半测回所测角值的不符值视公路等级而定:高速公路、一级公路限差为 ±20″,满足要求取平均值,取位至 1″;二级及二级以下的公路限差为 ±60″,满足要求取平均值,取位至 30″(即 10″舍去,20″、30″、40″取为 30″,50″进为 1′)。

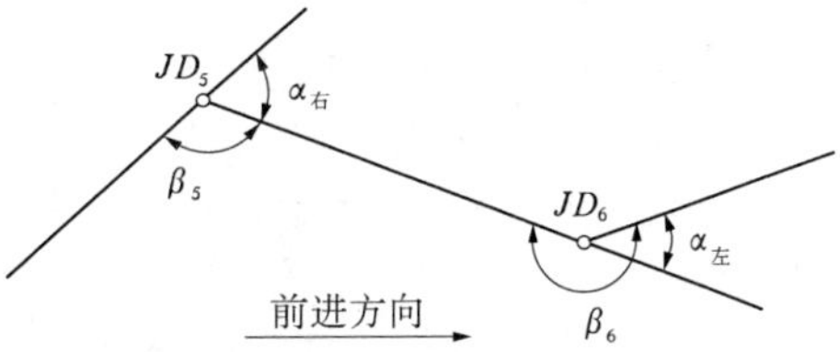

图 8-8　路线的右角和转角

(二)转角的计算

所谓转角是指路线由一个方向偏转为另一个方向时,偏转后的方向与原方向的夹角,通常以 α 表示。如图 8-8 所示。转角有左转、右转之分,按路线前进方向,偏转后的方向在原方向的左侧称为左转角,通常以 $\alpha_左$(或 α_Z)表示;反之为右转角,通常以 $\alpha_右$(或 α_Y)表示。转角是在路线转向处设置平曲线的必要元素,通常是通过测定路线前进方向的右角 β 后,经计算而得到。

当右角 β 测定以后,根据 β 值计算路线交点处的转角 α。当 $\beta < 180°$时为右转角(路线向右转);当 $\beta > 180°$时为左转角(路线向左转)。左转角和右转角按下式计算

$$\left.\begin{aligned}当\beta<180°时\quad \alpha_右&=180°-\beta\\ 当\beta>180°时\quad \alpha_左&=\beta-180°\end{aligned}\right\}\tag{8-3}$$

二、曲线中点方向桩的钉设

为便于中桩组敷设平曲线中点桩,测角组在测角的同时,需将曲线中点方向桩(亦即分角线方向桩)钉设出来,如图 8-9 所示。分角线方向桩离交点距离应尽量大于曲线外距,以利于定向插点。一般转角愈大,外距也愈大,这样分角桩

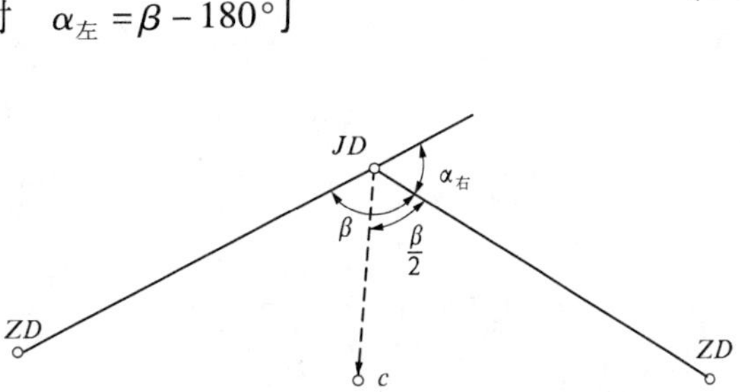

图 8-9　标定分角线方向

就应设置得远一点。

用经纬仪定分角线方向，首先就要计算出分角线方向的水平度盘读数，通常这项工作是紧跟测角之后在测角读数的基础上进行的（即保持水平度盘位置不变），根据测得右角的前后视读数，按下式即可计算出分角线方向的读数：

$$分角线方向的水平度盘读数 = \frac{1}{2}(前视读数 + 后视读数)$$

有了分角线方向的水平度盘读数，即可按拨角法定分角线方向，拨角方法是转动照准部使水平度盘读数为这一读数，此时望远镜照准的方向即为分角线方向（有时望远镜会指向相反方向，这时需倒转望远镜，在设置曲线的一侧，定出分角线方向）。沿视线指向插杆钉桩即为曲线中点方向桩。

三、视距测量

观测视距的目的是用视距法测出相邻交点间的直线距离，以便提交给中桩组，供其与实际丈量距离进行校核。

视距测量的方法通常有两种：一种是利用测距仪或全站仪测量，这种方法是分别于交点和相邻交点（或转点）上安置棱镜和仪器，采用仪器的距离测量功能，从读数屏可直接读出两点间平距；另一种是利用经纬仪标尺测量，它是于交点和相邻交点（或转点）上分别安置经纬仪和标尺（水准尺或塔尺），采用视距测量的方法计算两点间平距。这里尤应指出的是，用测距仪或全站仪测得的平距可用来计算交点桩号，而用经纬仪所测得的平距，只能用做参考来校核在中线测设中有无丢链现象（即校核链距）。

当交点间距离较远时，为了保证测量精度，可在中间加点采取分段测距方法。

四、磁方位角观测与计算方位角校核

观测磁方位角的目的是校核测角组测角的精度和展绘平面导线图时检查展线的精度。路线测量规定，每天作业开始与结束须观测磁方位角，至少各一次，以便与根据观测值推算的方位角进行校核，其误差不得超过 2°。若超过规定，必须查明发生误差的原因，并及时予以纠正；若符合要求，则可继续观测。如图 8-10 所示，任一段直线的计算方位角为

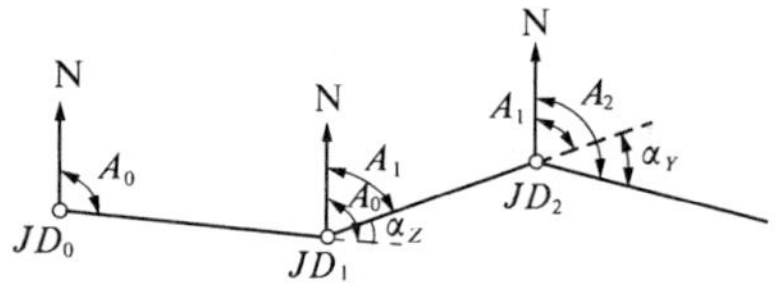

图 8-10　路线磁方位角

$$A_i = A_0 + \sum\alpha_{右} - \sum\alpha_{左} \tag{8-4}$$

式中　A_i——任一直线段的计算方位角；

A_0——起始路线的观测磁方位角；

$\sum\alpha_{右}$——计算路线段以前所有右转角之和；

$\sum\alpha_{左}$——计算路线段以前所有左转角之和。

设 A_i'为任一直线段的观测磁方位角，则测角闭合差 f_β 为

$$f_\beta = A_i' - A_i \tag{8-5}$$

如 f_β 在 ±2°以内，表示角度观测符合要求。

五、里程桩的测设

为了确定路线中线的具体位置和路线的长度，满足后续纵、横断面测量的需要，以及为以后路线施工放样打下基础，中线测量中必须由路线的起点开始每隔一段距离钉设木

桩标志,其桩点表示路线中线的具体位置。桩的正面写有桩号,背面写有编号。桩号表示该桩点至路线起点的里程数。如某桩点距路线起点的里程为 2 456. 257 m,则桩号记为 K2 +456. 257。编号是反映桩间的排列顺序,以 0 ~9 为一组,循环进行。该桩通常称为里程桩,里程桩亦称为中桩。里程桩可分为整桩和加桩两种,如图 8-11 所示。

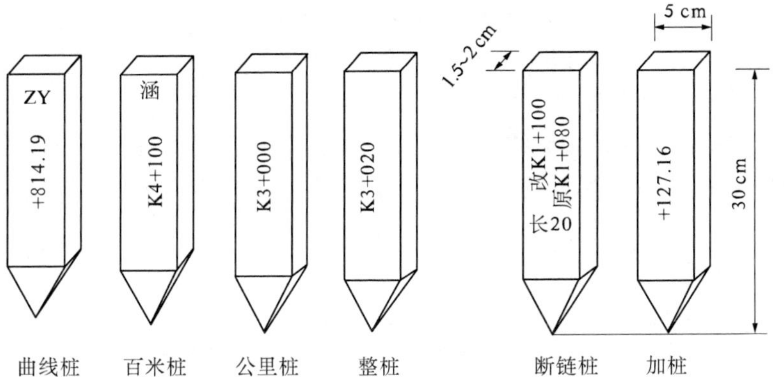

图 8-11 里程桩

(一)整桩

在公路中线的直线段和曲线段上,其桩距按表 8-2 所列的要求桩距而设的桩称为整桩。它的里程桩号均为整数,且为要求桩距的整倍数。

在实测过程中,为了测设方便,里程桩号应尽量避免采用破碎桩号,一般宜采用 20 m 或 50 m 及其倍数。当量距至每百米及每公里时,要钉设百米桩及公里桩。

表 8-2 中桩间距

直线段		曲线段			
平原微丘区(m)	山岭重丘区(m)	不设超高的曲线(m)	$R>60$	$30<R<60$	$R<30$
≤50	≤25	25	20	10	5

注:表中的 R 为曲线半径,以 m 计。

(二)加桩

加桩又分为地形加桩、地物加桩、曲线加桩、地质加桩、断链加桩和行政区域加桩等。

(1)地形加桩:沿路线中线在地面起伏突变处,横向坡度变化处以及天然河沟处等均应设置的里程桩。

(2)地物加桩:沿路线中线在有人工构造物处(如拟建桥梁、涵洞、隧道、挡土墙等构造物处;路线与其他公路、铁路、渠道、高压线、地下管道等交叉处、拆迁建筑物处、占用耕地及经济林的起终点处)均应设置的里程桩。

(3)曲线加桩:曲线上设置的起点、中点、终点桩。

(4)地质加桩:沿路线在土质变化处及地质不良地段的起、终点处要设置的里程桩。

(5)断链加桩:由于局部改线或事后发现距离错误或分段测量中由于假设起点里程等原因,致使路线的里程不连续,桩号与路线的实际里程不一致,这种现象称为“断链”,为说明该情况而设置的桩,称为断链加桩。

断链分为长链和短链。所谓长链即桩号出现重叠，如原 K1 + 160 = 现 K1 + 100 长 60 m；所谓短链即桩号出现间断，如原 K1 + 100 = 现 K1 + 160 短 60 m。

测量中应尽量避免出现“断链”现象。

(6)行政区域加桩：在省、地(市)、县级行政区分界处应加的桩。

(7)改建路加桩：在改建公路的变坡点、构造物和路面面层类型变化处应加的桩。

加桩应取位至 m，特殊情况下可取位至 0.1 m。

(三)里程桩的书写及钉设

对于中线控制桩，如路线起、终点桩、公里桩、交点桩、转点桩、大中桥位桩以及隧道起终点桩等重要桩，一般采用尺寸为 5 cm × 5 cm × 30 cm 的方桩；其余里程桩一般用(1.5 ~ 2)cm × 5 cm × 25 cm 的板桩。

1. 里程桩的书写

所有中桩均应写明桩号和编号，在桩号书写时，除百米桩、公里桩和桥位桩要写明公里数外，其余桩可不写。另外，对于交点桩、转点桩及曲线基本桩还应在桩号之前标明桩名(一般标其缩写名称)。目前，我国公路工程上桩名采用汉语拼音的缩写名称，见表 8-3 所列。

表 8-3　路线主要标志桩名称

标志桩名称	简称	汉语拼音缩写	英文缩写	标志桩名称	简称	汉语拼音缩写	英文缩写
转角点	交点	JD	IP	公切点	—	GQ	CP
转点	—	ZD	TP	第一缓和曲线起点	直缓点	ZH	TS
圆曲线起点	直圆点	ZY	BC	第一缓和曲线终点	缓圆点	HY	SC
圆曲线中点	曲中点	QZ	MC	第二缓和曲线起点	圆缓点	YH	CS
圆曲线终点	圆直点	YZ	EC	第二缓和曲线终点	缓直点	HZ	ST

为了便于后续工作找桩和避免漏桩，所有中桩都应在桩的背面编写编号，以 0 ~ 9 为一组，循环进行排列。

桩号一般用红色油漆或记号笔书写(在干旱地区或马上施工的路线也可用墨汁书写)，书写字迹应工整醒目，一般应写在桩顶以下 5 cm 范围内，否则将被埋于地面以下无法判别里程桩号。

2. 钉桩

新线桩志打桩，不要露出地面太高，一般以 5 cm 左右能露出桩号为宜。钉设时将桩号面向路线起点方向，使编号朝向前进方向，如图 8-12 所示。为便于对点，桩顶需钉一小铁钉。

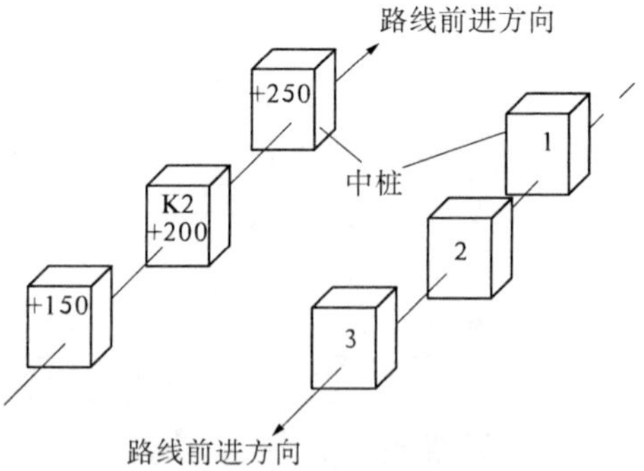

图 8-12　桩号与编号方向

改建桩志位于旧路上时，由于路面坚硬，不宜采用木桩，此时常采用大帽钢钉。钉桩时一律打桩至与地面齐平，然后在路旁一侧打上指示桩，桩上注明距中线的横向距离及其桩号,并以箭头指示中桩位置。在直线上,指示桩应钉在路线的同一侧;交点桩的指示桩应钉在圆心和交点连线方向的外侧,字面朝向交点;曲线主点桩的指示桩均应钉在曲线的外侧,字面朝向圆心。

遇到岩石地段无法钉桩时,应在岩石上凿刻"⊕"标记,表示桩位,并在其旁边写明桩号、编号等。在潮湿或有虫蚀地区,特别是近期不施工的路线,对重要桩位(如路线起、终点、交点、转点等)可改埋混凝土桩,以利于桩的长期保存。

第四节　圆曲线的主点测设

圆曲线又称单曲线,是指具有一定半径的圆的一部分(即一段圆弧线),是路线转向常用的一种曲线形式。圆曲线的测设一般分以下两步进行:

第一步,先测设曲线的主点,称为圆曲线的主点测设。即测设曲线的起点(又称为直圆点,通常以缩写 ZY 表示);中点(又称为曲中点,通常以缩写 QZ 表示)和曲线的终点(又称为圆直点,通常以缩写 YZ 表示)。

第二步,在已测定的主点之间进行加密,按规定桩距测设曲线上的其他各桩点,称为曲线的详细测设。

一、圆曲线测设元素

(一)圆曲线测设元素的计算

如图 8-13 所示,设交点(JD)的转角为 α,假定在此所设的圆曲线半径为 R,则曲线的测设元素:切线长 T、曲线长 L、外矢距 E 和切曲差 D,可按下列公式计算:

$$\left.\begin{aligned} &\text{切线长} \quad T = R\tan\frac{\alpha}{2} \\ &\text{曲线长} \quad L = R\frac{\alpha}{\rho} = R\cdot\alpha\cdot\frac{\pi}{180^\circ} \\ &\text{外矢距} \quad E = R\sec\frac{\alpha}{2} - R = R\left(\sec\frac{\alpha}{2} - 1\right) \\ &\text{切曲差} \quad D = 2T - L \end{aligned}\right\} \tag{8-6}$$

(二)圆曲线主点里程的计算

交点(JD)的里程由中线丈量得到,根据交点的里程和计算出的曲线测设元素,即可计算出各主点的里程。由图 8-13 可知:

$$\left.\begin{aligned} &ZY_{里程} = JD_{里程} - T \\ &YZ_{里程} = ZY_{里程} + L \\ &QZ_{里程} = YZ_{里程} - L/2 \\ &JD_{里程} = QZ_{里程} + D/2 (\text{校核}) \end{aligned}\right\} \tag{8-7}$$

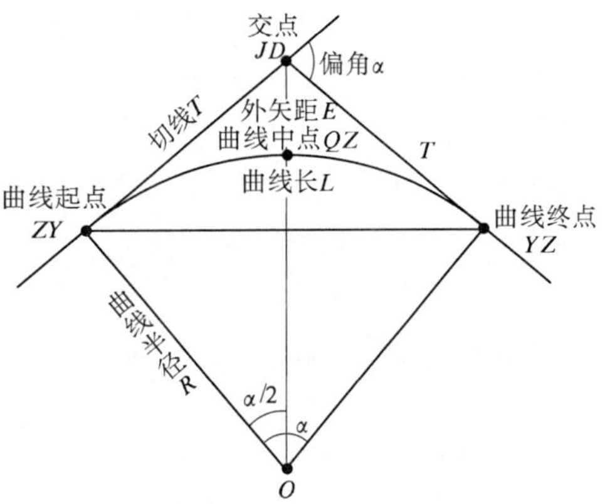

图 8-13　圆曲线主点的测设

二、圆曲线主点的测设

圆曲线的测设元素和主点里程计算出

后，便可按下述步骤进行主点测设：

(1)曲线起点(ZY)的测设：测设曲线起点时，将仪器置于交点 JD_i 上，望远镜照准后一交点(JD_{i-1})或此方向上的转点，沿望远镜视线方向量取切线长 T，得曲线起点 ZY，暂时插一测钎标志。然后用钢尺丈量 ZY 至最近一个直线桩的距离，如两桩号之差等于所丈量的距离或相差在容许范围内，即可在测钎处打下 ZY 桩。如超出容许范围，应查明原因，重新测设，以确保桩位的正确性。

(2)曲线终点(YZ)的测设：在曲线起点(ZY)的测设完成后，转动望远镜照准前一交点 JD_{i+1}，或此方向上的转点，沿望远镜视线方向量取切线长 T，得曲线终点(YZ)，打下 YZ 桩即可。

(3)曲线中点(QZ)的测设：测设曲线中点时，可自交点 JD_i，沿分角线方向量取外矢距 E，打下 QZ 桩即可。

【例 8-1】 已知某圆曲线交点 JD 的里程桩号为 K6 + 183.56，测得转角 $\alpha_{右} = 42°36'00''$，圆曲线半径 $R = 150$ m，计算曲线主点测设元素及主点里程桩号。

解：(1)曲线测设元素的计算。由公式(8-6)代入数据计算得：

切线长 $T = R\tan\dfrac{\alpha}{2} = 150 \times \tan\dfrac{42°36'00''}{2} = 58.48$ (m)

曲线长 $L = R\dfrac{\alpha}{\rho} = 150 \times \dfrac{42°36'00''}{206\ 265''} = 111.53$ (m)

外矢距 $E = R(\sec\dfrac{\alpha}{2} - 1) = 150 \times (\sec\dfrac{42°36'00''}{2} - 1) = 11.00$ (m)

切曲差 $D = 2T - L = 2 \times 58.48 - 111.53 = 5.43$ (m)

(2)主点里程的计算。由公式(8-7)得

$ZY_{里程} = JD_{里程} - T = K6 + 183.56 - 58.48 = K6 + 125.08$

$YZ_{里程} = ZY_{里程} + L = K6 + 125.08 + 111.53 = K6 + 236.61$

$QZ_{里程} = YZ_{里程} - L/2 = K6 + 236.61 - 111.53/2 = K6 + 180.84$

校核：$JD_{里程} = QZ_{里程} + D/2 = K6 + 180.84 + 5.43/2 = K6 + 183.56$

第五节 圆曲线的详细测设

在圆曲线的主点测设后，即完成了圆曲线的基本定位，但一条曲线只有主点是不够的，还需要沿曲线加密曲线桩，详细地测设圆曲线的位置。详细测设所采用的桩距 l_0 与曲线半径 R 有关，一般按表 8-2 的规定取用。

按桩距 l_0 在曲线上设桩，通常有两种方法：

(1)整桩号法。将曲线上靠近起点(ZY)的第一个桩的桩号凑整成为 l_0 倍数的整桩号，且与 ZY 点的桩距小于 l_0，然后按桩距 l_0 连续向曲线终点 YZ 设桩。这样设置的桩的桩号均为整数。

(2)整桩距法。从曲线起点 ZY 和终点 YZ 开始，分别以桩距 l_0 连续向曲线中点 QZ 设桩。由于这样设置的桩的桩号一般为破碎桩号，因此在实测中应注意加设百米桩和公

里桩。

目前公路中线测量中一般均采用整桩号法。

圆曲线的详细测设方法很多,下面仅介绍三种常用方法。

一、切线支距法

切线支距法又称直角坐标法,是以曲线的起点 ZY(对于前半曲线)或终点 YZ(对于后半曲线)为坐标原点,以过曲线的起点 ZY 或终点 YZ 的切线为 x 轴,过原点的半径为 y 轴,按曲线上各点坐标 x、y 设置曲线上各点的位置。

(一)测设数据的计算

如图 8-14 所示,设 P_i 为曲线上欲测设的点位,该点至 ZY 点或 YZ 点的弧长为 l_i,φ_i 为 l_i 所对的圆心角,R 为圆曲线半径,试求 P_i 点的坐标。

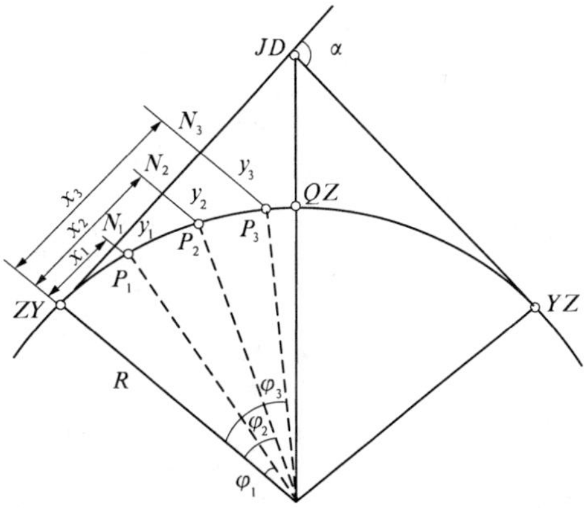

图 8-14　切线支距法详细测设圆曲线

按下式计算:

$$\left.\begin{aligned} x_i &= R \cdot \sin\varphi_i \\ y_i &= R \cdot (1-\cos\varphi_i) = x_i \cdot \tan(\varphi_i/2) \end{aligned}\right\} \quad (8\text{-}8)$$

式中

$$\varphi_i = \frac{l_i}{R} \cdot \frac{180°}{\pi} \quad (8\text{-}9)$$

【例 8-2】　在例 8-1 中,若采用切线支距法,并按整桩号设桩,试计算各桩坐标。在例 8-1 中可计算出主点里程($ZY_{里程}$、$QZ_{里程}$、$YZ_{里程}$),在此基础上按整桩号法列出详细测设的桩号,并计算其坐标。

解:按整桩号法设桩,桩距 $l_0 = 20$ m,则测设数据和具体计算见表 8-4。

表 8-4　切线支距法坐标计算

桩号	弧长 l(m)	圆心角 φ_i	支距坐标 x(m)	支距坐标 y(m)
ZY K6 + 125.08	0.00	0°00′00″	0.00	0.00
K6 + 140	14.92	5°41′56″	14.90	0.74
K6 + 160	34.92	13°20′18″	34.60	4.05
K6 + 180	54.92	20°58′40″	53.70	9.94
QZ K6 + 180.84	55.76	21°17′56″	54.48	10.24
K6 + 200	36.61	13°59′02″	36.25	4.44
K6 + 220	16.61	6°20′40″	16.58	0.92
YZ K6 + 236.61	0.00	0°00′00″	0.00	0.00

(二)测设方法

切线支距法详细测设圆曲线,为了避免支距过长,一般是由 ZY 点和 YZ 点分别向 QZ 点施测,其测设步骤如下:

(1)从 ZY 点(或 YZ 点)用钢尺或皮尺沿切线方向量取 P_i 点的横坐标 x_i,得垂足点 N_i。

(2)在垂足点 N_i 上,用方向架或经纬仪定出切线的垂直方向,沿垂直方向量出 y_i,即

得到待测定点 P_i。

(3)曲线上各点测设完毕后,应量取相邻各桩之间的距离,并与相应的桩号之差作比较,若较差均在限差之内,则曲线测设合格;否则应查明原因,予以纠正。

这种方法适用于平坦开阔地区,具有测点误差不累积的优点。

二、偏角法

偏角法是以曲线起点(*ZY*)或终点(*YZ*)至曲线上待测设点 P_i 的弦线与切线之间的弦切角(这里称为偏角)δ 和弦长 d 来确定 P 点的位置。

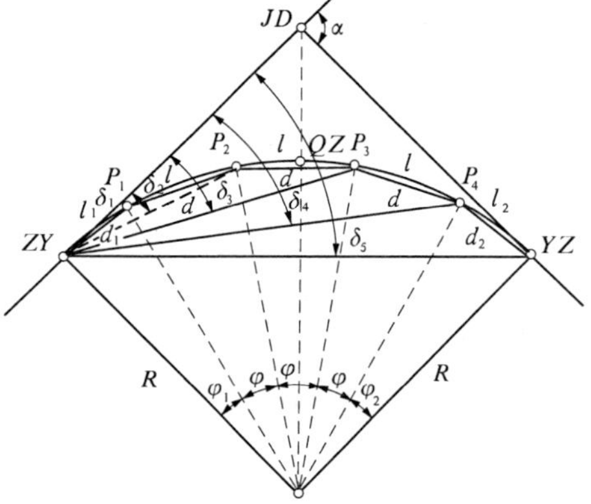

图 8-15 偏角法详细测设圆曲线

(一)测设数据的计算

如图 8-15 所示,根据几何原理,偏角 δ_i 等于相应弧长所对的圆心角 φ_i 的一半,即 $\delta_i = \varphi_i/2$。里程桩整桩的桩距(弧长)为 l,首尾两段零头弧长为 l_1、l_2,l_1、l_2、l 所对应的圆心角分别为 φ_1、φ_2、φ,可按下列公式计算

$$\left.\begin{aligned}\varphi_1 &= \frac{180^\circ}{\pi}\cdot\frac{l_1}{R}\\ \varphi_2 &= \frac{180^\circ}{\pi}\cdot\frac{l_2}{R}\\ \varphi &= \frac{180^\circ}{\pi}\cdot\frac{l}{R}\end{aligned}\right\} \tag{8-10}$$

弧长 l_1、l_2、l 所对应的弦长分别为 d_1、d_2 和 d,可按下列公式计算

$$\left.\begin{aligned}d_1 &= 2R\cdot\sin\frac{\varphi_1}{2}\\ d_2 &= 2R\cdot\sin\frac{\varphi_2}{2}\\ d &= 2R\cdot\sin\frac{\varphi}{2}\end{aligned}\right\} \tag{8-11}$$

曲线上各点的偏角等于相应所对圆心角的一半,即

$$\left.\begin{aligned}&\text{第 1 点的偏角为 } \delta_1 = \frac{\varphi_1}{2}\\ &\text{第 2 点的偏角为 } \delta_2 = \frac{\varphi_1}{2} + \frac{\varphi}{2}\\ &\qquad\vdots\\ &\text{第 } i \text{ 点的偏角为 } \delta_i = \frac{\varphi_1}{2} + (i-1)\frac{\varphi}{2}\\ &\qquad\vdots\\ &\text{终点 } YZ \text{ 点的偏角为 } \delta_n = \frac{\alpha}{2}\end{aligned}\right\} \tag{8-12}$$

【例 8-3】 仍以例 8-1 为例,采用偏角法按整桩号设桩,桩距 $l_0 = 20$ m,设曲线由 *ZY* 点向 *YZ* 点测设,试计算详细测设数据。

解:(1)由例 8-1 计算可知,ZY 点的里程为 K6 + 125.08,它前面最近的整桩里程为 K6 + 140,则首段零头弧长 l_1 为

$$l_1 = 140 - 125.08 = 14.92\ (\text{m})$$

YZ 点的里程为 K6 + 236.61,它后面最近的整桩里程为 K6 + 220,则尾段零头弧长 l_2 为

$$l_2 = 236.61 - 220 = 16.61\ (\text{m})$$

(2)由式(8-10)可计算首尾两段零头弧长 l_1、l_2 及整弧长 l 所对应的圆心角:

$$\varphi_1 = \frac{180°}{\pi} \cdot \frac{l_1}{R} = \frac{180°}{\pi} \times \frac{14.92}{150} = 5°41'56''$$

$$\varphi_2 = \frac{180°}{\pi} \cdot \frac{l_2}{R} = \frac{180°}{\pi} \times \frac{16.61}{150} = 6°20'40''$$

$$\varphi = \frac{180°}{\pi} \cdot \frac{l}{R} = \frac{180°}{\pi} \times \frac{20}{150} = 7°38'22''$$

(3)由式(8-11)可计算首尾两段零头弧长 l_1、l_2 及整弧长 l 所对应的弦长:

$$d_1 = 2R \cdot \sin\frac{\varphi_1}{2} = 2 \times 150 \times \sin\frac{5°41'56''}{2} = 14.91\ (\text{m})$$

$$d_2 = 2R \cdot \sin\frac{\varphi_2}{2} = 2 \times 150 \times \sin\frac{6°20'40''}{2} = 16.6\ (\text{m})$$

$$d = 2R \cdot \sin\frac{\varphi}{2} = 2 \times 150 \times \sin\frac{7°38'22''}{2} = 19.99\ (\text{m})$$

(4)由式(8-12)计算偏角,结果见表 8-5。

表 8-5　偏角法详细测设圆曲线测设数据计算

桩号	桩点至 ZY 点弧长 l_i(m)	偏角值(° ′ ″)	相邻桩点间弧长(m)	相邻桩点间弦长(m)
ZY K6 + 125.08	0.00	0 00 00	0	0
K6 + 140	14.92	2 50 58	14.92	14.91
K6 + 160	34.92	6 40 09	20	19.99
K6 + 180	54.92	10 29 20	20	19.99
QZ K6 + 180.84	55.76	10 38 58	0.84	0.84
K6 + 200	74.92	14 18 31	19.16	19.15
K6 + 220	94.92	18 07 42	20	19.99
YZ K6 + 236.61	111.53	21 18 02	16.61	16.60

(二)测设方法

(1)安置经纬仪(或全站仪)于曲线起点(ZY)上,盘左瞄准交点(JD),将水平度盘读数设置为 0°00′00″。

(2)水平转动照准部,使 K6 + 140 桩水平度盘读数的偏角值为 2°50′58″,然后,从 ZY 点开始,沿望远镜视线方向量测出弦长 d_1 = 14.91 m,定出 K6 + 140 桩位。

(3)继续水平转动照准部,使 K6 + 160 桩水平度盘读数的偏角值为 6°40′09″,由 K6 + 140 桩量取弦长 $d = 19.99$ m 与视线方向相交,定出 K6 + 160 桩位。依此类推测设其他里程桩。最后一个整里程桩 K6 + 220 至 *YZ* 点的距离应为 $d_2 = 16.6$ m,以此来检查测设的质量,此点如果与 *YZ* 点不重合,其闭合差应符合表 8-6 的规定。

表 8-6　曲线测量闭合差

公路等级	纵向闭合差(cm)		横向闭合差(cm)		曲线偏角闭合差(″)
	平原微丘区	山岭重丘区	平原微丘区	山岭重丘区	
高速公路、一级公路	1/2 000	1/1 000	10	10	60
二级及二级以下公路	1/1 000	1/500	10	15	120

三、极坐标法

用极坐标法进行圆曲线的详细测设,适合于用全站仪进行测设。全站仪可以安置在任何已知点上,如已知坐标的控制点、路线上的交点、转点等,且测设速度快、精度高。由于全站仪在公路工程测量中的普及,目前该方法在公路勘测中已被广泛应用。

用极坐标法测设曲线的测设数据主要是计算圆曲线主点和细部点的坐标,然后根据测站点和主点或细部点之间的坐标,反算出测站至待测点的直线方位角和两点间的平距,依据计算出的方位角和平距进行测设,其操作步骤如下。

(一)圆曲线主点坐标计算

如图 8-16 所示,若已知 JD_1 和 JD_2 的坐标(x_1, y_1)、(x_2, y_2),用坐标反算公式计算第一条切线的方位角 α_{21} 为

$$\alpha_{21} = \arctan \frac{y_1 - y_2}{x_1 - x_2} \tag{8-13}$$

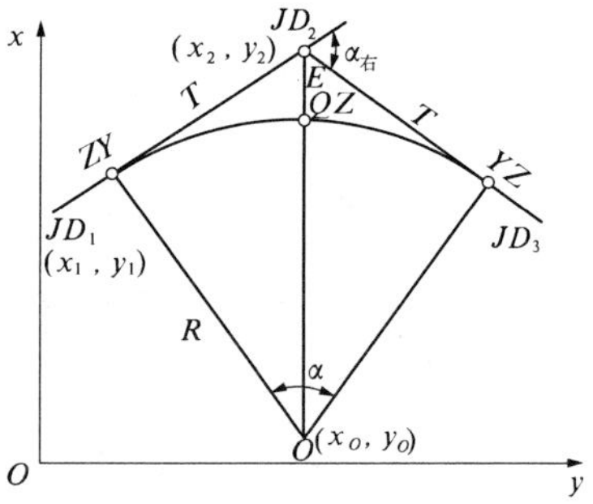

图 8-16　圆曲线主点坐标计算

第二条切线的方位角 α_{23} 同样可由 JD_2、JD_3 的坐标反算得到,也可由第一条切线的方位角和线路转角推算得到

$$\left.\begin{aligned} \alpha_{23} &= \alpha_{21} - (180° - \alpha_{右}) \\ \alpha_{23} &= \alpha_{21} + (180° - \alpha_{左}) \end{aligned}\right\} \tag{8-14}$$

根据交点坐标、切线方位角和切线长,用坐标正算公式计算出圆曲线起点(*ZY*)和终点(*YZ*)的坐标,例如圆曲线起点(*ZY*)坐标为

$$\left.\begin{aligned} x_{ZY} &= x_2 + T\cos\alpha_{21} \\ y_{ZY} &= y_2 + T\sin\alpha_{21} \end{aligned}\right\} \tag{8-15}$$

同样可根据交点坐标、分角线方位角和外距计算出曲线中点(*QZ*)的坐标。

【例 8-4】　仍以例 8-1 为例并见图 8-16,圆曲线半径 $R = 150$ m,转角 $\alpha_{右} = 42°36′00″$,设 JD_1、JD_2 的坐标分别为(1 922.821,1 030.091)、(1 967.128,1 118.784),试计算各主点坐标。

解:第一条切线,即 $JD_2—JD_1$ 的方向线的方位角为

$$\alpha_{21}=\arctan\frac{y_1-y_2}{x_1-x_2}=\arctan\frac{1\ 030.091-1\ 118.784}{1\ 922.821-1\ 967.128}=243°27'19''$$

第二条切线,即 $JD_2—JD_3(YZ)$ 的方向线的方位角为

$$\alpha_{23}=\alpha_{21}-(180°-\alpha_{右})=243°27'19''-(180°-42°36')=106°03'19''$$

分角线方向的方位角计算如下:

首先计算分角线($JD_2—O$)与第二条切线($JD_2—YZ$)的夹角

$$\beta=\frac{180°-42°36'}{2}=68°42'$$

据此可求得分角线方向($JD_2—O$ 方向)的方位角为

$$\alpha_{2O}=\alpha_{23}+\beta=106°03'19''+68°42'=174°45'19''$$

圆曲线主点坐标计算如下:

当两点连线的方位角和两点间的距离已知时,可根据式(8-15)求得主点的坐标。主点坐标计算结果如下:

ZY 点:

$$x_{ZY}=x_2+T\cos\alpha_{21}=1\ 967.128+58.48\times\cos243°27'19''=1\ 940.994\ (\text{m})$$
$$y_{ZY}=y_2+T\sin\alpha_{21}=1\ 118.784+58.48\times\sin243°27'19''=1\ 066.469\ (\text{m})$$

YZ 点:

$$x_{YZ}=x_2+T\cos\alpha_{23}=1\ 967.128+58.48\times\cos106°03'19''=1\ 950.955\ (\text{m})$$
$$y_{YZ}=y_2+T\sin\alpha_{23}=1\ 118.784+58.48\times\sin106°03'19''=1\ 174.983\ (\text{m})$$

QZ 点:

$$x_{QZ}=x_2+E\cos\alpha_{2O}=1\ 967.128+11\times\cos174°45'19''=1\ 956.174\ (\text{m})$$
$$y_{QZ}=y_2+E\sin\alpha_{2O}=1\ 118.784+11\times\sin174°45'19''=1\ 119.790\ (\text{m})$$

(二)圆曲线细部点坐标计算

1. 计算圆心坐标

如图 8-17 所示,设圆曲线半径为 R,用前述主点坐标计算方法,计算第一条切线的方位角 α_{21}和 ZY 点坐标(x_{ZY},y_{ZY}),因 ZY 点至圆心方向与切线方向垂直,其方位角 α_{ZY-O}为

$$\alpha_{ZY-O}=\alpha_{21}-90° \tag{8-16}$$

则圆心坐标(x_O,y_O)为

$$\left.\begin{aligned}x_O=x_{ZY}+R\cos\alpha_{ZY-O}\\ y_O=y_{ZY}+R\sin\alpha_{ZY-O}\end{aligned}\right\} \tag{8-17}$$

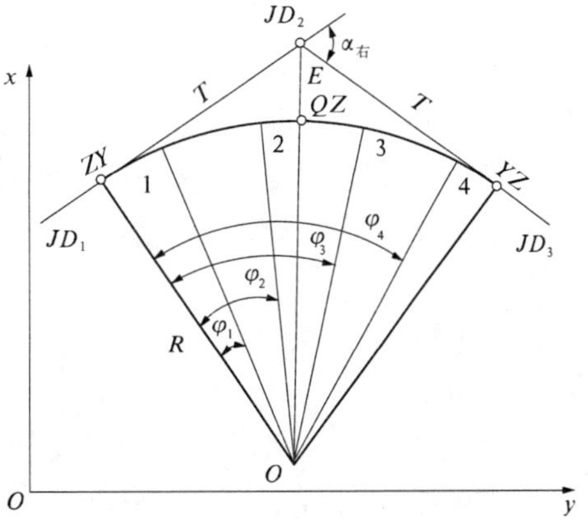

图 8-17　极坐标法测设圆曲线

2. 计算圆心至各细部点的方位角

设 ZY 点至曲线上某细部里程桩点的弧长为 l_i,其所对应的圆心角 φ_i 按式(8-9)计算得到,则圆心至各细部点的方位角 α_i 为

$$\alpha_i = (\alpha_{ZY-O} + 180°) + \varphi_i \tag{8-18}$$

3. 计算各细部点的坐标

根据圆心至细部点的方位角和半径，可计算细部点坐标

$$\left.\begin{aligned} x_i &= x_O + R\cos\alpha_i \\ y_i &= y_O + R\sin\alpha_i \end{aligned}\right\} \tag{8-19}$$

【例 8-5】 已知条件如例 8-4，按整桩号法设桩计算各桩点的坐标。

解：由例 8-4 可知，*ZY* 点坐标为(1 940.994，1 066.469)，*JD* 至 *ZY* 点的方位角 α_{21} 为 243°27′19″，则可按式(8-16)计算 *ZY* 点至圆心的方位角为 153°27′19″，按式(8-17)计算圆心坐标为(1 806.806，1 133.503)，再按式(8-9)和式(8-18)计算圆心至各细部点的方位角 α_i，最后按式(8-19)计算各点坐标，结果见表 8-7。

表 8-7 细部点坐标计算

桩号	圆心至各细部点的方位角	坐标	
		x(m)	y(m)
K6 + 140	339°09′14″	1 946.987	1 080.125
K6 + 160	346°47′36″	1 952.839	1 099.234
K6 + 180	354°25′58″	1 956.099	1 119.952
K6 + 200	2°04′20″	1 956.708	1 138.928
K6 + 220	9°42′42″	1 954.656	1 158.807

第六节 遇障碍时圆曲线的测设

由于受地物和地貌条件的限制，在圆曲线测设中，往往遇到各种各样的障碍，使得圆曲线的测设不能按前述方法进行，常见有虚交、偏角法视线受阻等各种情况，此时必须针对现场的具体情况，提出解决办法。

一、虚交

虚交是道路中线测量中常见的一种情形。它是指路线的交点(*JD*)处不能设桩，更无法安置仪器(如交点落入河中、深谷下、峭壁上或建筑物上等)，此时测角、量距都无法直接按前述方法进行。有时交点虽可设桩和安置仪器，但因转角较大，交点远离曲线，也可做虚交处理，常用的处理方法有以下几种。

(一)圆外基线法

如图 8-18 所示，路线交点落入河里不能设桩，这样便形成虚交点(*JD*)，为此在曲线两切线上便于设站和量距且互相通视的地方选择辅助点 *A* 和 *B*，将经纬仪分别安置在 *A*、*B* 两点测算出 α_A 和 α_B，用钢尺往返丈量得到 *A*、*B* 两点的距离 $\overline{AB}$，所测角度和距离均应满足规定的限差要求。

由图 8-18 可知：在由辅助点 *A*、*B* 和虚交点(*JD*)构成的三角形中，应用边角关系及正弦定理可得

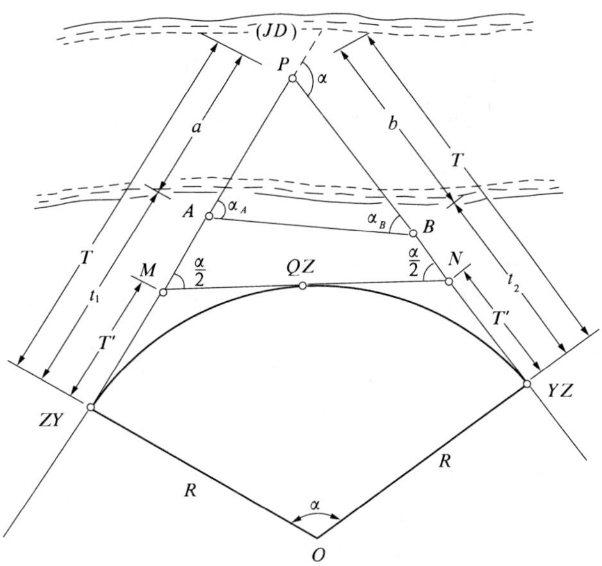

图 8-18　圆外基线法

$$\left.\begin{aligned}\alpha &= \alpha_A + \alpha_B \\ a &= \overline{AB}\frac{\sin\alpha_B}{\sin(180° - \alpha)} = \overline{AB}\frac{\sin\alpha_B}{\sin\alpha} \\ b &= \overline{AB}\frac{\sin\alpha_A}{\sin(180° - \alpha)} = \overline{AB}\frac{\sin\alpha_A}{\sin\alpha}\end{aligned}\right\} \tag{8-20}$$

根据转角 α 和选定的半径 R,即可算得切线长 T 和曲线长 L,再由 a、b、T,分别计算辅助点 A、B 至曲线起点 ZY 和终点 YZ 的距离 t_1 和 t_2

$$\left.\begin{aligned}t_1 &= T - a \\ t_2 &= T - b\end{aligned}\right\} \tag{8-21}$$

式中　$T = R \cdot \tan\frac{\alpha_A + \alpha_B}{2}$。

如果计算出的 t_1 或 t_2 出现负值,说明曲线的 ZY 点或 YZ 点位于辅助点与虚交点之间。根据 t_1 和 t_2 即可定出曲线的 ZY 点和 YZ 点。A 点的里程得出后,曲线主点的里程亦可算出。

曲中点 QZ 的测设,可采用以下方法:

如图 8-18 所示,设 MN 为 QZ 点的切线,则

$$T' = R \cdot \tan\frac{\alpha}{4} \tag{8-22}$$

测设时由 ZY 和 YZ 点分别沿切线量出 T'得 M 点和 N 点,再由 M 点或 N 点沿 MN 或 NM 方向量出 T'得 QZ 点。

曲线主点定出后,即可用切线支距法或偏角法或极坐标法进行曲线详细测设。

【例 8-6】　如图 8-18 所示,测得 $\alpha_A = 15°18'$,$\alpha_B = 18°22'$,$\overline{AB} = 54.68$ m,选定半径 $R = 300$ m,A 点的里程桩号为 K9 +048.53。试计算测设主点的数据及主点的里程桩号。

解：由 $\alpha_A = 15°18'$，$\alpha_B = 18°22'$得

$$\alpha = \alpha_A + \alpha_B = 33°40'$$

$$T = R \cdot \tan\frac{\alpha}{2} = 300 \times \tan\frac{33°40'}{2} = 90.77\ (\text{m})$$

$$L = R \cdot \alpha \cdot \frac{\pi}{180°} = 300 \times 33°40' \times \frac{\pi}{180°} = 176.28\ (\text{m})$$

根据式(8-20)计算得

$$a = \overline{AB}\frac{\sin\alpha_B}{\sin\alpha} = 54.68 \times \frac{\sin 18°22'}{\sin 33°40'} = 31.08\ (\text{m})$$

$$b = \overline{AB}\frac{\sin\alpha_A}{\sin\alpha} = 54.68 \times \frac{\sin 15°18'}{\sin 33°40'} = 26.03\ (\text{m})$$

根据式(8-21)计算得：

$$t_1 = T - a = 90.77 - 31.08 = 59.69\ (\text{m})$$

$$t_2 = T - b = 90.77 - 26.03 = 64.74\ (\text{m})$$

为测设曲中点 QZ，计算 T'如下：

$$T' = R \cdot \tan\frac{\alpha}{4} = 300 \times \tan\frac{33°40'}{4} = 44.39\ (\text{m})$$

计算主点里程如下：

ZY 点里程：$K_{ZY} = A$ 点里程 $- t_1 = \text{K}9 + 048.53 - 59.69 = \text{K}8 + 988.84$

YZ 点里程：$K_{YZ} = K_{ZY} + L = \text{K}8 + 988.84 + 176.28 = \text{K}9 + 165.12$

QZ 点里程：$K_{QZ} = K_{YZ} - L/2 = \text{K}9 + 165.12 - 176.28/2 = \text{K}9 + 076.98$

曲线三主点测定后，即可采用上一节的方法进行曲线的详细测设，在此亦不再赘述。

（二）切基线法

如图 8-19 所示，设定根据地形需要，曲线通过 GQ 点（GQ 点为公切点），则圆曲线被分为两个同半径的圆曲线，其切线长分别为 T_1 和 T_2，过 GQ 点的切线 AB 称为切基线。

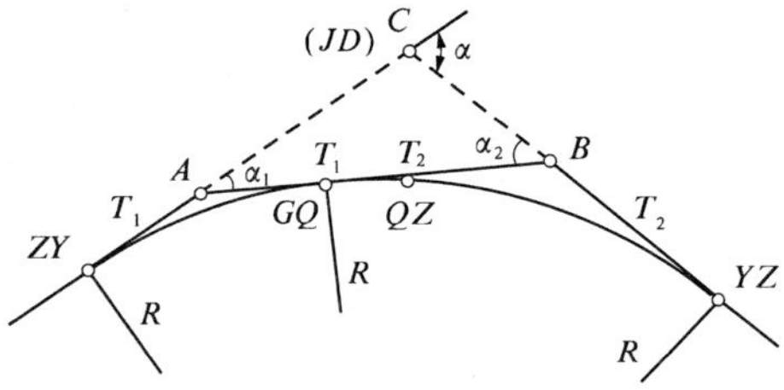

图 8-19　切基线法

现场施测时，应根据现场的地形和路线的最佳位置，在两切线方向上选取 A、B 两点，构成切基线 AB。并量测 A、B 两点间的长度$\overline{AB}$，观测计算出角度 α_1 和 α_2。

因

$$\left.\begin{aligned} T_1 &= R \cdot \tan\frac{\alpha_1}{2} \\ T_2 &= R \cdot \tan\frac{\alpha_2}{2} \end{aligned}\right\} \tag{8-23}$$

将以上两式相加得：$\overline{AB} = T_1 + T_2$。

整理后得

$$R = \frac{T_1 + T_2}{\tan\frac{\alpha_1}{2} + \tan\frac{\alpha_2}{2}} = \frac{\overline{AB}}{\tan\frac{\alpha_1}{2} + \tan\frac{\alpha_2}{2}} \tag{8-24}$$

由式(8-24)求得 R 后,即可根据 R、α_1 和 α_2,利用式(8-6)分别计算两段圆曲线测设元素,求得 T_1、T_2 和 L_1、L_2,将 L_1 与 L_2 相加即可得到圆曲线的总长 L。

现场测设时,在 A 点安置仪器,分别沿两切线方向量测长度 T_1,便得到曲线的起点 ZY 点和 GQ 点;在 B 点安置仪器,分别沿两切线方向量测长度 T_2,便得到曲线的终点 YZ 点和 GQ 点,以 GQ 点进行校核。

曲中点 QZ 可在 GQ 点处用切线支距法测设。由图可知 GQ 点与 QZ 点之间的弧长为:

(1)当 QZ 点在 GQ 点之前时,弧长 $l = L/2 - L_1$

(2)当 QZ 点在 GQ 点之后时,弧长 $l = L/2 - L_2$。

在运用切基线法测设时,当求得的曲线半径不能满足规定的最小半径或不适合于地形时,说明切基线位置选择不当,可把已定的 A、B 点作为参考点进行调整,使其满足要求。

曲线三主点定出后,即可采用前述的方法进行曲线的详细测设。

(三)弦基线法

在某些地区,当曲线的交点无法测定,而已经给定了曲线的起点(或终点)的位置,在测设圆曲线时,可运用"同一圆弧段两端点弦切角相等"的原理,来确定曲线的终点(或起点)。连接曲线起、终点的弦线,称为弦基线。

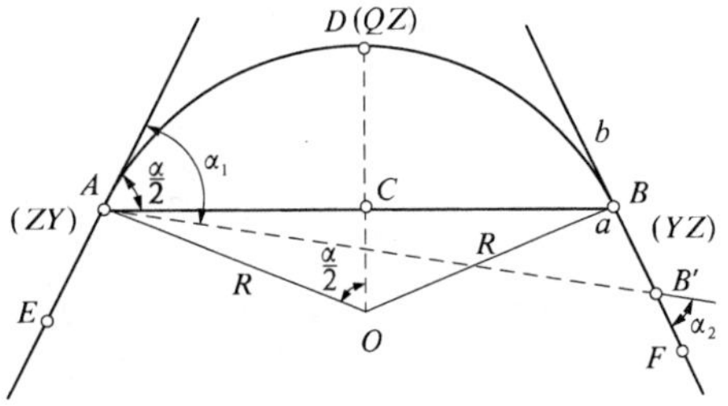

图 8-20　弦基线法

如图 8-20 所示,A 为给定的曲线起点,E 为后视方向上的一点,设 B' 点为曲线终点的初定位置,F 为其前视方向上的一点。具体测设曲线终点 B 的步骤如下:

(1)将经纬仪安置于 B' 点上,通过对 A 点和 F 点的观测,求算出 α_2 的大小,并在 FB' 的延长线上估计 B 点位置的前后标出 a、b 两点,然后将经纬仪安置于 $A(ZY)$ 点上,通过对 E 点和 B' 点的观测,求算出 α_1 的大小,则此虚交的转角 $\alpha = \alpha_1 + \alpha_2$。

(2)仪器在 A 点,后视 E 点或其方向上的交点(或转点),然后纵转望远镜(倒镜)拨出弦切角 $\alpha/2$,得弦基线的方向,该方向线与已设置的 ab 线的交点即为 $B(YZ)$ 点。量测出 AB 的长度 $\overline{AB}$,则曲线的半径 R 可按下式求得

$$R = \frac{\overline{AB}}{2\sin\frac{\alpha}{2}} \tag{8-25}$$

为测设曲中点 QZ,可按下式求 CD 的长度 $\overline{CD}$

$$\overline{CD} = R\cdot\left(1 - \cos\frac{\alpha}{2}\right) = 2R\sin^2\frac{\alpha}{4} \tag{8-26}$$

(3)从弦基线 AB 的中点 C 量出垂距 $\overline{CD}$ 长,即可定出 QZ 点。

(4)曲线的主点确定后,即可选用前述的方法进行详细测设。

二、视线受阻时偏角法测设圆曲线

如图 8-21 所示,在直圆点(ZY)设站测设圆曲线细部点,当测设到第 3 点时,视线被建筑物所挡,不能按一般的方法测设其位置。这时,应把仪器搬到第 2 点设站,用下述方法进行测设。

设 BC 为过第 2 点的切线,则

$$\delta_2 = \angle BA2 = \angle C2D$$

$$\delta_3 = \angle BA3 = \angle D23$$

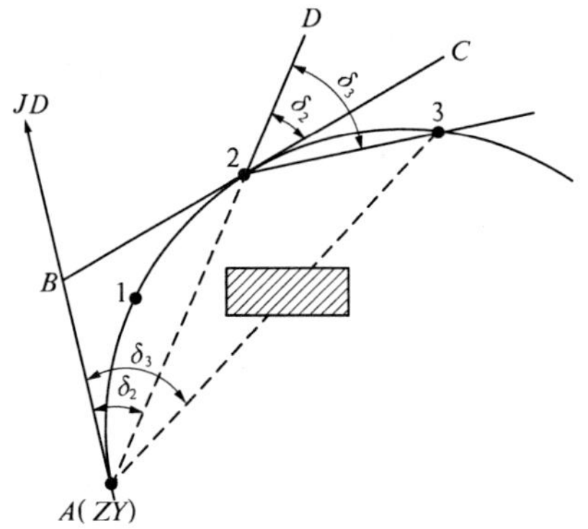

图 8-21　视线受阻时偏角法测设圆曲线

在第 2 点设站,盘右后视 ZY 点,将水平度盘读数配置为 0°00′00″,然后纵转望远镜变成盘左(水平度盘读数仍为 0°00′00″),旋转照准部,当度盘读数为 δ_3 时,即得 2—3 的弦线方向,自第 2 点起沿此方向测设第 2 点至第 3 点的弦长即得第 3 点。同理,在曲线上已测设的任意一点安置仪器,配置已经测设的后视任一细部点的偏角值,倒镜照准该点,纵转望远镜,转动照准部,使度盘读数为待测点的偏角值,即可得待定点的视线方向,然后,测设弦长定点。

第七节　缓和曲线的测设

一、缓和曲线的概念

车辆在行驶中,当从直线驶入圆曲线时,由力学知识可知车辆将产生离心力,由于离心力的作用,车辆有向曲线外侧倾倒的趋势,使得安全性和舒适感受到一定的影响。为了减少离心力的影响,曲线段的路面要做成外侧高,内侧低,呈单向横坡形式,此即弯道超高。超高不能在直线进入曲线段或曲线进入直线段突然出现或消失,以免使路面出现台阶,引起车辆震动,产生更大的危险。因此,超高必须在一段长度内逐渐增加或减少,在直线段与圆曲线段之间插入一段半径由无穷大逐渐减少至圆曲线半径 R(或在圆曲线段与直线段间插入一段由圆曲线半径 R 逐渐增大至无穷大)的曲线,这种曲线称为缓和曲线。带有缓和曲线的平曲线,其最基本形式由三部分组成,如图 8-22 所示,即由直线终点到圆曲线起点的缓和段,称为第一缓和段;由圆曲线起点到圆曲线终点的单曲线段以及由圆曲线终点到下一段直线起点的缓和段,称为第二缓和段。因此,带有缓和曲线的平曲线的基本线形的主点有直缓点(ZH)、缓圆点(HY)、曲中点(QZ)、圆缓点(YH)和缓直点(HZ),参见表 8-3。

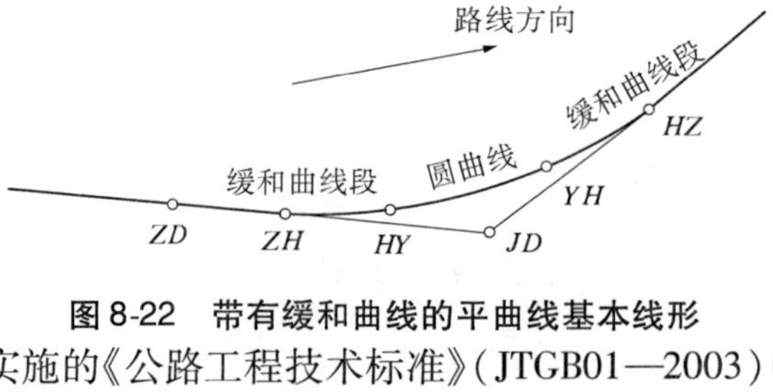

图 8-22　带有缓和曲线的平曲线基本线形

我国交通部颁布实施的《公路工程技术标准》(JTGB01—2003)中规定:缓和曲线采用回旋曲线,亦称辐射螺旋线。

二、缓和曲线公式

(一)基本公式

如图 8-23 所示,回旋线是曲率半径 ρ 随曲线长度 l 的增大而成反比地均匀减小的曲线,即在回旋线上任一点的曲率半径 ρ 为

$$\rho = \frac{c}{l} \text{或写成 } c = \rho \cdot l \quad (8\text{-}27)$$

式中 c——常数,表示缓和曲线曲率半径 ρ 的变化率,与行车速度有关。

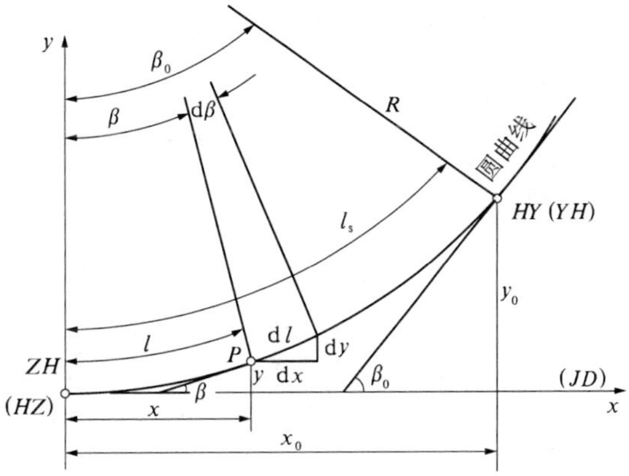

图 8-23　缓和曲线

目前我国公路采用:$c = 0.035\,v^3$(v 为计算行车速度,以 km/h 为单位)。而在曲线上,c 值又可按以下方法确定,在第一缓和曲线终点即 HY 点(或第二缓和曲线起点 YH 点)的曲率半径等于圆曲线半径 R,即 $\rho = R$,该点的曲线长度即是缓和曲线的全长 l_s,由式(8-27)可得

$$c = R \cdot l_s \quad (8\text{-}28)$$

而

$$c = 0.035\,v^3$$

故有缓和曲线的全长为

$$l_s = \frac{0.035\,v^3}{R} \quad (8\text{-}29)$$

我国交通部颁布实施的《公路工程技术标准》(JTGB01—2003)中规定:当公路平曲线半径小于不设超高的最小半径时,应设缓和曲线。缓和曲线采用回旋曲线。缓和曲线的长度应根据其计算行车速度求得,并尽量采用大于表 8-8 所列数值。

表 8-8　各级公路缓和曲线最小长度

公路等级	高速公路				一		二		三		四	
计算行车速度(km/h)	120	100	80	60	100	60	80	40	60	30	40	20
缓和曲线最小长度(m)	100	85	70	50	85	50	70	35	50	25	35	20

(二)切线角公式

缓和曲线上任一点 P 处的切线与曲线的起点(ZY)或终点(HZ)切线的交角 β,称为缓和曲线的切线角。由图 8-23 知,任一点 P 处的切线角 β 与缓和曲线上该点至曲线起点或终点的曲线长所对的中心角相等。为求切线角 β,可在曲率半径为 ρ 的 P 点处取一微分弧段 dl,其所对应的中心角 $d\beta$ 为

$$d\beta = \frac{dl}{\rho} = \frac{l \cdot dl}{c} \quad (8\text{-}30)$$

积分并顾及到式(8-28)得

$$\beta = \frac{l^2}{2c} = \frac{l^2}{2Rl_s}(\mathrm{rad}) \tag{8-31}$$

当 $l = l_s$ 时，则缓和曲线全长 l_s 所对应中心角即为缓和曲线的切线角，亦称缓和曲线角，此时 β_0 为

$$\beta_0 = \frac{l_s}{2R}(\mathrm{rad})$$

以角度表示为

$$\beta_0 = \frac{l_s}{2R} \times \frac{180^\circ}{\pi} \tag{8-32}$$

(三)参数方程

如图 8-23 所示，设以缓和曲线的起点(ZH 点)为坐标原点，过 ZH 点的切线为 x 轴，半径方向为 y 轴，缓和曲线上任一点 P 的坐标为(x,y)，仍在 P 点处取一微分弧段 $\mathrm{d}l$，由图 8-23可知，微分弧段在坐标轴上的投影为

$$\left.\begin{aligned} \mathrm{d}x &= \mathrm{d}l \times \cos\beta \\ \mathrm{d}y &= \mathrm{d}l \times \sin\beta \end{aligned}\right\} \tag{8-33}$$

将式中 $\cos\beta$、$\sin\beta$ 按级数展开为

$$\cos\beta = 1 - \frac{\beta^2}{2!} + \frac{\beta^4}{4!} - \cdots$$

$$\sin\beta = \beta - \frac{\beta^3}{3!} + \frac{\beta^5}{5!} - \cdots$$

顾及到式(8-31)，则式(8-33)可写成

$$\left.\begin{aligned} \mathrm{d}x &= \left[1 - \frac{1}{2}\left(\frac{l^2}{2Rl_s}\right)^2 + \frac{1}{24}\left(\frac{l^2}{2Rl_s}\right)^4 - \cdots\right]\mathrm{d}l \\ \mathrm{d}y &= \left[\frac{l^2}{2Rl_s} - \frac{1}{6}\left(\frac{l^2}{2Rl_s}\right)^3 + \frac{1}{120}\left(\frac{l^2}{2Rl_s}\right)^5 - \cdots\right]\mathrm{d}l \end{aligned}\right\}$$

积分后略去高次项得

$$\left.\begin{aligned} x &= l - \frac{l^5}{40R^2 l_s^2} \\ y &= \frac{l^3}{6Rl_s} - \frac{l^7}{336R^3 l_s^3} \end{aligned}\right\} \tag{8-34}$$

上式称为缓和曲线的参数方程。

当 $l = l_s$ 时，则第一缓和曲线的终点(HY)的直角坐标为

$$\left.\begin{aligned} x_0 &= l_s - \frac{l_s^3}{40R^2} \\ y_0 &= \frac{l_s^2}{6R} - \frac{l_s^4}{336R^3} \end{aligned}\right\} \tag{8-35}$$

三、带有缓和曲线的平曲线的主点测设

(一)内移值 p 和切线增长值 q 的计算

如图 8-24 所示，当圆曲线加设缓和曲线段后，为使缓和曲线起点与直线段的终点相

衔接，必须将圆曲线向内移动一段距离 p（称为内移值），这时曲线发生变化，使切线增长距离 q（称为切线增长值）。

圆曲线内移有两种方法：一种是圆心不动，半径相应减小；另一种是半径不变，而改变原圆心的位置。目前公路工程中，一般采用圆心不动，半径相应减小的平行移动方法，即未设缓和曲线时的圆曲线为 FG，其半径为 $(R+p)$，插入两段缓和曲线 AC 和 DB 后，圆曲线内移，保留部分为 CMD 段，半径为 R，该段所对的圆心角为 $(\alpha-2\beta_0)$，在图 8-24 中由几何关系可知：

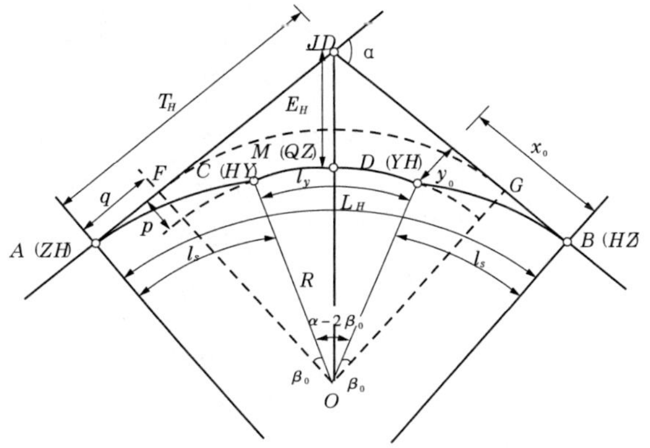

图 8-24　主点测设

$$R+p=y_0+R\cdot\cos\beta_0$$
$$q+R\cdot\sin\beta_0=x_0$$

即

$$\left.\begin{aligned}p&=y_0-R(1-\cos\beta_0)\\q&=x_0-R\cdot\sin\beta_0\end{aligned}\right\}\tag{8-36}$$

将式(8-36)中的 $\cos\beta_0$、$\sin\beta_0$ 展开为级数，略去高次项并将式(8-32)中 β_0 和式(8-35)中的 x_0、y_0 代入后整理可得

$$\left.\begin{aligned}p&=\frac{l_s^2}{24R}\\q&=\frac{l_s}{2}-\frac{l_s^3}{240R^2}\end{aligned}\right\}\tag{8-37}$$

（二）测设元素的计算

在圆曲线上增设缓和曲线后，要将圆曲线与缓和曲线作为一个整体考虑。如图 8-24 所示，当通过测算得到转角 α，并确定圆曲线半径 R 和缓和曲线长 l_s 后，即可按式(8-32)和式(8-37)求得切线角 β_0、内移值 p 和切线增长值 q，此时必须有 $\alpha\geqslant2\beta_0$，否则无法设置缓和曲线，应重新调整 R 或 l_s，直至满足 $\alpha\geqslant2\beta_0$，然后按下式计算测设元素：

$$\left.\begin{aligned}&\text{切线长}\quad T_H=(R+p)\tan\frac{\alpha}{2}+q\\&\text{曲线长}\quad L_H=R(\alpha-2\beta_0)\frac{\pi}{180^\circ}+2l_s\\&\text{圆曲线长}\quad l_y=R(\alpha-2\beta_0)\frac{\pi}{180^\circ}\\&\text{外矢距}\quad E_H=(R+p)\sec\frac{\alpha}{2}-R\\&\text{切曲差}\quad D_H=2T_H-L_H\end{aligned}\right\}\tag{8-38}$$

(三)主点里程计算与测设

根据交点已知里程和曲线的测设元素值,即可按下列算式计算各主点里程:

$$\left.\begin{aligned}&\text{直缓点}:ZH_{\text{里程}}=JD_{\text{里程}}-T_H\\&\text{缓圆点}:HY_{\text{里程}}=ZH_{\text{里程}}+l_s\\&\text{圆缓点}:YH_{\text{里程}}=HY_{\text{里程}}+l_y\\&\text{缓直点}:HZ_{\text{里程}}=YH_{\text{里程}}+l_s\\&\text{曲中点}:QZ_{\text{里程}}=HZ_{\text{里程}}-L_H/2\\&\text{交}\quad\text{点}:JD_{\text{里程}}=QZ_{\text{里程}}+D_H/2\end{aligned}\right\}\tag{8-39}$$

主点 ZH、HZ、QZ 的测设方法与圆曲线主点测设方法相同。HY、YH 点根据缓和曲线终点坐标(x_0,y_0)用切线支距法测设。

四、带有缓和曲线的平曲线的详细测设

(一)切线支距法

切线支距法是以 ZH 点(对于前半曲线)或 HZ 点(对于后半曲线)为坐标原点,以过原点的切线为 x 轴,过原点的半径为 y 轴,利用缓和曲线段和圆曲线段上的各点的坐标(x,y)测设曲线。

在缓和曲线段上各点坐标(x,y)可按缓和曲线的参数方程式(8-34)求得,即

$$x=l-\frac{l^5}{40R^2l_s^2}$$

$$y=\frac{l^3}{6Rl_s}-\frac{l^7}{336R^3l_s^3}$$

在圆曲线段上各点的坐标可由图 8-25 按几何关系求得为

$$\left.\begin{aligned}x&=R\sin\varphi+q\\y&=R(1-\cos\varphi)+p\end{aligned}\right\}\tag{8-40}$$

式中 $\varphi=\frac{l-l_s}{R}\times\frac{180^\circ}{\pi}+\beta_0$;

l——该点至 ZH 点或 HZ 点的曲线长。

在计算出缓和曲线段上和圆曲线段上各点的坐标(x,y)后,即可用切线支距法测设圆曲线的方法进行测设。

另外,圆曲线上各点也可以缓圆点 HY 或圆缓点 YH 为坐标原点,用切线支距法进行测设。此时只要将 HY 或 YH 点的切线定出。如图 8-26 所示,计算出 T_d 之长度后,HY 或 YH 点的切线即可确定。T_d 可由下式计算

$$T_d=x_0-\frac{y_0}{\tan\beta_0}=\frac{2}{3}l_s+\frac{l_s^3}{360R^2}\tag{8-41}$$

(二)偏角法

用偏角法详细测设带有缓和曲线的平曲线时,其偏角应分为缓和曲线段上的偏角与圆曲线段上的偏角两部分进行计算。

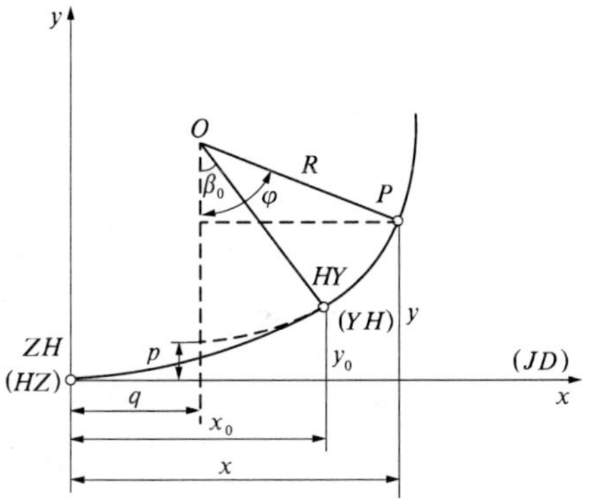

图 8-25　圆曲线段上点的坐标

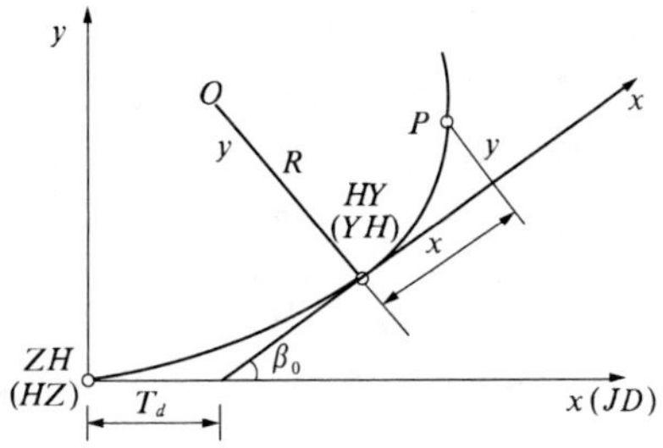

图 8-26　*HY* 或 *YH* 的切线方向

1. 缓和曲线段上各点测设

对于测设缓和曲线段上的各点，可将经纬仪安置于缓和曲线的 *ZH* 点（或 *HZ* 点）上进行测设，如图 8-27 所示，设缓和曲线上任一点 *P* 的偏角值为 δ，可知：

$$\tan\delta = \frac{y}{x} \tag{8-42}$$

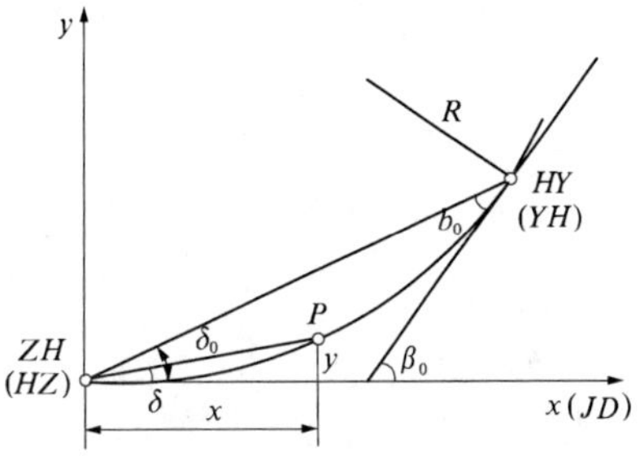

图 8-27　偏角法

式中的 x、y 为 *P* 点的直角坐标，可由曲线参数方程式（8-34）求得，由此求得：

$$\delta = \arctan\frac{y}{x} \tag{8-43}$$

在实测中，因偏角 δ 较小，一般取：

$$\delta \approx \tan\delta = \frac{y}{x} \tag{8-44}$$

将曲线参数方程式（8-34）中 x、y 代入上式得（取第一项）：

$$\delta = \frac{l^2}{6Rl_s} \tag{8-45}$$

在上式中，当 $l = l_s$ 时，得 *HY* 点或 *YH* 点的偏角值 δ_0，称之为缓和曲线的总偏角。即

$$\delta_0 = \frac{l_s}{6R} \tag{8-46}$$

由于 $\beta_0 = \frac{l_s}{2R}$，所以得：

$$\delta_0 = \frac{1}{3}\beta_0 \tag{8-47}$$

由式（8-45）和式（8-46）并顾及到式（8-47）可得：

$$\delta = \left(\frac{l}{l_s}\right)^2 \delta_0 = \frac{1}{3}\left(\frac{l}{l_s}\right)^2 \beta_0 \tag{8-48}$$

在按式（8-45）或式（8-48）计算出缓和曲线上各点的偏角值后，采用与偏角法测设圆

曲线同样的步骤进行缓和曲线的测设。由于缓和曲线上弦长 $d = l - \frac{l^5}{90R^2 l_s^2}$ 近似地等于相应的弧长，因而在测设时，弦长一般就取弧长值。

2. 圆曲线段上各点测设

对于圆曲线段上各点的测设，应将仪器置于 *HY* 或 *YH* 点上进行。这时只要定出 *HY* 或 *YH* 点的切线方向，就可按前面所讲的无缓和曲线的圆曲线的测设方法进行。如图 8-27所示，关键是计算 b_0，显然有：

$$b_0 = \beta_0 - \delta_0 = \frac{2}{3}\beta_0 \tag{8-49}$$

将 b_0 求得后，将仪器安置于 *HY* 点上，瞄准 *ZH* 点，将水平度盘读数配置为 b_0（当曲线右转时，应配置为 $360° - b_0$）后，旋转照准部，使水平度盘的读数为 00°00′00″后，倒镜，此时视线方向即为 *HY* 点的切线方向，然后按前述偏角法测设圆曲线段上各点。

（三）极坐标法

由于全站仪在公路工程中广泛使用，极坐标法已成为曲线测设的一种简便、迅速、精确的方法。

用极坐标法测设带有缓和曲线的平曲线时，首先设定一个直角坐标系：一般以 *ZH* 或 *HZ* 点为坐标原点。以其切线方向为 x 轴，并且正向朝向交点 *JD*，自 x 轴正向顺时针旋转 90°为 y 轴正向。这时曲线上任一点 *P* 的坐标（x_P, y_P）仍可按式（8-34）和式（8-40）计算。但当曲线位于 x 轴正向左侧时，y_P 应为负值。

具体测设按下述方法进行：

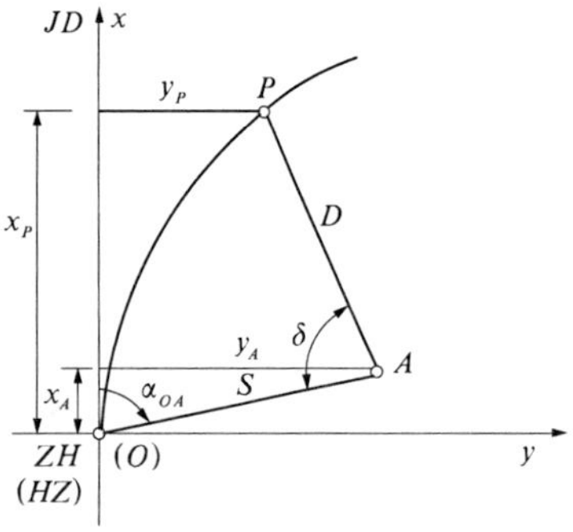

图 8-28　极坐标法

如图 8-28 所示，在待测设曲线附近选择一视野开阔，便于安置仪器的点 *A*，将仪器安置于坐标原点 *O* 上，测定 *OA* 的距离 *S* 和 x 轴正向顺时针至 *A* 点的角度 α_{OA}（即直线 *OA* 在设定坐标系中的方位角），则由坐标正算可得 *A* 点的坐标为

$$\left.\begin{aligned} x_A &= S \cdot \cos\alpha_{OA} \\ y_A &= S \cdot \sin\alpha_{OA} \end{aligned}\right\} \tag{8-50}$$

直线 *AO* 和 *AP* 在该设定的坐标系中的方位角为

$$\left.\begin{aligned} \alpha_{AO} &= \alpha_{OA} \pm 180° \\ \alpha_{AP} &= \arctan\frac{y_P - y_A}{x_P - x_A} \end{aligned}\right\} \tag{8-51}$$

则

$$\left.\begin{aligned} \delta &= \alpha_{AP} - \alpha_{AO} \\ D_{AP} &= \sqrt{(x_P - x_A)^2 + (y_P - y_A)^2} \end{aligned}\right\} \tag{8-52}$$

在按上述算式计算出曲线上各点测设角度和距离后，将仪器安置在 *A* 点上，后视坐标原点，并将水平度盘配置为 00°00′00″，然后转动照准部，拨水平角 δ，便得到 *A* 点至 *P* 点的方向线，沿此方向线，测定距离 D_{AP} 即得待测点 *P* 的地面位置，按此方法便可将曲线上

各点的位置测定。

极坐标法除可按上述方法测设外，还可按前述不带缓和曲线的圆曲线详细测设中的极坐标法进行。

第八节　复曲线的测设

复曲线是由两个或两个以上不同半径的同向圆曲线或缓和曲线相互衔接而成的曲线。一般多用于地形较复杂的地区。

一、不设缓和曲线的复曲线

该种复曲线一般仅由两个不同半径的同向圆曲线相互衔接而成。在测设时，必须先定出其中一个圆曲线的半径，该曲线称为主曲线，另一个圆曲线称为副曲线。副曲线的半径则是通过主曲线半径和测量的有关数据求得。

（一）切基线法测设复曲线

切基线法实际上是虚交切基线，只不过是两个圆曲线的半径不相等。如图8-29所示，主、副曲线的交点为A、B，两曲线相接于公切点GQ点。将经纬仪分别安置于A、B两点，测算出转角α_1、α_2，用测距仪或钢尺往返丈量得到A、B两点的距离$\overline{AB}$，在选定主曲线的半径R_1后，即可按以下步骤计算副曲线的半径R_2及测设元素：

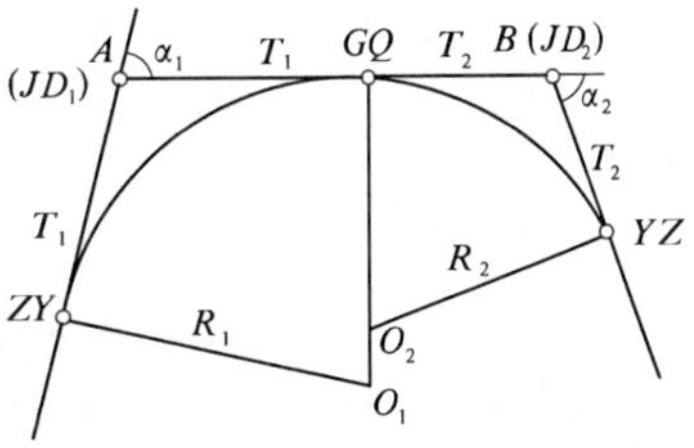

图8-29　切基线法测设复曲线

（1）根据主曲线的转角α_1和半径R_1，计算主曲线的测设元素T_1、L_1、E_1、D_1。

（2）根据基线AB的长度$\overline{AB}$和主曲线切线长T_1计算副曲线的切线长T_2

$$T_2 = \overline{AB} - T_1 \tag{8-53}$$

（3）根据副曲线的转角α_2和切线长T_2计算副曲线半径R_2

$$R_2 = \frac{T_2}{\tan\frac{\alpha_2}{2}}\text{（计算至厘米）} \tag{8-54}$$

（4）根据副曲线的转角α_2和半径R_2计算副曲线的测设元素T_2、L_2、E_2、D_2。

（5）主点里程计算采用前述方法。

测设曲线时，由A沿切线方向向后量T_1，得ZY点；沿AB方向向前量T_1得GQ点；由B点沿切线方向向前量T_2得YZ点。曲线的详细测设仍可用前述的有关方法。

（二）弦基线法测设复曲线

如图8-30所示，是利用弦基线法测设复曲线的示意图，设定A、C分别为曲线的起点和公切点，目的是确定曲线的终点B。具体测设方法如下：

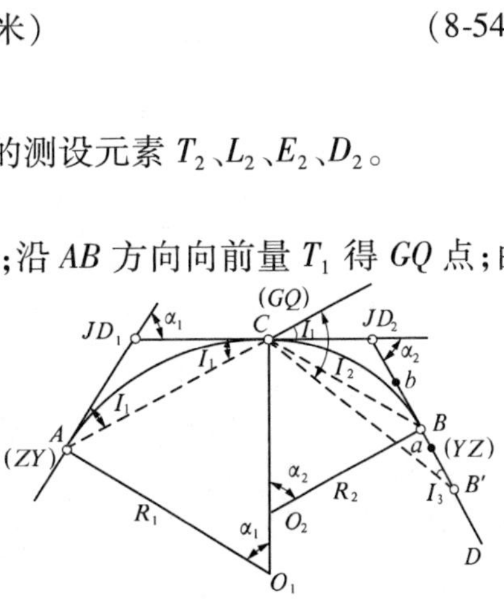

图8-30　弦基线法测设复曲线

（1）在A点安置仪器，观测弦切角I_1，根据同弧段两端弦切角相等的原理，则得主曲线的转角为$\alpha_1 = 2I_1$。

(2)设B'点为曲线终点B的初测位置,在B'点安置仪器观测出弦切角I_3,同时在切线上B点的估计位置前后打下骑马桩a、b。

(3)在C点安置仪器,观测出I_2。由图可知,复曲线的转角$\alpha_2 = I_2 - I_1 + I_3$。旋转照准部照准$A$点,将水平度盘读数配置为0°00′00″后倒镜,顺时针拨水平角$(\alpha_1 + \alpha_2)/2 = (I_1 + I_2 + I_3)/2$,此时,望远镜的视线方向即为弦$CB$的方向,交骑马桩$a$、$b$的连线于$B$点,即确定了曲线的终点。

(4)用测距仪(全站仪)或钢尺往返丈量得到AC和CB的长度$\overline{AC}$、$\overline{CB}$,并由此计算主、副曲线的半径R_1、R_2得

$$\left.\begin{aligned} R_1 &= \frac{\overline{AC}}{2\sin\dfrac{\alpha_1}{2}} \\ R_2 &= \frac{\overline{CB}}{2\sin\dfrac{\alpha_2}{2}} \end{aligned}\right\} \tag{8-55}$$

(5)由求得的主、副曲线半径和测算的转角分别计算主、副曲线的测设元素,然后仍按前述方法计算主点里程并进行测设。

二、设置有缓和曲线的复曲线

(一)中间不设缓和曲线而两边皆设缓和曲线的复曲线

如图8-31所示,设主、副曲线两端分别设有两段缓和曲线,其缓和曲线长分别为l_{s1}、l_{s2}时,为使两不同半径的圆曲线在原公切点(GQ)直接衔接,两缓和曲线的内移值必须相等,即$p_{主} = p_{副} = p$。

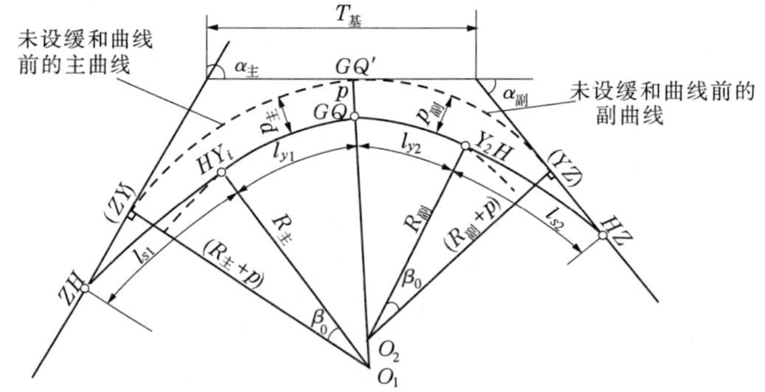

图8-31　两边皆设缓和曲线的复曲线

由前述式(8-28)及式(8-37)有:

$$\left.\begin{aligned} c_1 &= R_{主} \cdot l_{s1} = R_{主} \cdot \sqrt{24R_{主}\, p} \\ c_2 &= R_{副} \cdot l_{s2} = R_{副} \cdot \sqrt{24R_{副}\, p} \end{aligned}\right\} \tag{8-56}$$

如果$R_{主} > R_{副}$,则$c_1 > c_2$。因此,在选择缓和曲线长度时,必须使$c_2 \geqslant 0.035v^3$。对于已选定的l_{s2},可得

$$l_{s2} = l_{s1} \cdot \sqrt{\frac{R_{副}}{R_{主}}} \tag{8-57}$$

另外，由图 8-31 可得如下的关系式：

$$T_{基} = (R_{主} + p) \cdot \tan \frac{\alpha_{主}}{2} + (R_{副} + p) \cdot \tan \frac{\alpha_{副}}{2} \tag{8-58}$$

测设时，通过测得数据 $\alpha_{主}$、$\alpha_{副}$ 和 $T_{基}$，以及根据要求拟定的数据 $R_{主}$、l_{s1}，采用式(8-58)反算 $R_{副}$，其中，$p = p_{主} = \frac{l_{s1}^2}{24R_{主}}$；采用式(8-57)反算副曲线缓和段长度 l_{s2}。

主、副曲线的半径、转角和缓和段长度均已设定的情况下，可按本章第七节中的方法进行测设元素及主点里程的计算。

(二) 中间设置有缓和曲线的复曲线

中间设置有缓和曲线的复曲线是指复曲线的两圆曲线间有缓和曲线段衔接过渡的曲线形式。一般在实地地形条件限制下，选定的主、副曲线半径长度相差超过 1.5 倍时采用。在实际工程测量中，应尽量避免采用这种曲线，故在此不做介绍。

第九节　回头曲线的测设

山区低等级公路，当路线跨越山岭时，为了克服距离短、高差大的展线困难，或跨越深沟，绕过山嘴时，路线方向需作较大转折，往往需要设置回头曲线。回头曲线一般由主曲线和两个副曲线组成。主曲线为一转角 α 接近、等于或大于 180°的圆曲线；副曲线在路线的上、下线各设置一个，为一般圆曲线。在主、副曲线之间一般以直线连接。下面介绍两种主曲线的测设方法。

一、切基线法

如图 8-32 所示，路线的转角接近于 180°，应设置回头曲线，设 DF、EG 分别为曲线的上线和下线，D、E 两点分别为副曲线的交点，主曲线的交点甚远，无法在现场得到。但在选线时，可确定出交点方向的定向点 F、G 点。在此情况下，如果能确定出曲线顶点(QZ)的切线 AB(AB 线在此称为顶点切基线)，则问题就变得简单了，具体测设方法如下：

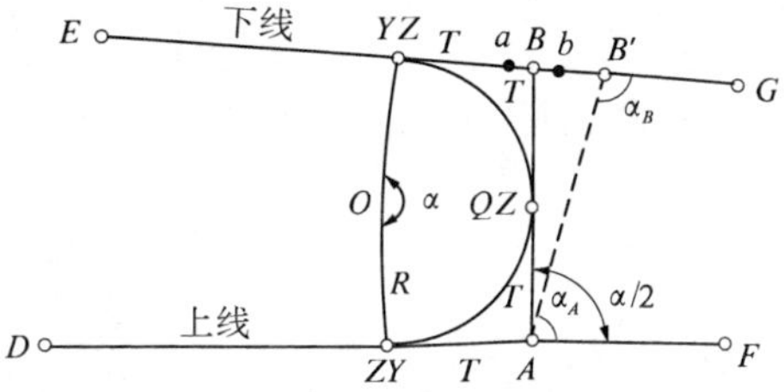

图 8-32　顶点切基线

(1) 根据现场的具体情况，在 DF、EG 两切线上选取顶点切基线 AB 的初定位置 AB'，其中，A 为定点，B'为初定点。

(2) 将仪器安置于初定点 B' 上，观测出角 α_B，并在 EG 线上 B 点的估计位置前后设置 a、b 两骑马桩。

(3) 将仪器安置于 A 点，观测出角 α_A，则路线的转角 $\alpha = \alpha_A + \alpha_B$。后视定向点 F，反拨角值 $\alpha/2$，由此得到视线与骑马桩 a、b 连线的交点，即为 B 点的点位。

(4) 量测出顶点切基线 AB 的长度 $\overline{AB}$，并取 $T = \overline{AB}/2$，从 A 点沿 AD、AB 方向分别量测出长度 T，便定出 ZY 点和 QZ 点；从 B 点沿 BE 方向量测出长度 T，便定出 YZ 点。

(5) 计算主曲线的半径 $R = \dfrac{T}{\tan \dfrac{\alpha}{4}}$。再由半径 R 和转角 α 求出曲线的长度 L，并根据 A 点的里程，计算出曲线的主点里程。

主点测设完成后，可用前述的方法进行详细测设。

二、弦基线法

如图 8-33 所示，设 EF、GH 分别为曲线的上、下线，E、H 为两副曲线的交点，F、G 为定向点，4 点均在选线时确定，如果能得到曲线起点（ZY）和终点（YZ）的连线 AB 的长度（AB 线称为弦基线），则问题亦可解决。具体测设方法如下：

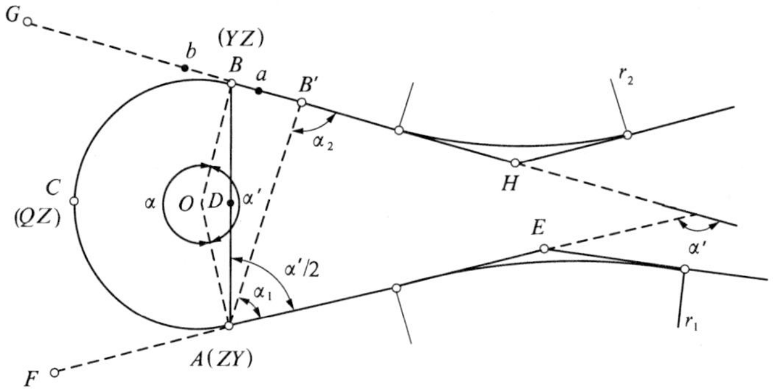

图 8-33　弦基线法

（1）根据现场的具体情况，在 EF、GH 两切线上选取弦基线 AB 的初定位置 AB'，其中，A（ZY 点）为定点，B'为初定点。

（2）将仪器安置于初定点 B'上，观测出角 α_2，并在 GH 线上 B 点的概略位置前后，设置 a、b 两骑马桩。

（3）将仪器安置于 A 点，观测出角 α_1，则 $\alpha' = \alpha_1 + \alpha_2$。以 AE 为起始方向，反拨角值 $\alpha'/2$，由此得到视线与骑马桩 a、b 连线的交点，即为 B（YZ）点的点位。

（4）量测出弦基线 AB 的长度$\overline{AB}$，按式（8-24）计算曲线的半径 R。

（5）由图 8-33 可知，主曲线所对应的圆心角为 $\alpha = 360° - \alpha'$。根据 R 和 α 便可求得主曲线长度 L，并由 A 点的里程计算主点里程。

（6）曲线的中点（QZ）可按弦线支距法设置。

支距长：

$$DC = R \cdot \left(1 + \cos\frac{\alpha'}{2}\right) = 2R \cdot \cos^2\frac{\alpha'}{4} \qquad (8\text{-}59)$$

测设时从 AB 的中点 D 向圆心作垂线，量测出 DC 的长度，即得曲线的中点 C（QZ）。主点测设完成后，可用前述的方法进行详细测设。

第十节　用全站仪测设道路中线

一、全站仪的技术操作

（一）全站仪的基本结构与功能

目前，全站仪在现代工程中基本得到普及，是各工程单位进行测量和放样工作的主要仪器，它的应用使测量人员从繁重的测量工作中解脱出来，大大提高了工作效率和测量精度。各种不同品牌、型号的全站仪其形状和结构各不相同，但使用功能却大同小异。现以南方 NTS－350 型全站仪为例进行介绍。

1. 南方 NTS－350 型全站仪的外部结构

如图 8-34 所示为南方 NTS－350 型全站仪的外部结构。

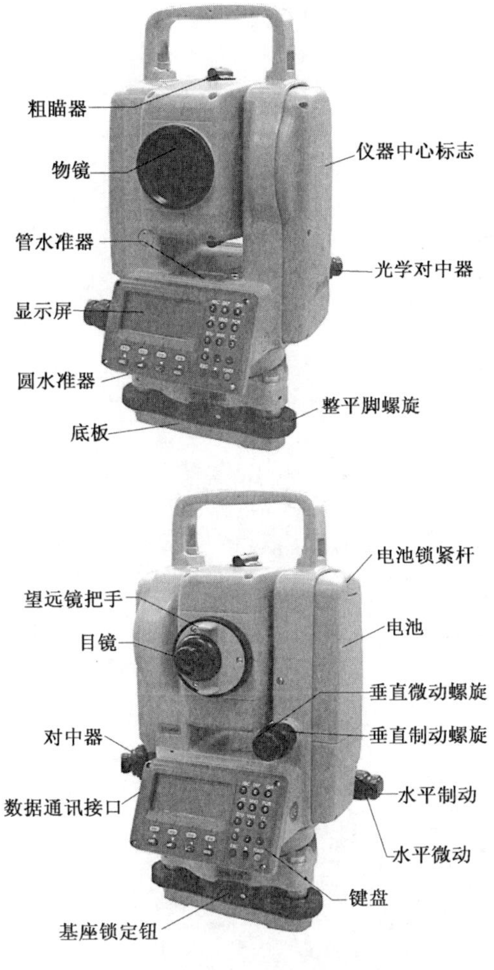

图 8-34　NTS－350 型全站仪

2. 全站仪操作键盘的功能

键盘功能如图 8-35 和表 8-9 所示。

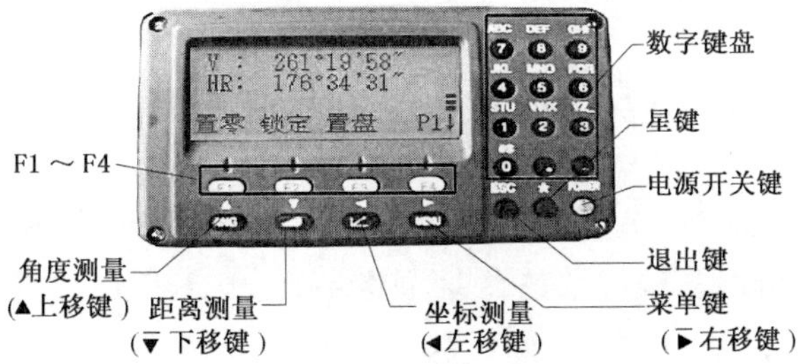

图 8-35　NTS－350 型全站仪操作键盘

表 8-9　操作键盘功能

按键	名称	功能
ANG	角度测量键	进入角度测量模式
	距离测量键	进入距离测量模式
	坐标测量键	进入坐标测量模式
MENU	菜单键	进入菜单模式
ESC	退出键	返回上一级状态或返回测量模式
POWER	电源开关键	电源开关
F1 ~ F4	软键(功能键)	对应于显示的软键信息
0 ~ 9	数字键	输入数字和字母、小数点、负号
★	星键	进入星键模式

3. 反射棱镜

反射棱镜用于测量时立于测点,供望远镜照准,其形式如图 8-36 所示。其中(a)、(b)为在三脚架上安置的棱镜,(c)为简易对中三脚架的测杆棱镜。在工程测量中,根据测程距离的大小不同,可选用单棱镜、三棱镜、九棱镜等。

(a)　　(b)　　(c)

图 8-36　反射棱镜

(二)全站仪的基本操作

1. 测量前的准备工作

(1)架设仪器。全站仪的安置也包括对中和整平两项工作,具体操作方法与经纬仪相同。

(2)全站仪的初始设置。根据测量的具体要求,测量前应对全站仪进行参数设置,主要包括气压设置、温度设置、棱镜常数设置、测量模式设置、单位设置等。

2. 水平角的测量

(1)水平角右角和垂直角的测量。

确认处于角度测量模式:

操作过程	操作	显示
①照准第一个目标 *A*	照准 A	V:78°33′45″ HR:93°08′35″ 置零　锁定　置盘　P1↓
②设置目标 *A* 的水平角为 0°00′00″,按[F1](置零)键和[F3](是)键	[F1] [F3]	水平角置零 >OK? —　—　[是]　[否] V:78°33′45″ HR:0°00′00″ 置零　锁定　置盘　P1↓
③照准第二个目标 *B*,显示目标 *B* 的 V/H	照准目标 B	V:95°24′23″ HR:102°12′43″ 置零　锁定　置盘　P1↓

(2)水平角(右角/左角)切换。

操作过程	操作	显示
①按[F4](↓)键两次转到第 3 页功能	[F4]两次	V:122°09′30″ HR:90°09′30″ 置零　锁定　置盘　P1↓ 倾斜　—　V%　P2↓ H-蜂鸣　R/L　竖角　P3
②按[F2](R/L)键,右角模式(HR)切换到左角模式(HL)	[F2]	V:122°09′30″ HL:269°50′30″ H-蜂鸣　R/L　竖角　P3↓
③以左角 HL 模式进行测量		
* 每次按 F2(R/L)键,HR/HL 两种模式交替切换。		

3. 距离测量(连续测量)

确认处于测角模式:

操作过程	操作	显示
①照准棱镜中心	照准	V:78°33′45″ HR:170°30′20″ 置零　锁定　置盘　P1↓
②按键,距离测量开始＊1),＊2)		HR:170°30′20″ HD＊[r]　≪m VD:　m 测量　模式　S/A　P1↓ HR:170°30′20″ HD＊235.343 m VD:36.551 m 测量　模式　S/A　P1↓
显示测量的距离＊3)—＊5) 再次按键,显示变为水平角(HR)、垂直角(V)和斜距(SD)		V:90°30′20″ HR:170°30′20″ SD＊　241.55 m 测量　模式　S/A　P1↓

4. 坐标测量

对于全站仪,在其坐标测量模式下,输入测站点坐标、仪器高和后视点坐标或后视方向坐标方位角后,用其坐标测量功能可以测量目标点的三维坐标,如图 8-37 所示。

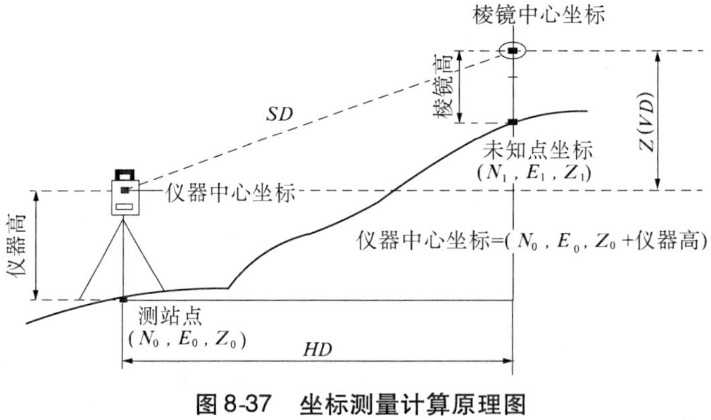

图 8-37　坐标测量计算原理图

未知点的坐标由下面公式计算并显示出来:

测站点坐标:(N_0,E_0,Z_0),仪器中心坐标(N_0,E_0,Z_0 + 仪器高);

相对于仪器中心点的棱镜中心坐标:(n,e,z);

仪器高:仪高;

棱镜高:镜高;

棱镜中心相对于仪器中心的高差:Z(VD);

则未知点坐标(N_1,E_1,Z_1)为

$$N_1=N_0+n$$
$$E_1=E_0+e$$
$$Z_1=Z_0+\text{仪高}+Z-\text{镜高}$$

其观测步骤如下：

(1)安置仪器,进行对中、整平；

(2)在坐标测量模式下,按[F4]键,转到第二页功能,按[F3](测站)键,进行测站点坐标输入,按[F2]键输入仪器高,按[F1]键输入棱镜高,输入完成后返回坐标测量模式；

(3)输入后视点的已知坐标值或后视点的方位角；

(4)精确瞄准后视点后,确认；

(5)精确瞄准待测目标点后,按测量键,进行坐标测量。

二、导线测量

(一)外业观测工作

全站仪导线测量的外业工作除踏勘选点、建立标志外,主要是利用全站仪的基本测量功能测得导线水平角和导线边长,以此作为观测值,也可利用全站仪坐标测量功能直接测得导线点的坐标和相邻导线点的边长,然后进行导线平差计算。其观测步骤如下(以图8-38为例)：

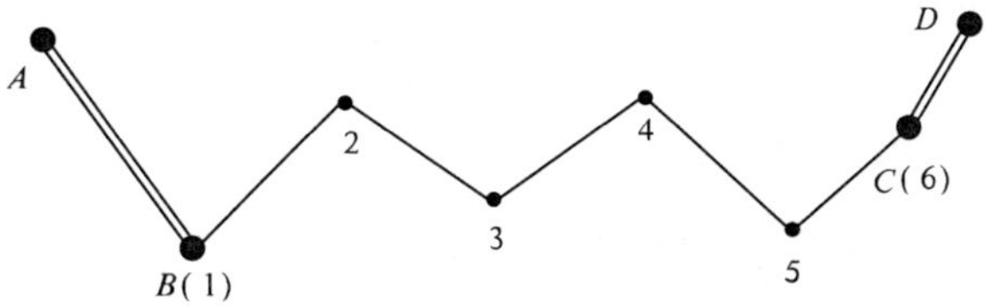

图8-38　全站仪测量附合导线

(1)在起始点B(已知高级控制点)安置全站仪,设置测站点坐标；

(2)瞄准另一已知高级控制点A,设置后视点坐标或后视方位角；

(3)精确瞄准导线点2,按距离及三维坐标的测量方法测定导线点2与B点距离D_{B2}及2点的坐标(x_2',y_2'),记入手簿或存入全站仪存储器；

(4)再将全站仪安置在导线点2上设置测站,以B点为后视点,测量导线边23边长D_{23}和导线点3的坐标(x_3',y_3')；

(5)以此方法观测其余各导线边长和导线点的坐标,最后测得C点(已知高级控制点)的坐标(x_C',y_C')。

(二)内业平差计算

由于利用全站仪可直接测得导线点的坐标和导线边长,故其内业计算主要是纵、横增量坐标闭合差的计算和调整(以图8-38为例进行计算,计算见表8-10)。

(1)坐标闭合差的计算。设C点已知坐标为(x_C,y_C),由于C点的观测坐标为(x_C',y_C'),则纵横坐标闭合差为

$$\left.\begin{aligned}f_x=x_C'-x_C\\f_y=y_C'-y_C\end{aligned}\right\}\tag{8-60}$$

由此可计算导线全长闭合差：

$$f_D = \sqrt{f_x^2 + f_y^2} \tag{8-61}$$

导线全长闭合差f_D随着导线的长度增大而增大,所以导线测量的精度是用导线全长相对闭合差K来衡量的,即

$$K = \frac{f_D}{\sum D} = \frac{1}{\sum D / f_D} \tag{8-62}$$

式中 D——导线边长,在外业观测时已测量。

若$K \leqslant K_{容}$,则表明测量结果精度满足要求,可对导线点坐标闭合差进行调整计算。

(2)坐标闭合差的调整计算。当$K \leqslant K_{容}$时,可按下式进行坐标闭合差调整计算:

$$\left.\begin{aligned} v_{x_i} &= -\frac{f_x}{\sum D} \cdot \sum D_i \\ v_{y_i} &= -\frac{f_y}{\sum D} \cdot \sum D_i \end{aligned}\right\} \tag{8-63}$$

式中 $\sum D$——导线全长;

$\sum D_i$——第i点之前导线边长之和。

(3)导线点坐标的推算。根据起始点的已知坐标和各点坐标的调整值,按下列公式依次计算各导线点的坐标:

$$\begin{aligned} x_j &= x_i' + v_{x_i} \\ y_j &= y_i' + v_{y_i} \end{aligned} \tag{8-64}$$

式中 x_i'、y_i'——第i点的坐标观测值。

表8-10 以坐标为观测量的导线平差计算

点号	坐标观测值(m)		边长D(m)	坐标改正数(mm)		平差后坐标值(m)	
	x_i'	y_i'		v_{x_i}	v_{y_i}		
1	2	3	4	5	6	7	8
A						6 242.685	4 631.274
$B(1)$						2 654.173	1 814.216
			1 573.261				
2	1 861.436	3 173.156		−5	+4	1 861.431	3 173.160
			865.360				
3	2 150.098	3 988.951		−8	+6	2 150.090	3 988.957
			1 238.023				
4	2 286.434	5 219.444		−12	+9	2 286.422	5 219.453
			1 821.746				
5	4 104.742	5 331.319		−18	+14	4 104.724	5 331.333
			506.681				
$C(6)$	4 564.269	5 547.130		−19	+16	4 564.250	5 547.146
D						5 666.511	6 180.362
$\sum$			6 005.071				
辅助计算	$f_x = x_C' - x_C = 4\ 564.269 - 4\ 564.250 = +19$ (mm) $f_y = y_C' - y_C = 5\ 547.130 - 5\ 547.146 = -16$ (mm) $f_D = \sqrt{f_x^2 + f_y^2} = \sqrt{19^2 + 16^2} = 24$ (mm) $K = \frac{f_D}{\sum D} = \frac{0.024}{6\ 005.071} \approx \frac{1}{250\ 000}$						

三、中线测量

传统的公路中桩测设，常以设计的交点（JD）为线路控制，用转点延长法放样直线段，用切线支距法或偏角法放样曲线段。但对于高等级公路特别是高速公路的建设，公路施工的精度要求越来越高，这种传统方法由于存在放样精度低、自动化程度低、现场测设不灵活（出现虚交，处理麻烦）等缺点，已越来越不能满足现代公路建设的需要，遵照《测绘法》的有关规定，大中型建设工程项目的坐标系统应与国家坐标系统一致或与国家坐标系统相联系，故公路工程一般用光电导线或 GPS 测量方法建立线路统一坐标系，根据控制点坐标和中桩坐标，用“极坐标法”测设出各中桩。这就需要根据设计的线路交点（JD）的坐标和曲线元素，计算出道路中线上各中桩在统一坐标系中的坐标，然后利用全站仪的坐标放样功能可以任意设置测站来放样道路中桩。

（一）平面坐标系间的坐标转换公式

如图 8-39 所示，为平面坐标系 xOy 和 $x'O'y'$。设 P 点在坐标系 xOy 中的坐标为（x_P, y_P），在坐标系 $x'O'y'$中的坐标为（x'_P, y'_P），则

$$\left.\begin{aligned} x_P &= a + x'_P\cos\alpha - y'_P\sin\alpha \\ y_P &= b + x'_P\sin\alpha + y'_P\cos\alpha \end{aligned}\right\} \quad (8\text{-}65)$$

式中　a——坐标系 $x'O'y'$的坐标原点 O'在坐标系 xOy 中的纵坐标，m；

b——坐标系 $x'O'y'$的坐标原点 O'在坐标系 xOy 中的横坐标，m；

α——两坐标系纵坐标轴的夹角。

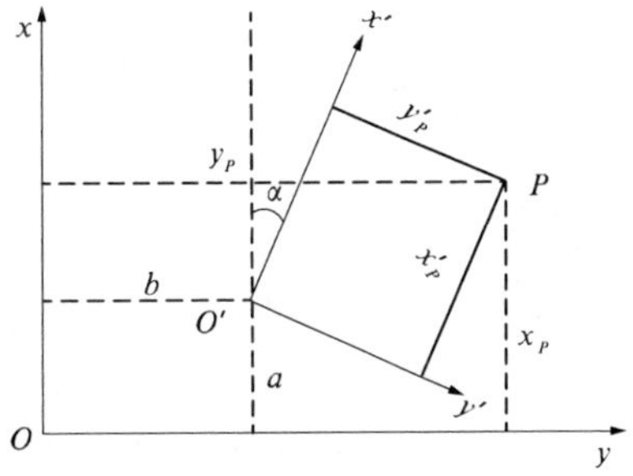

图 8-39　坐标换算

（二）道路中桩统一坐标的计算

1. 直线段中桩坐标的计算

如图 8-40 所示，xOy 为线路统一坐标系，$x'-ZH-y'$为缓和曲线按切线支距法建立的局部坐标系，则直线段 $JD_{i-1}-JD_i$ 上任一中桩 P 的坐标可由坐标正算而得：

$$\left.\begin{aligned} x_P &= x_{JD_{i-1}} + (K_P - K_{JD_{i-1}})\cos\alpha_{i-1,i} \\ y_P &= y_{JD_{i-1}} + (K_P - K_{JD_{i-1}})\sin\alpha_{i-1,i} \end{aligned}\right\} \quad (8\text{-}66)$$

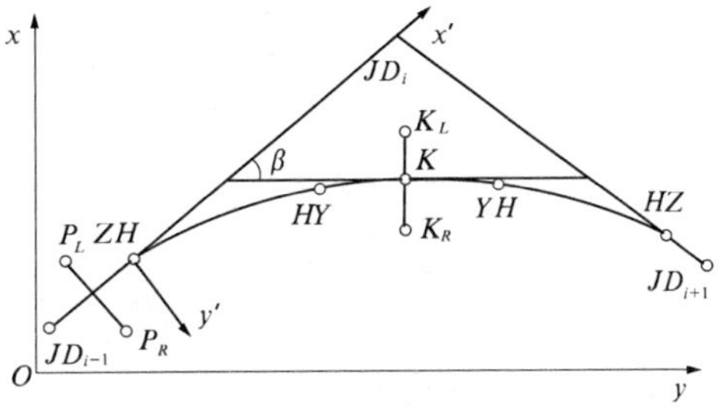

图 8-40　直线、第一缓和曲线、圆曲线段点坐标计算（右转）

式中　$(x_{JD_{i-1}}, y_{JD_{i-1}})$——交点 JD_{i-1}的设计坐标；

K_P、$K_{JD_{i-1}}$——P、交点 JD_{i-1}的设计里程；

$\alpha_{i-1,i}$——直线段 $JD_{i-1}-JD_i$ 的坐标方位角，可由坐标反算而得。

曲线起点（ZH 或 ZY），曲线终点（HZ 或 YZ）均为直线段上点，其坐标可按本章第五节中极坐标法测设圆曲线公式（8-15）计算。

2. 完整曲线上点的坐标计算

如图 8-40 所示，某公路曲线由完整的第一缓和曲线 l_{s_1}、半径为 R 的圆曲线、完整的第

二缓和曲线 l_{s_2} 组成。

(1)第一缓和曲线及圆曲线上点的坐标计算。

当 K 点位于第一缓和曲线($ZH \sim HY$)上,按公式(8-34)得

$$\left.\begin{aligned} x'_K &= l - \frac{l^5}{40R^2 l_{s_1}^2} \\ y'_K &= \frac{l^3}{6Rl_{s1}} - \frac{l^7}{336R^3 l_{s_1}^3} \end{aligned}\right\}$$

式中 l——K 点至 ZH 点的设计里程之差。

当 K 点位于圆曲线($HY \sim YH$)上,按公式(8-40)计算得

$$\left.\begin{aligned} x'_K &= R \cdot \sin\varphi + q \\ y'_K &= R(1 - \cos\varphi) + p \end{aligned}\right\}$$

由上式计算出 K 在坐标系 $x' - ZH - y'$ 中坐标后,再由坐标系转换公式(8-65)可得 K 点在线路统一坐标系 xOy 中的坐标:

$$\left.\begin{aligned} x_K &= x_{ZH} + x'_K\cos\alpha - f \cdot y'_K\sin\alpha \\ y_K &= y_{ZH} + x'_K\sin\alpha + f \cdot y'_K\cos\alpha \end{aligned}\right\} \tag{8-67}$$

式中 f——符号函数,右转取“+”,左转取“-”。

(2)第二缓和曲线上点的坐标仍然可由公式(8-34)、公式(8-40)、公式(8-67)计算。

(3)单圆曲线($ZY \sim YZ$)上点的坐标计算见本章第五节极坐标法测设圆曲线。

(三)利用全站仪测设道路中桩

计算出道路各中桩统一坐标后,可根据已知控制点和实地情况,在已知控制点设测站,测设道路中桩。具体步骤如下:

(1)在已知控制点安置全站仪,按菜单[MENU]键,仪器进入主菜单 1/3 模式。

(2)按[F2]键,进入放样 1/2 模式:

放样	1/2
F1:输入测站点	
F2:输入后视点	
F3:输入放样点	P↓

(3)在坐标放样模式下按[F1]设置测站点坐标,输入仪器高,返回放样 1/2 模式。

(4)在坐标放样模式下按[F2]输入后视点坐标或后视方向的方位角,并精确瞄准后视点,确认,返回放样 1/2 模式。

(5)在坐标放样模式下按[F3],输入待放样点坐标和棱镜高,进行放样。

复习思考题

8-1 道路中线测量的主要任务是什么?

8-2 简述放点穿线法测设交点的步骤。

8-3 什么是正倒镜分中法?简述正倒镜分中法延长直线的操作方法。

8-4　什么叫道路中线测量中的转点？它与水准测量的转点有何不同？

8-5　什么是路线的右角？什么是路线的转角？它们之间有何关系？如何区分左偏还是右偏？

8-6　何谓里程桩，在中线的哪些地方应设置里程桩？

8-7　什么是圆曲线的主点？圆曲线的测设元素有哪些？如何测设圆曲线主点？

8-8　切线支距法详细测设圆曲线的原理是什么？简述其操作步骤。

8-9　偏角法详细测设圆曲线的原理是什么？绘图简述偏角法测设圆曲线的操作步骤。

8-10　何谓缓和曲线？设置缓和曲线有何作用？

8-11　简述有缓和曲线段的平曲线上主点桩的测设方法和步骤。

8-12　一测量员在路线交点 JD_4 上安置仪器，观测右角，测得后视读数为 42°18′24″，前视读数为 174°36′12″。问该弯道的转角是多少？是左转还是右转？若观测完毕后仪器度盘不动，分角线方向读数应是多少？

8-13　已知路线交点 JD_6 的里程桩为 K12 + 478.56，线路转角（右角）为 28°24′，圆曲线半径 $R = 300$ m，试计算圆曲线测设元素和各主点里程桩，并说明测设步骤。

8-14　按 8-13 题所述圆曲线，在 ZY 点设站，用切线支距法并按整桩号法设桩，桩距 10 m，试计算各细部点坐标，并说明测设步骤。

8-15　已知路线交点的里程桩为 K4 + 342.18，线路转角（左角）为 25°38′，圆曲线半径 $R = 250$ m，曲线整桩距为 20 m，若采用偏角法测设该曲线，试计算曲线上各细部点的里程、偏角及弦长，并说明测设步骤。

8-16　若 8-15 题中，交点的平面坐标为（2 088.273，1 535.011），交点至曲线起点（ZY）的坐标方位角为 243°27′18″，试计算曲线主点坐标和细部点坐标。

8-17　如图 8-41 所示，已知 $\alpha_A = 38°36′$，$\alpha_B = 58°12′$，量得 $\overline{AB} = 48.79$ m。试述用切线支距法详细测设与 AB 线相切的圆曲线的方法。

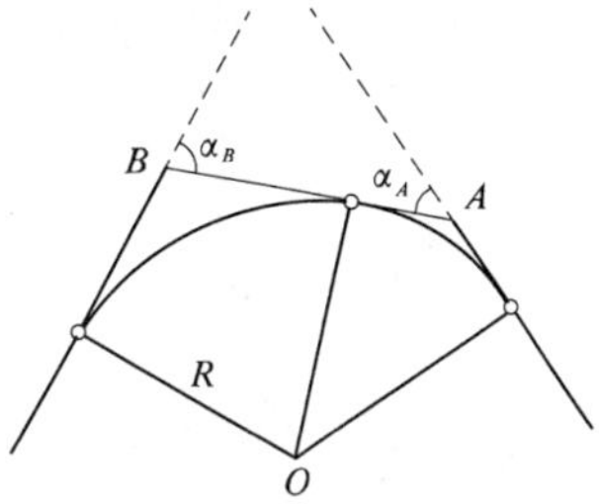

图 8-41　题 8-17 图

8-18　在道路中线测量中，已知交点的里程桩号为 K19 + 526.75，转角 $\alpha_{右} = 38°18′$，圆曲线半径 $R = 300$ m，缓和曲线长 $l_s = 75$ m，试计算该曲线的测设元素、主点里程，并说明主点的测设方法。

8-19　按第 8-18 题在钉出主点后，若采用切线支距法按整桩号设桩，进行详细测设，试计算各桩坐标值。

8-20　按第 8-18 题在钉出主点后，若采用偏角法按整桩号设桩，进行详细测设，试计算测设各桩所需的数据。

第九章　路线纵、横断面测量

本章重点

1. 基平测量的方法；
2. 中平测量的方法；
3. 纵断面图的绘制；
4. 横断面的测量方法及绘制。

第一节　概　述

路线测量一般分为初测和定测两个阶段，初测阶段的主要工作是控制测量和带状大比例尺地形图的测绘，定测阶段的主要工作是中线测量（见第八章）、路线纵断面测量、路线横断面测量。本章主要介绍路线纵、横断面测量。

路线纵断面测量又称路线水准测量，它的任务是首先沿路线布设水准点，施测水准点的高程，建立高程控制，然后依据控制点测定中线上各里程桩（中桩）的地面高程，绘制路线纵断面图作为路线坡度设计、中桩填挖尺寸计算的依据。

路线纵断面测量分两步进行：首先，在路线方向上设置水准点，施测水准点的高程，建立高程控制，称为基平测量；其次，是根据各水准点高程，分段测定中线上各里程桩（中桩）的地面高程，称为中平测量。在基平测量中，路线起始水准点应与国家高等级水准点进行联测，以获得路线的绝对高程。若路线附近没有国家高等级水准点，也可以采用假定高程。

路线横断面测量的任务是测定中桩处垂直于中线方向的地面起伏状况，绘制横断面图作为路基横断面设计、土石方数量计算和路基施工放样的依据。

第二节　基平测量

一、路线水准点的设置

基平测量也称路线高程控制测量，其水准点的布设一般是在设置初测水准点的基础上进行的。因此，应对初测水准点逐一进行检核，若其闭合差在 $\pm 30\sqrt{L}$ mm（L 为水准路线长度，单位为 km）以内，可采用初测成果，同时，水准点要有足够的密度，并且位置要适当。当初测水准点遭到破坏密度不够或位置不恰当时，应进行补测。

基平测量中的水准点分永久水准点和临时水准点。永久性水准点一般设置在路线起点和终点、大桥两岸、隧道两端，以及需要长期观测高程的重点工程附近的地方，并且在路线上每隔一定的距离应设置一永久水准点，永久水准点一般应埋设标石，也可将金属标志嵌在基岩上等。临时水准点的设置密度应根据地形复杂情况和工程需要而定，一般在平原地区每隔1～2 km布设一个临时水准点，在山区每隔0.5～1 km布设一个。

水准点点位应选在地基稳固、易于联测以及施工时不易被破坏的地方，一般距路线中线50～300 m。水准点设置完以后，要对水准点进行统一编号，一般以 BM_i 表示，其中 i 为水准点编号，并根据需要绘制“点之记”。

二、基平测量的方法

基平测量时，首先应将路线起始水准点与国家水准点进行联测，以获得路线的绝对高程。如果路线附近没有国家水准点，也可以采用假定高程。

水准点高程的测定，一般采用水准测量方法进行，在困难地段也可采用三角高程测量的方法实施。水准测量时，通常采用一台水准仪在两个相邻的水准点间作往返观测；也可用两台水准仪作同向单程观测。在基平测量中，应根据公路等级，按照三等或四等水准测量的技术规范实施，以求得各水准点的高程。

第三节　中平测量

一、中平测量的方法

中平测量又称中桩抄平，是以基平测量建立的高程控制点为基础，测定路线中线上各里程桩的地面高程，为绘制线路纵断面提供资料。根据所使用仪器的不同，中平测量可采用以下方法实施。

（一）水准仪法

中平测量可采用水准测量的方法进行，即采用一台水准仪实施单程测量。一般是以两相邻水准点为一测段，从一个水准点开始，用视线高法，逐个测定各中桩的地面高程，直至附合到下一个水准点上，相邻水准点构成一条附合水准路线。

如图9-1所示，将水准仪安置于Ⅰ处，在水准点 BM_1 上竖立水准尺，读取水准尺读数，作为后视读数。首先读取转点 ZD_1 上水准尺的读数，作为前视读数。然后依次在各中桩上竖立水准尺，并读取水准尺读数，称为中视读数。在每一个测站上，应尽量多地观测中桩。再将仪器搬至Ⅱ处，后视转点 ZD_1，重复上述方法，直至闭合于 BM_2。中视读数读至cm，转点读数读至mm。记录、计算见表9-1。

中桩及转点的高程按下式计算：

$$视线高程 = 后视点高程 + 后视读数$$

$$中桩高程 = 视线高程 - 中视读数$$

$$转点高程 = 视线高程 - 前视读数$$

例如：在表9-1中，测站Ⅰ的视线高程为：$H_i = 45.865 + 3.356 = 49.221$；

中桩0+000的高程为：$49.221 - 2.89 = 46.331$（保留两位小数，取46.33）；

转点 ZD_1 的高程为：$49.221 - 2.205 = 47.016$；

测站Ⅱ的视线高程为:47.016 + 1.902 = 48.918。

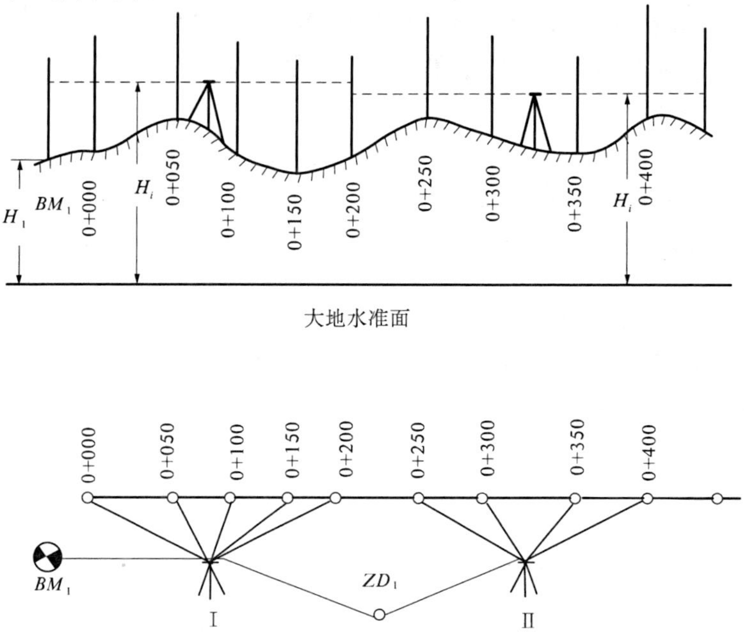

图 9-1　中平测量

表 9-1　中平测量记录手簿

测点	水准尺读数(m)			视线高	高程	备注
	后视	中视	前视	(m)	(m)	
BM_1	3.356			49.221	45.865	
0 + 000		2.89			46.33	
0 + 050		1.45			47.77	
0 + 100		2.92			46.30	
0 + 150		3.98			45.24	
0 + 200		3.05			46.17	
ZD_1	1.902		2.205	48.918	47.016	
0 + 250		0.96			47.96	
0 + 300		2.17			46.75	
0 + 350		2.70			46.21	
0 + 400		0.76			48.16	
ZD_2						
⋮						
BM_2						
⋮						

同理,依次计算其他各中桩的高程。以上各式计算单位为 m。水准路线从 BM_1 点开始终止于 BM_2 点,构成一条附合水准路线,其高差闭合差的限差高速公路和一级公路为 $\pm 30\sqrt{L}$(mm),二级及以二级以下公路为 $\pm 50\sqrt{L}$(mm)(L 为 BM_1 点至 BM_2 点水准路线长度,以 km 计),测段闭合差在限差以内时不作平差,若超限应重测。依次观测其他各测

段，求出所有中桩的地面高程。

（二）全站仪法

在地形起伏较大的地区，水准仪实施起来较为困难时，可以采用三角高程测量的方法进行中平测量。特别是随着全站仪的广泛使用，可以利用全站仪进行中平测量，其原理即为三角高程测量原理。其一，在中桩测设的同时进行，即利用全站仪“测量三维坐标”功能，测出中桩的地面高程。其二，采用任意设站进行中平测量。

二、跨沟谷测量

中平测量遇到深沟或深谷时，由于高差较大，按一般方法进行中平测量，要增加许多测站和转点，为了避免因在沟谷内多次安置仪器而产生的误差，可采用如下方法施测。

（一）沟内沟外分开测

当沟谷较宽且沟谷内中桩较多时，可采用沟内沟外分开测。如图 9-2 所示，采用一般方法测至沟谷边缘，将仪器安置于测站 1，此时，应在沟谷的两岸各测设一转点 ZD_a 和 ZD_3，首先读取沟谷对岸转点 ZD_3 的前视读数，然后以转点 ZD_a 为后视点，按支水准路线形式测定沟谷内的中桩高程，同时，根据需要可增设转点 ZD_b 等。沟谷内测量结束后，将仪器安置于测站 4，以转点 ZD_3 为后视点，依次观测其他中桩。为了削减由于测站 1 前、后视距不等而产生的测量误差，可将测站 4 的后视距离适当加长。在利用上述方法测量时，因为沟谷内是以支水准路线形式进行的，故应另行记录。

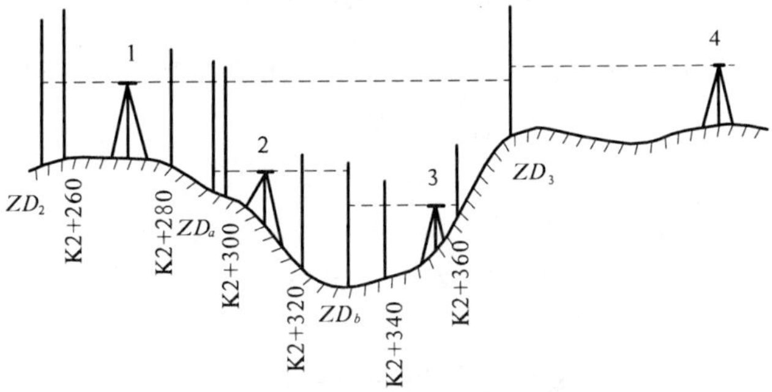

图 9-2　跨沟谷中平测量

（二）接尺法

当沟谷较窄且坡度较大，个别中桩不便测量时，可采用接尺法。即将两根水准尺接在一起，把水准尺接长使用，此时，读数应为望远镜内的水准尺读数加上接尺的数值，记录时应对接尺数据加以说明。

三、绘制纵断面图

纵断面图是根据路线上中桩的里程和高程绘制，既表示中线方向的地面起伏，又反映路线坡度设计的图，是路线设计和施工的重要资料。

（一）纵断面图的主要内容

如图 9-3 所示，是某道路工程的路线纵断面图。由图可知，纵断面图包括上下两部分，图的上半部，从左至右绘有贯穿全图的两条线。细折线表示中线方向的地面线，根据里程和中平测量的中桩地面高程绘制;粗折线表示纵坡设计线。除此之外,在图的上部还注有以下资料:水准点编号、高程和位置;竖曲线示意图及其曲线参数;桥梁、涵洞的类型、孔径、里程桩号和设计水位;与其他路线交叉点的位置、里程桩号和有关说明等。

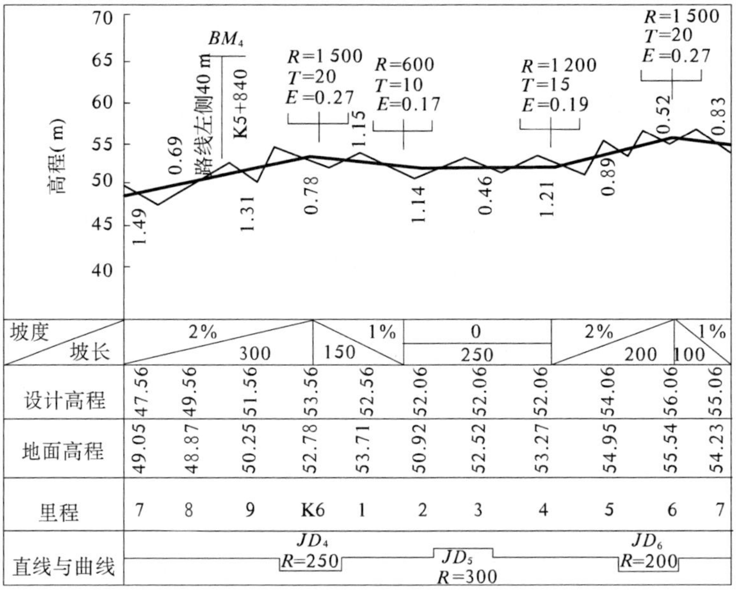

图 9-3　路线纵断面图

图的下半部,标注有如下有关测量和纵坡设计的资料,在图纸左边自下而上各栏填写直线与曲线、里程、地面高程、设计高程、坡度和坡长等。

1. 直线和曲线

是根据中线测量成果资料绘制的中线示意图。直线部分用直线表示,曲线部分用折线表示,上凸表示路线右转,下凹表示路线左转,并注明交点编号和曲线半径。

2. 里程

是按规定的里程比例尺标注的各中桩里程,通常只在百米桩和公里桩处标注里程。

3. 地面高程

是中桩的地面高程,在纵断面图上将各中桩的地面高程依次标出,并用细直线依次连接各相邻点,即得到地面线。

4. 设计高程

是各里程桩处的路基设计高程。

5. 坡度和坡长

是用斜线或水平线表示设计坡度的方向,在线的上方标注坡度数值(百分数),下方标注坡长。斜线从左至右向上倾斜表示上坡,向下倾斜表示下坡,水平线表示平坡。同时,不同的坡段以竖线分开。

(二)纵断面图的绘制

在绘制纵断面图时,首先应建立以里程为横坐标,高程为纵坐标的直角坐标系。为了明显地表示地势变化,纵断面图的竖直(高程)比例尺通常是水平(里程)比例尺的10倍,一般情况下，在平原微丘地区，水平比例尺和竖直比例尺分别取1∶5 000和1∶500，在山岭重丘区，水平比例尺和竖直比例尺分别取1∶2 000和1∶200。纵断面图一般绘制在透明毫米方格纸的背面，以防止修改时用橡皮把方格擦掉。如图9-3所示，其具体操作步骤如下：

(1)根据选定的高程和里程比例尺，绘制表格，并填写有关测量和纵坡设计的相关资料等。

(2)绘制地面线。根据各中桩的里程和地面高程，按比例尺依次绘出中桩的地面位置，并用细线依次连接相邻各点，这样就得到了用细折线表示的地面线。

(3)绘制设计坡度线。根据设计坡度和坡长，由一点的设计高程计算另一点的设计高程。如A、B两点之间的坡度为i，A点的设计高程为H_A，A、B两点之间的水平距离(坡长)为D_{AB}，则B点的设计高程H_B为

$$H_B = H_A + iD_{AB}$$

(4)计算填挖尺寸。根据各中桩的地面高程和设计高程计算填挖尺寸，填挖尺寸一般用h表示，则

$$h = H_{地} - H_{设}$$

式中　$H_{地}$——地面高程；

　　$H_{设}$——设计高程。

式中求得的填挖尺寸，正值为挖土深度，负值为填土高度。挖土尺寸标注在设计线之下，填土尺寸标注在设计线之上。地面线与设计线相交的点为不填不挖处，称为“零点”。

第四节　横断面测量

一、横断面方向的测定

(一)直线段上横断面方向的测定

在直线段上，路线横断面方向与路线中线垂直，可以用经纬仪或方向架(如图9-4所示)直接定向。如图9-5所示，用方向架测定路线横断面方向，将方向架立于中线的中桩测点上，用方向架的一个方向11′瞄准直线上的任一中桩，则方向架的另一个方向22′瞄准的就是横断面方向，并用标杆标定。也可用经纬仪测设直角，定出横断面方向。

(二)曲线段上横断面方向的测定

在曲线段上，路线横断面方向应与测点处的切线方向相垂直，也即是横断面方向与过测点的半径方向一致，此时，横断面方向可用求心方向架测定(如图9-6所示)，其中33′定向杆是活动的。如图9-7所示，将求心方向架立于$ZY(YZ)$点上，用11′方向瞄准交点，则22′方向即为$ZY(YZ)$的横断面方向，转动定向杆33′对准P_1点，制动定向杆。将求心方向架移到P_1点，用22′对准$ZY(YZ)$点，则定向杆33′方向即为P_1点的横断面方向，并用标杆标定。在测定P_2点的横断面方向时，以22′方向照准标杆，则11′方向即为P_2切线方向。用33′方向瞄准P_2点并固定之。将求心方向架搬至P_2点，用22′方向瞄准P_1点，则33′方向即为P_2点的横断面方向。同理，可测定曲线段上其他各点的横断面方向。

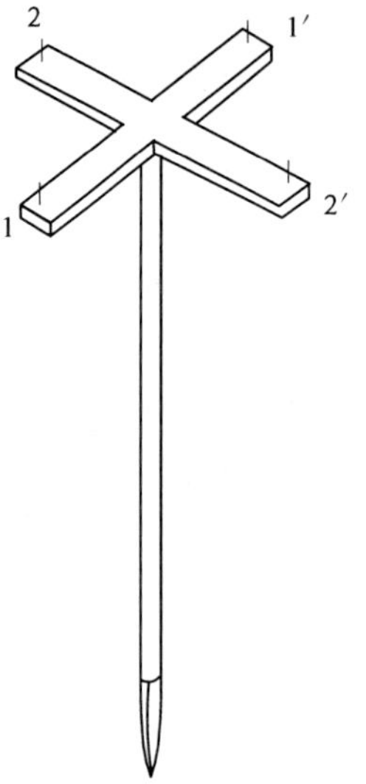

图 9-4　方向架

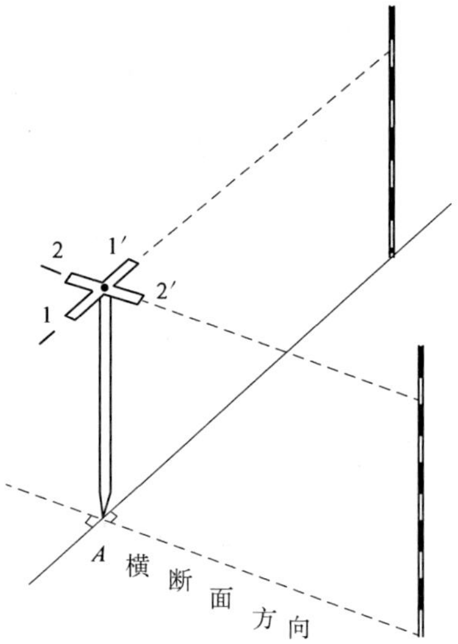

图 9-5　直线上横断面方向的测定

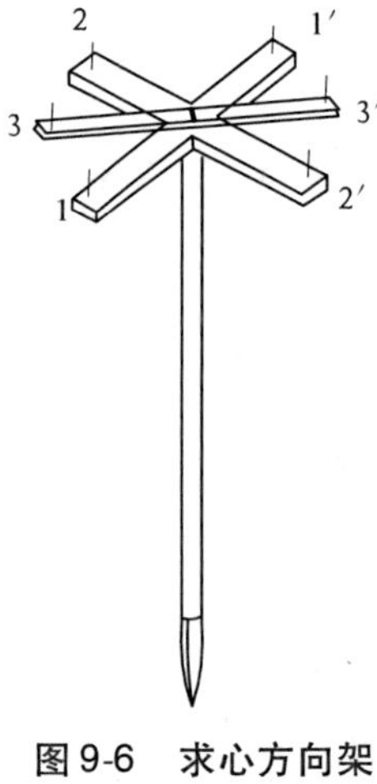

图 9-6　求心方向架

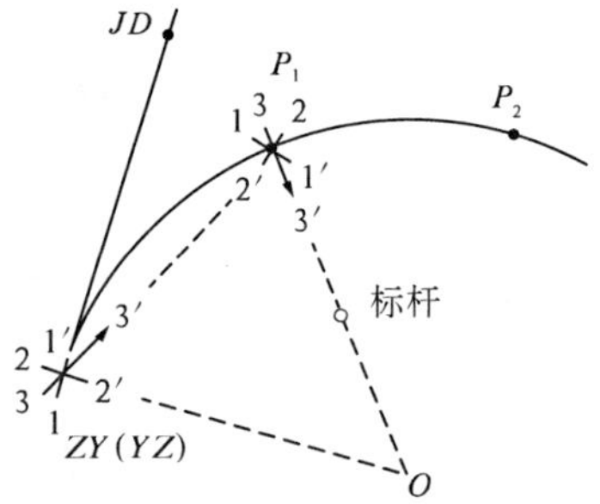

图 9-7　圆曲线上横断面方向的测定

(三)缓和曲线段上横断面方向的测定

在缓和曲线段上,测点处的横断面方向是通过该点指向曲率半径的方向,即垂直于该点切线的方向。如图 9-8 所示,P 点为欲测定横断面方向的测点,可利用缓和曲线的弦切角 β 公式和偏角 δ 公式分别求出 β 角和 δ 角,由外角公式求出角 b。将经纬仪安置于 P 点,用经纬仪照准缓和曲线的 $ZH(HZ)$ 点,同时配置度盘使其读数为 b 或 $360° - b$,顺时针转动照准部,直至度盘读数为 90°或 270°,此时,望远镜视准轴所指方向即为横断面方向。

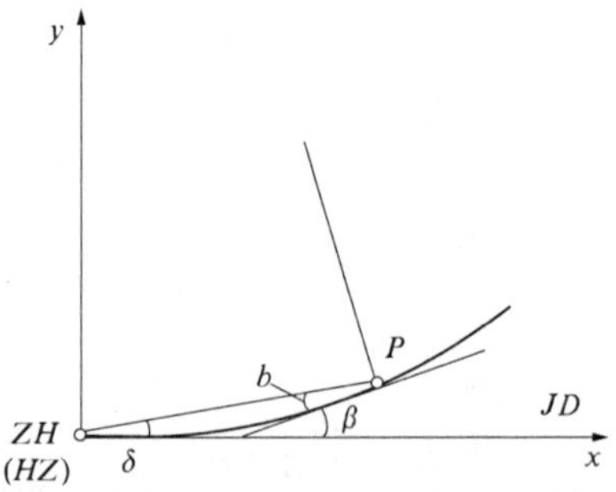

图 9-8　缓和曲线上横断面方向的测定

二、横断面的测量方法

中桩的地面高程在纵断面测量中已测出，此时，只要测出横断面上各变坡点相对于中桩的平距和高差，就可以绘制横断面图。横断面测量的宽度应根据工程要求和实际地形情况而定，一般在道路中线两侧各测 15～50 m，其中距离和高程的精度应符合表 9-2 的限差规定。

表 9-2　横断面测量的限差规定

路线名称	距离(m)	高程(m)
高速公路、一级公路	$\pm(L/100+0.1)$	$\pm(h/100+L/200+0.1)$
二级及二级以下公路	$\pm(L/50+0.1)$	$\pm(h/50+L/100+0.1)$

注：表中 L 为测点至路线中桩的水平距离，h 为测点和路线中桩的高差。

横断面测量方法有多种，应根据实际需要进行选择，下面介绍几种常用的方法。

(一)水准仪皮尺法

在横断面较宽的平坦地区，可采用皮尺量平距、水准仪测高差的水准仪皮尺法。如图 9-9所示，安置水准仪后，以中桩点为后视点，以横断面方向的各变坡点为前视点测量高差，水准尺读数精确至厘米。用皮尺分别量出各变坡点至中桩的水平距离，水平距离精确至分米。记录格式见表 9-3，表中按路线前进方向分左、右侧记录，以分式表示前视读数和水平距离。

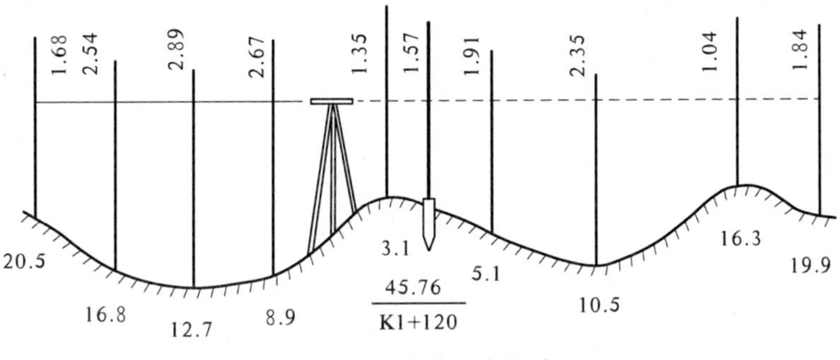

图 9-9　水准仪皮尺法

表 9-3　水准仪皮尺法横断面测量记录

$\dfrac{\text{前视读数}}{\text{水平距离}}$(左侧)	$\dfrac{\text{后视读数}}{\text{中桩桩号}}$	$\dfrac{\text{前视读数}}{\text{水平距离}}$(右侧)
$\dfrac{1.68}{20.5}$ $\dfrac{2.54}{16.8}$ $\dfrac{2.89}{12.7}$ $\dfrac{2.67}{8.9}$ $\dfrac{1.35}{3.1}$	$\dfrac{1.57}{\text{K1}+120}$	$\dfrac{1.91}{5.1}$ $\dfrac{2.35}{10.5}$ $\dfrac{1.04}{16.3}$ $\dfrac{1.84}{19.9}$

(二)经纬仪视距法

在地形复杂的地区，可采用经纬仪视距法。此法是将经纬仪安置在中桩上，利用视距测量的方法直接测出横断面上各地形变化点相对于中桩的水平距离和高差。

(三)全站仪法

随着全站仪应用的普及，其观测速度快、精度高、功能强大的特点十分明显。在有条件的情况下，可用全站仪进行横断面测量，以提高工作效率。在测各中桩点高程的同时，在路线中桩两侧的垂直方向上选择适当的变坡点，立棱镜测其平面坐标和高程。

三、横断面图的绘制

横断面图是根据测得的中桩至变坡点的平距和高差，绘制横断面图在透明毫米方格纸的背面。一般采取现场边测边绘的方法，这样既可省去记录，又可实地核对检查，避免错误。若用全站仪测量、自动记录，则可在室内通过计算、绘制横断面图，大大提高工效。

绘制横断面图时，水平比例尺和垂直比例尺一般是一致的，通常采用1∶200或1∶100的比例尺。如图9-10所示，在绘制时，首先标定中桩位置，并注明桩号，然后由中桩开始，根据变坡点的平距和高差，在左右两侧以平距为横轴，高差为纵轴，逐一将变坡点展绘在图纸上，最后再用细线连接相邻点，即绘出横断面的地面线。通常一幅图上可以绘制多个断面图，一般由图纸的左下角，自下而上，从左至右，依次按桩号绘制横断面图。

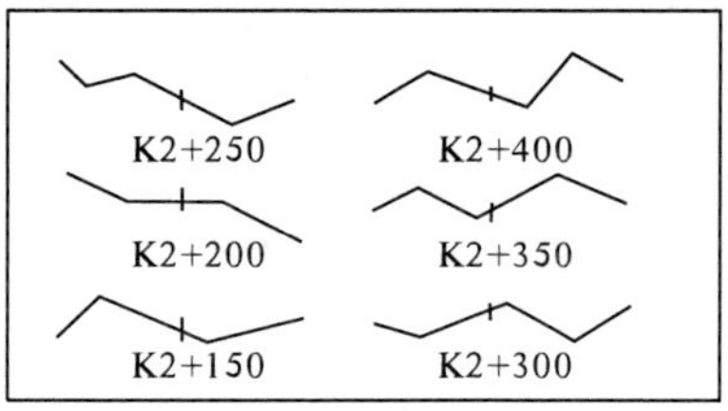

图9-10　横断面图

复习思考题

9-1　试述纵断面测量的基本任务。

9-2　什么是基平测量？什么是中平测量？基平测量有哪些技术要求？

9-3　试述中平测量的方法。

9-4　中平测量遇到沟谷时，如何进行施测？

9-5　试述绘制纵断面图的主要步骤。

9-6　试述横断面测量的任务。

9-7　如何进行横断面方向的测定？

9-8　试述水准仪皮尺法实施横断面测量的步骤。

9-9　根据中平测量记录完成表9-4的计算。

表9-4　中平测量记录

测点	水准尺读数(m)			视线高(m)	高程(m)	说明
	后视	中视	前视			
BM_{10}	1.572				48.752	
K10+000		2.56				
K10+020		0.95				
K10+040		2.64				
K10+060		3.87				
K10+080		2.94				
ZD_1	1.102		2.391			
K10+100		2.78				
K10+120		1.52				
K10+140		0.68				
K10+160		3.69				
ZD_2			2.86			
…						
BM_{11}						

第十章　施工测量

本章重点

1. 施工放样的基本方法；
2. 道路施工测量；
3. 桥梁施工测量；
4. 隧道施工测量的主要工作内容。

第一节　概　述

在公路的建设中，测量工作必须先行。施工测量就是研究如何将设计图纸中的各项元素按规定的精度要求，准确无误地测设于实地，作为施工的依据；并在施工过程中进行一系列的测量工作，以保证施工按设计要求进行。

施工测量是保证施工质量的一个重要环节，其主要任务包括：研究设计图纸并勘察施工现场。根据工程设计的意图及对测量精度的要求，在施工现场找出定测时的各控制桩或点（交点桩、转点桩、主要的里程桩以及水准点）的位置，为施工测量做好充分准备；恢复公路中线的位置。公路中线定测后，一般情况要过一段时间才能施工，在这段时间内，部分标志桩被破坏或丢失，因此施工前必须进行一次复测工作，以恢复公路中线的位置；测设施工控制桩。由于定测时设立的及恢复的各中桩，在施工中都要被挖掉或掩埋，为了在施工中控制中线的位置，需要在不受施工干扰，便于引用，易于保存桩位的地方测设施工控制桩；复测、加密水准点。水准点是路线高程控制点，在施工前应对破坏的水准点进行恢复定测，为了施工中测量高程方便，在一定范围内应加密水准点。路基边坡桩的放样应根据设计要求，在施工前测设路基的坡脚桩和路堑的坡顶桩；路面的放样应在路基施工后，测出路基设计高度，放样出铺筑路面的标高，作为路面铺设依据；另外对组成道路的桥梁、涵洞等构筑物也要进行施工前放样测量，即桥梁桥位的平面放样，墩台基础平面位置放样，墩身、墩帽放样，隧道的地面控制，竖井联系地下平面控制以及洞内水准测量。

第二节　施工放样的基本方法

一、在地面上测设已知长度的水平距离

在地面上测设某已知长度的水平距离，就是在施工场地上从一点开始，按给定的方向，量出设计所需的水平距离，定出终点。其测设方法可按下述三种方法进行。

（一）一般测设方法

从已知起点开始，沿给定方向按已知长度值，用钢尺直接丈量定出另一端点。为了检

核，应往返丈量两次，取其平均值作为最终结果。

（二）精确测设方法

当测设精度要求比较高时，可先按一般方法测设已知的水平距离 D，然后结合尺长改正数、地面高低及温度变化等，算出地面上实际量得的距离 D'，再根据已知水平距离 D 与 D' 的差值，沿已知方向进行距离测量。其计算公式如下

$$D' = D - \Delta L_l - \Delta L_t - \Delta L_h \tag{10-1}$$

式中 ΔL_l——尺长改正数；

ΔL_t——温度改正数；

ΔL_h——高差改正数。

【例 10-1】 如图 10-1 所示，自 A 点沿 AC 方向在倾斜地面上测设 B 点，使 AB 的水平距离 D 为 25 m。设所用钢尺 L_0 为 30 m，在温度 $t_0 = 20$ ℃时检定的实际长度 L 为 30.003 m，钢尺的膨胀系数 $\alpha = 12.5 \times 10^{-6}$，测设时温度 $t = 4$ ℃。预先用钢尺量得 AB 长度后得 B 的概略位置，用水准仪测得 A、B 两点的高差 $h = 0.5$ m，求测设时在地面上量出的长度 D' 为多少时才能使 AB 的水平距离等于 25 m。

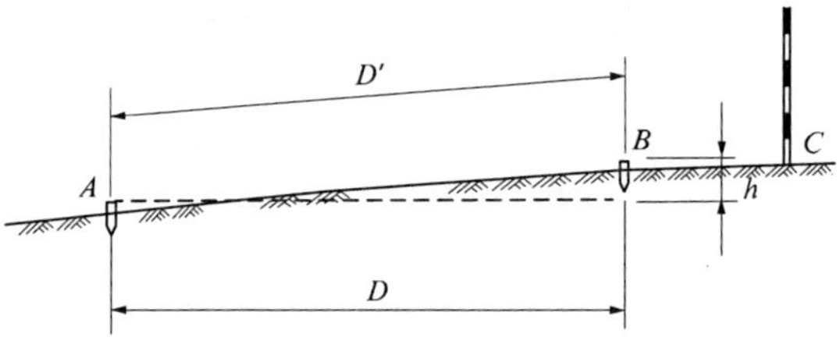

图 10-1 测设已知长度

解：根据已知条件，尺长改正数 ΔL_l 为

$$\Delta L_l = D\frac{L - L_0}{L_0} = 25 \times \frac{30.003 - 30.000}{30} = 0.0025(\text{m})$$

温度改正数 ΔL_t 为

$$\Delta L_t = D\alpha(t - t_0) = 25 \times 12.5 \times 10^{-6} \times (4 - 20) = -0.005(\text{m})$$

高差改正数 ΔL_h 为

$$\Delta L_h = -\frac{h^2}{2D} = -\frac{(0.5)^2}{2 \times 25} = -0.005(\text{m})$$

根据式(10-1)，测设长度 D' 为

$$D' = D - \Delta L_l - \Delta L_t - \Delta L_h = 25 - 0.0025 - (-0.005) - (-0.005) = 25.0075(\text{m})$$

因此，在实地上自 A 点起，沿 AB 方向，并使用检定时的拉力，实量 25.007 5 m，标出 B 点。此时，AB 的水平距离正好等于 25 m。

（三）光电测距仪放样已知水平距离

用光电测距仪放样已知水平距离与用钢尺放样已知水平距离的方式一致，先用跟踪法放出终点的概略位置，再精确测定其长度，最后进行改正。

如图 10-2 所示，安置仪器于 A 点，瞄准并锁定已知方向，沿此方向移动反射棱镜，使仪器显示值为所放样水平距离，棱镜所在位置即为终点 B。当放样精度要求较高时，可用光电测距仪精确测定 AB 的水平距离，再进行仪器常数、气象、倾斜改正，确定距离改正数 ΔD，在 AB 方向线进行改正。

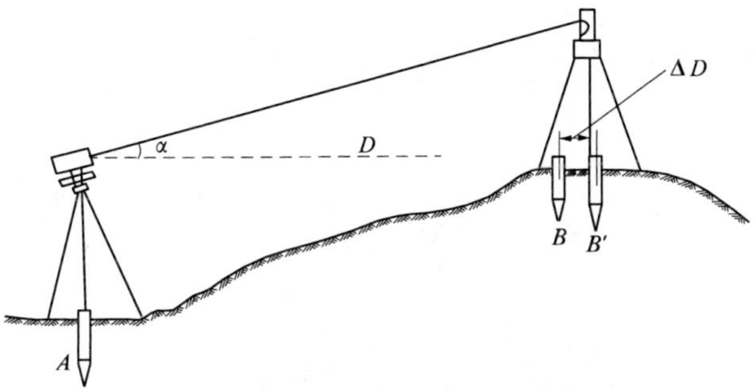

图 10-2　测距仪或全站仪测设距离

二、水平角的测设

测设已知角值的水平角是根据已知测站点和一个方向，按设计给定的水平角值，把该角的另一个方向在施工场地上标定出来。根据精度要求不同，可按下述两种方法测设。

（一）一般测设方法

如图10-3（a）所示，已知地面上 OA 方向，从 OA 向右放样已知水平角 β，定出 OB 方向，步骤如下：

（1）在 O 点安置经纬仪，盘左位置瞄准 A 点，并使水平度盘读数为 0°00′00″（归零）。

（2）松开水平制动螺旋，旋转照准部，使水平度盘读数为 β 值，在此方向线定出 B'点。

（3）在盘右位置同法定出 B''点，取 B'、B''的中心点 B，则 $\angle AOB$ 就是要放样的已知水平角 β。

（二）精确测设方法

当测设水平角的精度要求较高时，可采用垂线改正法，以提高测设精度。如图10-3（b）所示，安置仪器于 A 点，先用一般方法测设角值，在地面上定出 C 点，再用测回法观测 $\angle BAC$，测回数可视精度要求而定，取各测回角值的平均值 β' 作为观测结果。设 $\beta-\beta'=\Delta\beta$，即可根据 AC 长度和 $\Delta\beta$ 计算其垂直距离 CC_1 为

$$CC_1=AC\cdot\tan\Delta\beta\approx AC\cdot\frac{\Delta\beta}{\rho''} \tag{10-2}$$

若设 $AC=25$ m，$\Delta\beta=+12''$，则

$$CC_1=25\times\frac{12}{206\ 265}=0.001\ 5(\text{m})$$

过 C 点作 AC 的垂直方向，向外量出 0.001 5 m 即得 C_1 点，则 $\angle BAC_1$ 就是精确测定的 β 角。注意 CC_1 的方向，要根据 $\Delta\beta$ 的正负号定出向里或向外的方向。

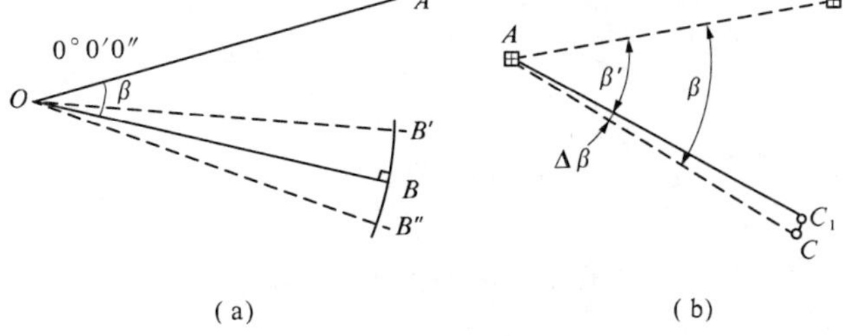

图 10-3　已知水平角测设

（三）高程的测设

测设已知高程是根据施工现场已有的水准点，通过水准测量，将设计的高程测设到施工场地上。

如图 10-4 所示，已知水准点 A 的高程为 H_A，现欲测设 B 点的高程为 H_B。为此，在 A、B 两点间安置水准仪，先在 A 点立尺，读得后视读数为 a，则 B 点的前视读数 b 为

$$b = H_A + a - H_B \tag{10-3}$$

在 B 点处打一长木桩，使尺子沿木桩侧面上下移动，当尺上读数为 b 时，沿尺底在木桩侧面上划一红线，该线便是在 B 点测设的高程位置。

如图 10-4 所示，设已知 $H_A = 120.376$ m，今欲测设高程 $H_B = 121.000$ m。观测得 A 点处后视读数 $a = 1.246$ m，则 B 点读数 b 为

$$b = H_A + a - H_B = 120.376 + 1.246 - 121.000 = 0.622(\text{m})$$

将尺子沿 B 点木桩上下移动，使尺上读数为 0.622 m 时，将尺子底部划线，此线即为 B 点高程 121.000 m。

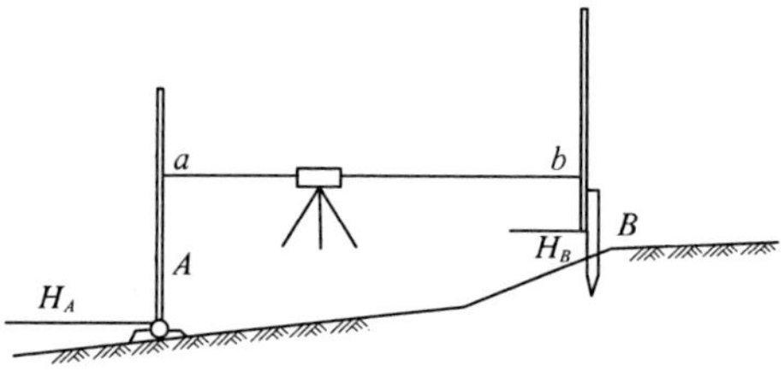

图 10-4　测设已知高程

当开挖基槽或修建高层建筑物时，需要向低处或高处引测高程，此时必须建立临时水准点，再由临时水准点测设已知高程。

如图 10-5 所示，欲根据地面临时水准点 A 测定坑内临时水准点 B 的高程 H_B 时，可在坑边架设一吊杆，杆顶吊一根零点向下的钢尺，尺的下端挂一重量相当于钢尺检定时拉力的重物，在地面上和坑内各安置一台水准仪，分别在尺上和钢尺上读得 a、b、c、d，则 B 点的高程 H_B 为

$$H_B = H_A + a - (b - c) \tag{10-4}$$

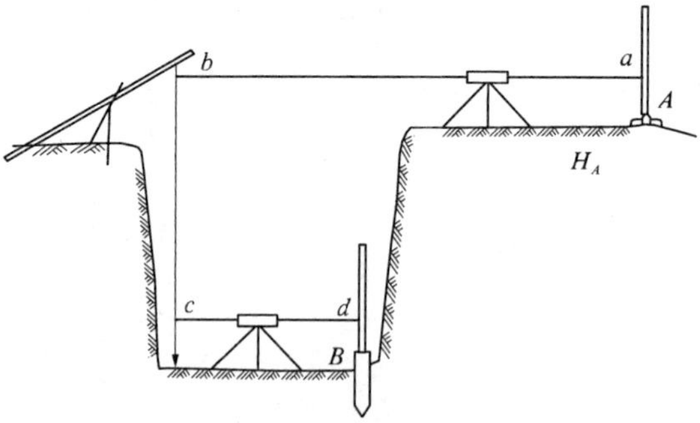

图 10-5　测设深基坑内的高程

若向建筑物上部传递高程，一般可沿柱子、墙边或楼梯用钢尺垂直向上量取高度，

将高程向上传递。

(四)坡度的测设

如图 10-6 所示,A、B 为设计坡度线的两端点,已知 A 点高程为 H_A,设计的坡度为 i_{AB},则 B 点的设计高程 H_B 可用下式计算:

$$H_B = H_A + i_{AB}D_{AB} \tag{10-5}$$

式中 i_{AB}——A、B 两点间的设计坡度,坡度上升时 i 为正,反之为负;

D_{AB}——A、B 两点间的水平距离。

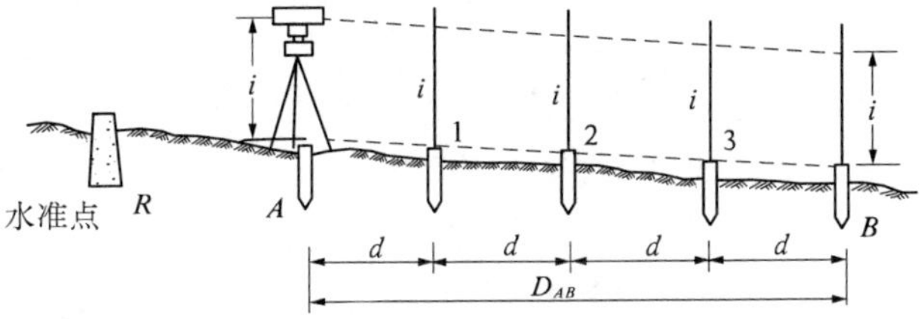

图 10-6 测设已知坡度

为了施工方便,每隔一定距离 d(一般取 $d = 10$ m)打一木桩,测设方法可用水准仪(若地面坡度较大,亦可用经纬仪)设置倾斜视线法,其测设步骤如下:

(1)先根据附近水准点 R,将设计坡度线两端点 A、B 的设计高程 H_A、H_B 测设于地面上,并打入木桩。

(2)将水准仪安置于 A 点,并量取仪高 i。安置时使一个脚螺旋在 AB 方向上,另两个脚螺旋的连线大致垂直于 AB 方向线。

(3)旋转 AB 方向上的脚螺旋或微倾螺旋,使视线在 B 标尺上的读数等于仪器高 i,此时水准仪的倾斜视线与设计坡度线平行。当中间各桩点上的标尺读数都为 i 时,则各桩顶连线就是所需测设的设计坡度。若各桩顶的标尺实际读数为 b_i,则可按下式计算各桩的填挖高度为 $i - b_i$。其中,$i = b_i$ 时,不填不挖;$i > b_i$ 时,需挖;$i < b_i$ 时,需填。

(五)点的平面位置的测设

施工测量工作很大程度上是通过将设计的已知点放到现场上来完成的。点的平面位置的测设,根据施工现场的特点以及采用手段的不同,可分为直角坐标法、极坐标法、角度交会法(方向线法)、距离交会法等。放样时,应根据控制网的形式、控制点的分布情况、地形条件及放样精度,合理选用适当的测设方法。

1. 直角坐标法

直角坐标法放样是在指定的直角坐标系中,通过待测点的 x、y 的放样,来确定放样点的平面位置。在工地现场通常是以导线边、施工基线或建筑物的主轴线为 x 轴;以某一个已在现场上标定出来的点为坐标原点。放样时从坐标原点开始,沿 x 轴方向用钢尺和测距仪(或全站仪)量测出 x 值的垂足点,然后在得到的垂足点安置经纬仪(或全站仪),设置 x 轴方向的垂线,并沿垂线方向量测出 y 值,即得放样点的平面位置。如图 10-7 所示,已知某厂房矩形控制网 4 个角点 A、B、C、D 的坐标,设计总平面图中已确定某车间 4 角点 1、2、3、4 的设计坐标。现以根据 B 点测设点 1 为例,说明其测设步骤:

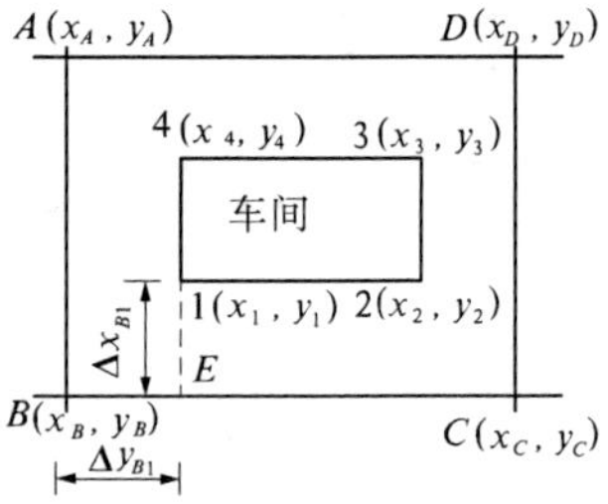

图 10-7　直角坐标法测设点位

(1)先算出点 B 与点 1 的坐标差：$\Delta x_{B1}=x_1-x_B$，$\Delta y_{B1}=y_1-y_B$；

(2)在点 B 安置经纬仪，瞄准 C 点，在此方向上用钢尺量 Δy_{B1} 得 E 点。

(3)在 E 点安置经纬仪，瞄准 C 点，用盘左、盘右位置两次向左测设 90°角，在两次平均方向 $E1$ 上从 E 点起用钢尺量 Δx_{B1}，即得车间角点 1。再量 x_4-x_1 即得 4 点。

(4)同法，从 C 点测设点 2，从 D 点测设点 3，从 A 点测设点 4。

(5)检查车间的 4 个角是否等于 90°，各边长度是否等于设计长度，若满足设计或规范要求，则测设为合格；否则应查明原因重新测设。

2. 极坐标法

极坐标法是指在建立的极坐标系中，通过待定点的极径和极角，来确定放样点的平面位置。此法最适合于用经纬仪加测距仪或全站仪测设。在施工现场通常是以导线边、施工基线或建筑物的主轴线为极轴，以某一个已在现场上标定出来的点为极点。放样时先根据待测点的坐标和已知点的坐标，反算待测点到极点的水平距离 D(极径)和极点到待测点方向的坐标方位角，再根据方位角求算同水平角 β(极角)，然后由 D 和 β 进行点的放样，在此 D 和 β 称为放样数据。

如图 10-8 所示，A、B 为已知点，P 点为待测设点，其坐标为(x_P,y_P)，则

$$\alpha_{AB}=\arctan\frac{y_B-y_A}{x_B-x_A}$$

$$\alpha_{AP}=\arctan\frac{y_P-y_A}{x_P-x_A}$$

$$\beta=\alpha_{AB}-\alpha_{AP}$$

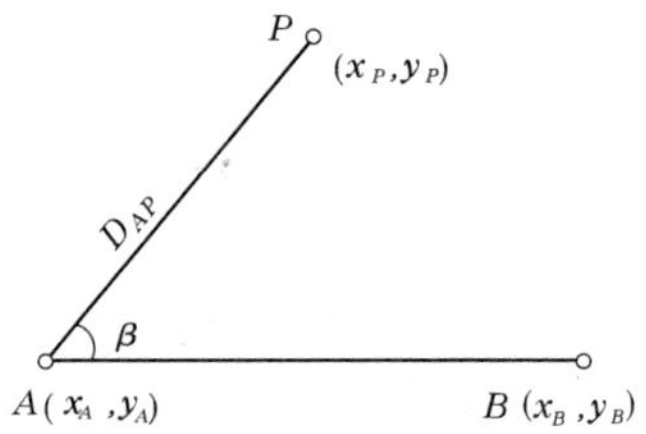

图 10-8　极坐标法测设点位

实地测设时，将仪器安置在 A 点，瞄准 B 点，测出计算的 β 角，并在此方向上量测出水平距离 D_{AP}，即得放样点的平面位置。

3. 角度交会法

角度交会法是指在地面上通过测设两个或三个已知的角度，根据各角提供的视线交会出点的平面位置的一种方法，该法又称为方向线法。本法系在量距困难地区用两个已知水平角测设点位的方法，但必须有第三个方向进行检核，以免错误。

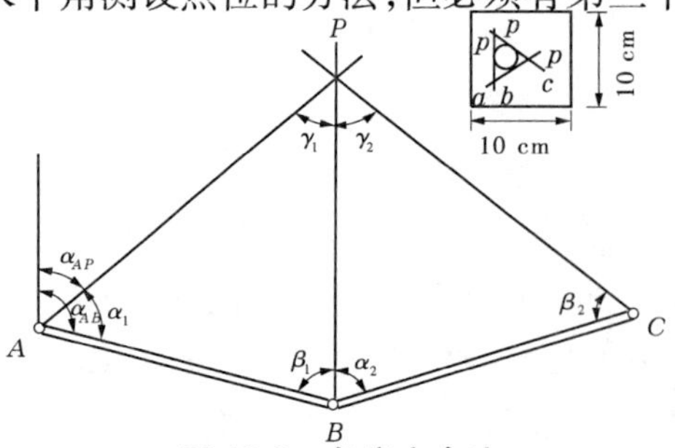

图 10-9　角度交会法

如图 10-9 所示，A、B、C 为三个已知点，P 点为待测设点，其设计坐标已知，则可用坐标反算公式求出 α_{AP}、α_{BP}、α_{CP} 及放样数据 α_1、β_1、α_2、β_2。测设时，先定出 P 点的概略位置，打下一个桩顶面积为 10 cm × 10 cm 的大木桩，然后由观测员指挥，用铅笔在大木桩顶面上标出 AP、BP 和 CP 的方向线 ap、bp 和 cp，三方向交于一点，即为待

测设点 P 的位置。实际上，由于测量误差的原因，三方向线一般不会交于一点，而是形成一个三角形，此时应取三角形的内切圆的圆心作为 P 点的最后位置，三角形边长之限差视放样精度而定。

应用此法测设时，宜使交会角 γ_1、γ_2 在 30°～50°之间，最好使交会角 γ 接近 90°，以提高交会点的精度。

4. 距离交会法

距离交会法是指在地面上测设两段或三段已知水平距离而交出点的平面位置的方法。适合于地面平坦、量距方便且控制点离待测设点不超过一尺段的情况。实测中，分别以地面上的已知点为圆心，以各已知点与待测点间的水平距离为半径作圆弧，两圆弧或三圆弧的交点即为放样点的平面位置。

第三节　道路施工测量

道路施工测量是利用测量仪器和设备，按照设计图纸中的各项元素（例如道路平、纵、横元素）依据控制点或路线上的控制桩的位置，将道路的“样子”具体地标定在实地，以指导施工作业。道路施工测量主要包括控制点复测、用导线控制点恢复中线、用路线控制桩恢复中线、路基边桩的测设、路基边坡的测设、路面施工测设。

用控制点放样中线，放样精度能得到充分的保证。在测量技术飞速发展的今天，测距仪的使用越来越普遍。现在，几乎所有的施工单位都有测距仪或全站仪，因而这种方法得到了广泛的应用，成为恢复中线的主要手段。《公路路基施工技术规范》（JTGF10—2006）规定，对高速公路、一级公路，应用坐标法恢复路线主要控制桩。

实际应用中，二级以上的公路勘察设计，均沿路线建有导线控制点，作为首级控制，故可采用控制点放样。

用路线控制桩来恢复中线有两种情况：一是公路两旁没有布设导线控制点，公路中线都是用交点桩号、曲线元素（转角、半径、曲线长）标定，施工单位只有根据路线控制桩来恢复中线，这种情况在修建低等级公路时是常见的；另外一种情况就是由于施工单位没有测距仪，无法利用控制点，也只好利用路线控制桩恢复中线，但这种方法常用于低等级公路。

一、控制点复测

控制点复测是施工测量前必不可少的准备工作，它包括导线控制点和路线控制桩的复测。另外，由于人为或其他原因，导线控制点和路线控制桩丢失或遭到破坏，要对其进行补测；有的导线点在路基范围以内，需将其移至路基范围以外。只有当这一切都确保无误，方能进行施工放样工作。

（一）导线控制点和路线控制桩的复测

路线勘测设计完成以后，往往要经过一段时间才能施工。在这段时间内，导线控制点或路线控制桩是否移位？精度如何？需对其进行复测。

导线点的复测主要是检查它的坐标和高程是否正确。检测的方法如图 10-10 所示。

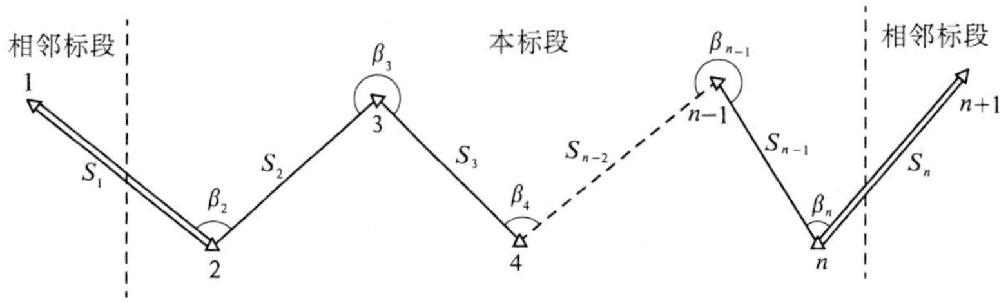

图 10-10　导线点复测

第一步:根据导线点 1 ~ n 的坐标由式(10-6)反算转角(左角)$\beta_2 \sim \beta_{n-1}$ 和导线边长$S_1 \sim S_{n-1}$。

$$\left.\begin{aligned}\alpha_{i+1,i} &= \arctan\frac{y_i - y_{i+1}}{x_i - x_{i+1}}\\ \alpha_{i+1,i+2} &= \arctan\frac{y_{i+2} - y_{i+1}}{x_{i+2} - x_{i+1}}\\ \beta_{i+1} &= \alpha_{i+1,i+2} - \alpha_{i+1,i}\\ S_i &= \sqrt{(x_{i+1} - x_i)^2 + (y_{i+1} - y_i)^2}\end{aligned}\right\}\tag{10-6}$$

第二步:实地观测各转角 $\beta_2 \sim \beta_{n-1}$ 及导线边长 $S_1 \sim S_{n-1}$,观测可取一个测回平均值,边长测量可取连续观测 3 ~4 次的平均值。当观测值与计算值满足式(10-7)时,则认为点的平面坐标和位置是正确的。

$$\left.\begin{aligned}\left|\beta_{i+1} - \overline{\beta_{i+1}}\right| &\leqslant 2m\beta = 16''\\ \left|\frac{S_i - \overline{S}_i}{\overline{S}_i}\right| &\leqslant \frac{1}{15\ 000}\end{aligned}\right\}\tag{10-7}$$

另外还要对导线进行检查,检查时可将图 10-10 中 1、2 和 n、$n+1$ 点作为已知点,$\alpha_{1,2}$ 和 $\alpha_{n,n+1}$ 作为已知坐标方位,按二级导线的方位角闭合差和全长相对闭合差的精度要求进行控制。具体详见导线测量的有关内容。

第三步:水准点高程的检测。在使用水准点之前应仔细校核,并与国家水准点闭合。水准点高程的检测和水准测量的方法一样。高速公路和一级公路的水准点闭合差按四等水准控制($20\sqrt{L}$),二级以下公路水准点闭合差按五等水准($30\sqrt{L}$)控制。大桥附近的水准点闭合差应按《公路桥涵施工技术规范》(JTJ041—2000)的规定办理。若满足精度要求,则认为点的高程是正确的。

一般情况下,公路两旁布设导线点,其坐标和高程均在同一点上。因此,在复测坐标的同时可利用三角高程测量的方法检测高程。

水准点间距不宜大于 1 km。在人工构造物附近、高填深挖地段、工程量集中及地形复杂地段宜增设临时水准点。临时水准点必须符合精度要求,并与相邻路段水准点闭合。

值得注意的是,有的施工单位在复测导线点时,只检查本标段的点,而忽视了对前后相邻标段点的检查,这样就有可能在标段衔接处出现路中线错位或断开。在实际工作中,应引起重视,防止这种问题发生。复测导线时,必须和相邻标段的导线闭合。

（二）导线控制点的补测与移位

由于人为或其他的原因，导线控制点丢失或遭到破坏。如果间断性的丢失，则可利用前方交会、支点等方法补测该点，或采用任意测站方法补测导线点。补测的导线点原则上应在原导线点附近；如果连续丢失数点，则要用导线测量的方法补测。若将路基范围内的导线点移至路基范围以外，可根据移点的多少分别采用交会法或导线法，也可采用“骑马桩”法加以保护。导线点的高程用水准测量或三角高程测量测定（前方交会、支点、任意测站等方法请参阅有关测量教材）。

值得注意的是，在补点时应尽量将点位选在路线的一侧、地势较高处，以避免路基填土达到一定高度时影响导线点之间的通视。

施工期间应定期（一般半年）对导线控制点（特别是水准点）进行复测。季节冻融地区，在冻融以后也要进行复测。发现导线控制点丢失后应及时补上，并做好对导线控制点（特别是原始点）的保护工作。

二、用导线控制点恢复中线

用导线控制点测设中线，实质上就是根据导线点坐标与公路中线坐标之间的关系，借以高精度的测距手段，将公路中线放到实地。因此，也可称之为“坐标法”。

如图10-11所示，P为公路中线点，坐标（x_P，y_P）；A、B为导线点，坐标分别为（x_A，y_A）、（x_B，y_B），P点与A点的极坐标关系用A点到P点的距离S_{AP}、坐标方向α_{AP}表示，即

$$\left.\begin{aligned}\alpha_{AP} &= \arctan\frac{y_P - y_A}{x_P - x_A}\\ S_{AP} &= \sqrt{(x_P - x_A)^2 + (y_P - y_A)^2}\end{aligned}\right\}\qquad(10\text{-}8)$$

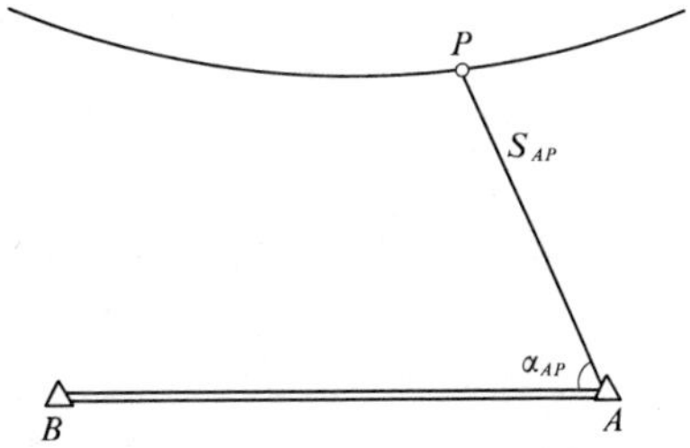

图10-11　用导线控制点测设中线

上式就是两点间距离和坐标方位的计算公式，式中，导线点的坐标通过控制测量求得。求得P点坐标，可分为以下几种情况。

（一）根据中线上P点的里程桩号求算坐标

1. P点在中线的直线段上

如图10-12所示直线段起点桩号l_0，坐标（x_0，y_0），直线段坐标方位角α，直线段上一交点P（桩号l_i）的坐标（x_i，y_i）的计算公式为

$$\left.\begin{aligned}x_i &= x_0 + (l_i - l_0)\cos\alpha\\ y_i &= y_0 + (l_i - l_0)\sin\alpha\end{aligned}\right\}\qquad(10\text{-}9)$$

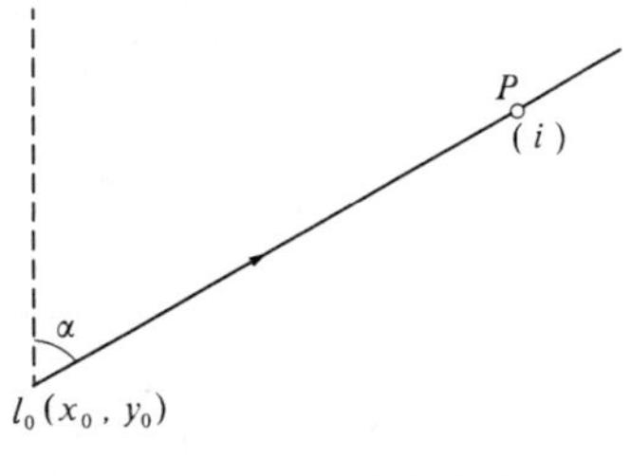

图10-12　P点在直线段上

路线上直线段起点一般为$JD_{(n-1)}$，见图10-13，其P点坐标可用式（10-10）求得：

$$\left.\begin{aligned}x_P &= x_{JD_n} + [T_n + (P_1 - YZ_1)]\cdot\cos\alpha_{JD_{n-p}}\\ y_P &= y_{JD_n} + [T_n + (P_1 - YZ_1)]\cdot\sin\alpha_{JD_{n-p}}\end{aligned}\right\}\qquad(10\text{-}10)$$

式中　P_1、YZ_1——P点和YZ点的里程桩号；

T_n——切线长。

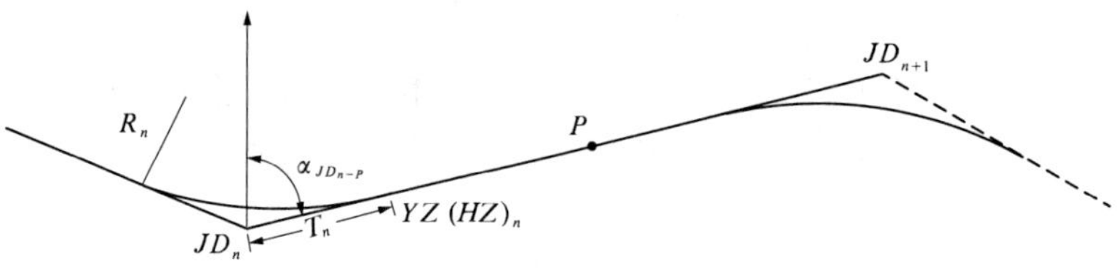

图 10-13　P 点在曲线起(讫)点上

2. P 点在中线的圆曲线上

如图 10-14 所示,圆曲线半径 R,起点桩号 l_0,起点坐标(x_0,y_0),起点的切线坐标方位角 α_i,曲线段上一点 P(桩号 l_i)的坐标用式(10-11)直接求得

$$\left.\begin{aligned} x_i &= x_0 + S_i \cdot \cos\alpha_i \\ y_i &= y_0 + S_i \cdot \sin\alpha_i \end{aligned}\right\} \qquad (10\text{-}11)$$

式中　$S_i = 2R\sin\Delta i = 2R\sin\dfrac{|l_i - l_0|}{2R}$; $\alpha_i = \alpha \pm \dfrac{|l_i - l_0|}{2R}$。

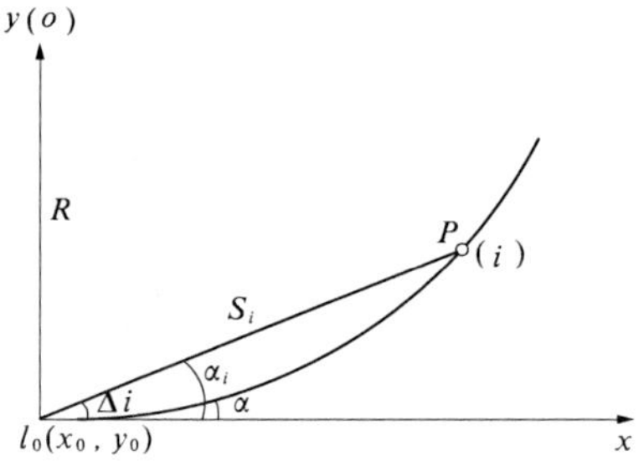

图 10-14　P 点在圆曲线上

当起点为 ZY 或 HY 时,$l_0 = l_{ZY(HY)}$,$x_0 = x_{ZY(HY)}$,$y_0 = y_{ZY(HY)}$,“ ± ”号取法:左偏“ − ”,右偏“ + ”;当起点为 YZ 或 YH 时,$l_0 = l_{YZ(YH)}$,$x_0 = x_{YZ(YH)}$,$y_0 = y_{YZ(YH)}$,“ ± ”号取法:左偏“ + ”,右偏“ − ”。

3. P 点在中线的缓和曲线段上

如图 10-15 所示,在以缓和曲线点起 $R = \infty$,桩号 l_0,坐标(x_0,y_0)为坐标原点,垂线为 y 轴的直角坐标系 $x'O'y'$中,曲线段上一点 i(桩号 l_i)的切线正支距坐标(x_i',y_i')可由下式求得,即

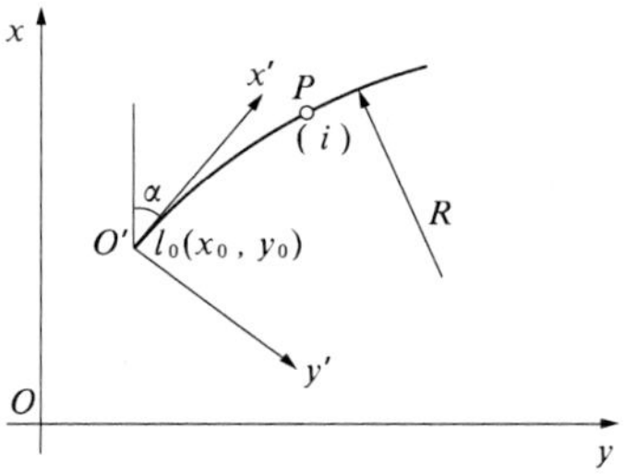

图 10-15　P 点在缓和曲线上

$$\left.\begin{aligned} x_i' &= l - \frac{l^5}{40A^4} + \frac{l^9}{3\,456A^8} - \frac{l^{13}}{599\,040A^{12}} + \frac{l^{17}}{17\,542\,600A^{16}} + \cdots \\ y_i' &= \frac{l^3}{6A^4} - \frac{l^7}{336A^6} + \frac{l^{11}}{42\,240A^{10}} - \frac{l^{15}}{9\,676\,800A^{14}} + \frac{l^{19}}{3\,530\,097\,000A^{18}} + \cdots \\ l &= \left| l_i - l_0 \right| \end{aligned}\right\} \qquad (10\text{-}12)$$

利用坐标平移和旋转计算出该点在大地平面直角坐标系 xOy 中的坐标(x_i,y_i)为

$$\left.\begin{aligned} x_i &= x_0 + x_i'\cos\alpha - y_i'\sin\alpha \\ y_i &= y_0 + x_i'\sin\alpha + y_i'\cos\alpha \end{aligned}\right\} \qquad (10\text{-}13)$$

当起点为 ZH 时,$l_0 = l_{ZH}$,$x_0 = x_{ZH}$,$y_0 = y_{ZH}$;曲线为左偏时,应以 $y_i' = -y_i'$代入。

当起点为 HZ 时,$l_0 = l_{HZ}$,$x_0 = x_{HZ}$,$y_0 = y_{HZ}$;曲线为右偏时,应以 $y_i' = -y_i'$代入。

(二)根据求得的 P 点坐标进行放样

第一步:在设站 A 上架设经纬仪、测距仪,整平对中;

第二步:将导线点坐标、路线有关数据输入计算机,运行计算机程序;

第三步:后视已知导线点 B,配置水平度盘读数至后视导线点坐标方位 α_{AB};

第四步:根据待放样点 i 的桩号 l_i,计算机自动判断(亦可人工判断)该点所处平曲线

的线段（如直线段、缓和曲线段、圆曲线段），计算该点的放样资料 S_i，α_i；

第五步：经纬仪拨方位角 α_i，指导棱镜操作者沿该方向走到放样点大概位置，用测距仪进行测距。当所测距离与计算距离 S_i 之差在 ±2 m 以内时，便可用 2 m 小钢尺量距定桩，并在桩的侧面标注上桩号；

第六步：精确对点测距，用小铁钉确定该点位置；

第七步：检查该点的桩号、方位、距离是否正确；

重复第四～七步，放样其他中线点。

三、用路线控制桩恢复中线

（一）恢复交点

（1）当原勘测设计时所钉的交点桩保存基本完好，只有个别交点桩丢失时，恢复路线中线的测量工作就比较简单，可用前述的方向交会法，根据前、后两已知点的直线距离，所量得的转角值和距离应和原勘测时的转角值和距离相符，其差数应不超过测量误差要求的范围，并根据勘测时的路线平面图和横断面图与实地对照，看其新交的交点的点位，是否与图示一致。

（2）当原勘测设计时所钉的交点桩大部分丢失时，路线要恢复到原来的位置是比较困难的，一般只能恢复到比较接近原来的位置。恢复时先组织人员根据路线平面图把可能保存下的桩都打出来，然后从一已知直线段出发，根据原勘测设计时的直线—曲线转角一览表上的数据，用放样已知数值的水平角和已知长度直线的方法，放样出丢失的交点。如图 10-16 所示，JD_{19}、ZD、JD_{23}是打出的原桩，JD'_{20}、JD'_{21}、JD'_{22}、JD'_{23}为用放样的方法获得的已丢失的交点桩。

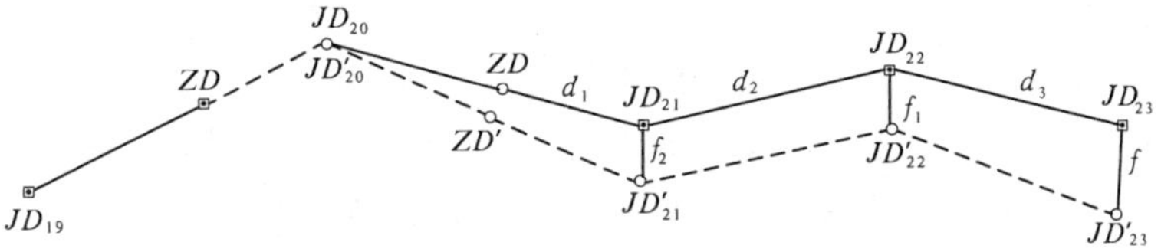

图 10-16　恢复交点

由于放样角度和边长均存在误差，所以通过放样方法得出的交点位置必然和原来位置不一致，使 JD_{23}和 JD'_{23}不重合，在实地的闭合差为 f。根据附合导线的闭合差与导线边长成正比的原则，在实地量出 f 值后，按直线—曲线转角一览表上所列各交点间的直线长度在实地进行近似的调整，调整的数值如下：

$$\left.\begin{aligned} f_1 &= \frac{f}{(d_1 + d_2 + d_3)}(d_1 + d_2) \\ f_2 &= \frac{f}{(d_1 + d_2 + d_3)}d_1 \end{aligned}\right\} \tag{10-14}$$

按 f 的方向量 f_1 钉出 JD'_{22}；再量 f_2 钉出 JD'_{21}。然后在 JD'_{20}、JD'_{21}、JD'_{22}、JD'_{23}上安置经纬仪量角、量边，看其数值是否符合直线—曲线转角一览表上所列数值。若不超过测量误差要求的范围，则根据地形和地物判断先在直线段恢复几个比较典型的中桩，并在中桩上测出横断面图，将测出的横断面图与原来的进行对照，如果基本一致，可认为所恢复的交点桩基本正确。否则应反复调整交点桩，直到所测得的横断面与原横断面图出入不大。

（二）恢复转点

由于在恢复交点的过程中不能一次定下交点的点位，一般都要经过多次调整，才能符合要求，所以用正倒镜的方法得出的转点往往不能在两交点之间的直线上。因此，转点的最后恢复都需采用逐渐趋近法。如图 10-17 所示，用放样的方法得出的 JD_{20} 和 JD'_{21} 中间有一个正倒镜法得出的转点 ZD'，由于调整了交点 JD'_{21} 后，使原来的 ZD' 也不再在 JD_{20} 和 JD_{21} 的直线上。假设 JD_{20} 和 ZD' 之间的距离约为 $\frac{2}{3}d_1$，如图 10-17 所示先估算出 ZD' 点应移动的 x 值，$x=\frac{f_2}{d_1}\cdot\frac{2}{3}d_1=\frac{2}{3}f_2$，在原来的 ZD' 点上用尺量出 x 值，将经纬仪安置在此点上，经对中、整平后，后视 JD_{20}，倒转望远镜看视线是否通过 JD_{21}，若视线通过 JD_{21}，则说明经纬仪的垂球尖即为需求的 ZD 点。如果视线不通过 JD_{21}，而偏于 JD'_{21} 和 JD_{21} 之间，则说明 x 值估算小了；反之说明 x 值估算大了。再搬动经纬仪继续趋近，直到后视 JD_{20} 后，倒转望远镜视线恰好通过 JD_{21}。

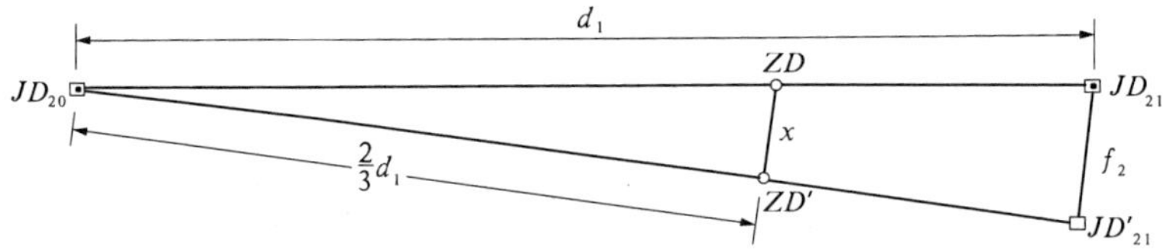

图 10-17　恢复转点

（三）恢复中桩

当交点和转点恢复后，根据路基设计表上的桩号可直接用钢尺恢复直线段上的中桩。如果在恢复后的交点上量得的转角与原设计表上所列值相差不大，则可根据勘测设计时给定的半径和曲线元素用直角坐标法或偏角法等设置曲线加桩；假如所量得的转角与原来的相差较大，应根据地形并参照原来的切线长，根据改变后的转角改动曲线半径，重新计算曲线元素，并设置曲线上的各加桩。但应注意：改变半径值不应影响纵坡设计的规定和要求。

四、路基边桩的测设

路基边桩测设就是将每一个横断面的路基两侧的边坡线与地面的交点，用木桩标定在实地上，作为路基施工的依据。常用的有以下几种方法。

（一）图解法

在施工图设计时，每个地形横断面都绘制了设计线。直接在横断面图上量取中桩至边桩的距离，然后在实地用尺沿横断面方向定出边桩的位置。在地面较平坦、填挖方不大时，多采用此法。

（二）解析法

它是根据路基填挖高度、路基宽度、边坡率计算路基中桩至边桩的距离。分平坦地面和倾斜地面两种。

1. 平坦地面路基边桩的测设

根据前面介绍，填方路基称为路堤，如图 10-18（a）所示；挖方路基称为路堑，如图 10-18（b）所示。

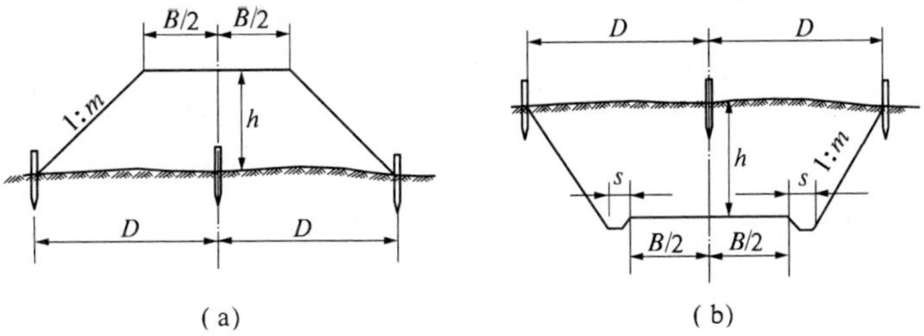

图 10-18　平坦地段路基边桩测设

由图中可看出：

路堤
$$D=\frac{B}{2}+m\cdot h \tag{10-15}$$

路堑
$$D=\frac{B}{2}+s+m\cdot h \tag{10-16}$$

式中　D——路基中桩至边桩的距离；

B——路基宽度；

$1:m$——路基边坡坡度（m 为边坡率）；

h——填土高度或挖土深度；

s——路堑边沟顶宽。

上式为地面平坦、断面位于直线段时计算边桩至中桩距离的方法。如果该断面位于曲线段时，则路基外侧的加宽度应包括在路基宽度内。

2. 倾斜地段路基边桩的测设

在倾斜地段，计算 D 时应考虑地面横向坡度的影响。

如图 10-19（a）所示，路堤边桩至中桩的距离 D_s、D_x 为

$$\left.\begin{aligned}D_s&=\frac{B}{2}+m(h_z-h_s)\\D_x&=\frac{B}{2}+m(h_z+h_x)\end{aligned}\right\} \tag{10-17}$$

图 10-19（b）路堑边桩对中桩的距离 D_s、D_x 为

$$\left.\begin{aligned}D_s&=\frac{B}{2}+s+m(h_z+h_s)\\D_x&=\frac{B}{2}+s+m(h_z-h_x)\end{aligned}\right\} \tag{10-18}$$

式中　h_z——中桩的填挖高度；

h_s、h_x——斜坡上、下侧边桩与中桩的高差，在边桩未定出之前则为未知数；

B、s、m 的意义同前。

因此，实际工作中采用逐渐趋近法测设边桩，首先参考路基横断面图并根据地面实际

情况，估计边桩位置。然后测出估计边桩与中桩的高差，试算边桩位置。若计算与估计边桩不符，应重复上述工作，直至计算值与估计值基本相符为止。当填挖高度很大时，为了防止路基边坡坍塌，设计时在边坡一定高度处设置宽度为 d 的坠落平台，计算 D 时也应加进去。

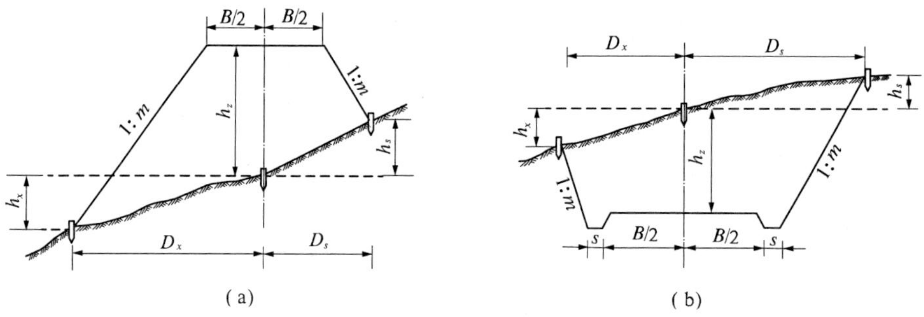

图 10-19　倾斜地段路基边桩的测设

在实际测设中先定出断面方向后可采用逐点趋近法测设边桩。如图 10-20 所示，设路基左侧与边沟顶宽之和为 4.7 m；右侧需增加曲线的加宽，其和为 5.3 m；中心挖深 5.0 m；边坡坡度为 1∶1。现以左侧为例说明用逐点趋近法测设边桩的步骤如下：

(1)估计边桩位置。若地面水平，则左边桩与中桩之距离为

$$D_{左}=4.7+5.0=9.7(\text{m})$$

实际情况是左侧地面较中桩低，估计左边桩处比中桩处地面低 1 m，$h_{左}=5-1=4$(m)。边桩与中桩距离为

$$D_{左}=4.7+4.0=8.7(\text{m})$$

在地面上于中桩处左侧量 8.7 m，得 a'点。

(2)测量高差。实测高差测得 a'点与中桩地面之高差为 1.3 m，则 a'距中桩之距离应为

$$D_{左}=4.7+(5-1.3)=8.4(\text{m})$$

此值比原估计值 8.7 m 小，故正确的边桩位置应在 a'点内侧。

(3)重估边桩位置。正确边桩位置应在 8.4～8.7 m 之间，重估距中桩 8.5 m 处在地上定出 a 点。

(4)重测高差。测出 a 点与中桩的高差为 1.2 m，则 a 点与中桩之距离为

$$D_{左}=4.7+(5-1.2)=8.5(\text{m})$$

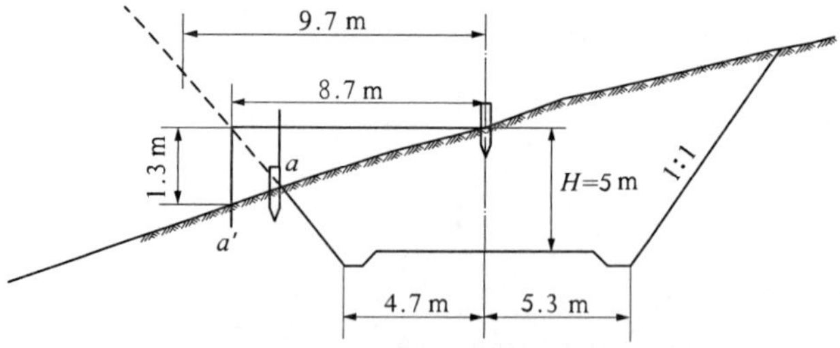

图 10-20　倾斜地段用逐点趋近法测设边桩

此值与估计值相符，故 a 点即为左侧边桩位置。

由上述情况可知，逐点趋近法测设边桩位置的步骤是，先根据地面实际情况，参照路基横断面图估计边桩位置；然后测出估计位置与中桩地面的高差，按其高差可以算出与其对应的边桩位置。若计算值与估计值相符，即为边桩位置；否则，再按实际资料进行估计，重复上述工作，逐点趋近，直至计算值与估计值相符或十分接近为止。

路堤边桩的测设方法与路堑大致相同，只是估计边桩位置与路堑正好相反。测设时需考虑路堤的下沉及路面施工等因素。

五、路基边坡的测设

测设路基边桩后，为了使填、挖的边坡达到设计的坡度要求，还应把设计边坡在实地标定出来，以便于施工。

（一）用细竹竿、绳索测设边坡

如图 10-21、图 10-22 所示，O 为中桩，A、B 为边桩，CD 的水平距离为路基宽度。测设时在 C、D 处竖立竹竿，在竹竿上等于中桩填土高度 H 处作 C'、D' 的记号，用绳索连接 A、C'、D'、B，即得出设计边坡。此法仅适用于填土不高的路堤施工。

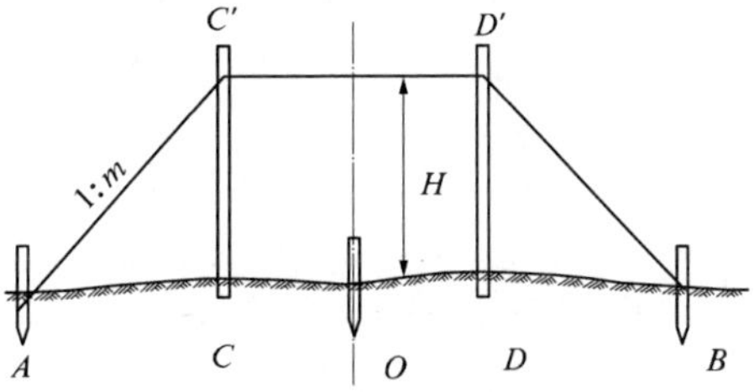

图 10-21　挂线法测设边坡

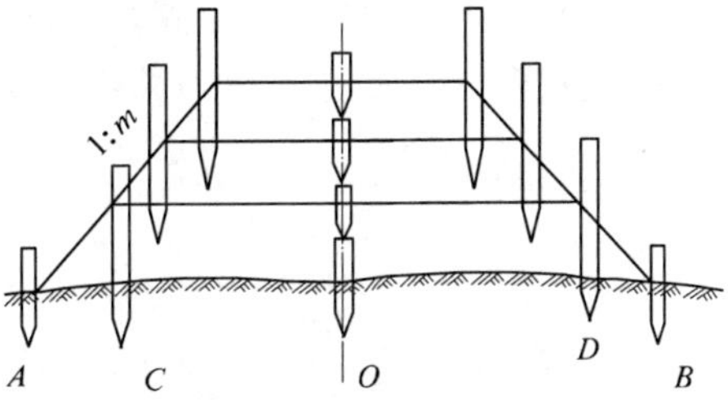

图 10-22　分层挂线法测设边坡

（二）用边坡模板测设边坡

首先照边坡坡度做好坡度模板，施工时比照模板进行测设。活动边坡模板（带有水准器的边坡尺）如图 10-23(a)所示，当水准器气泡居中时，边坡尺的斜边所指示的坡度为设计边坡坡度，借此可指示与检查路堤边坡的填筑。

固定边坡模板如图 10-23(b)所示，开挖路堑时，在坡顶边桩外侧按设计坡度设置固定边坡模板，施工时可随时指示并检核边坡的开挖与修整。

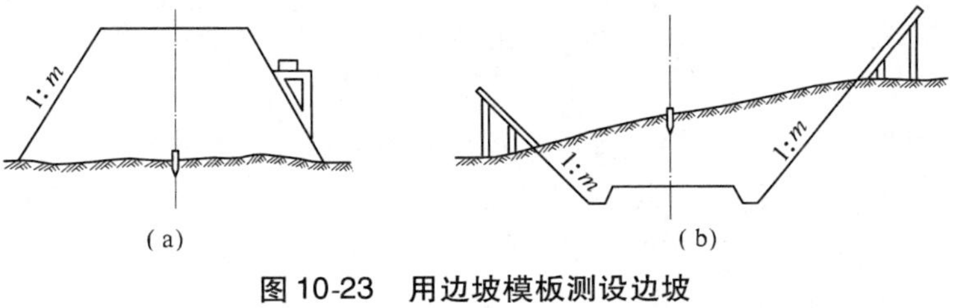

图 10-23　用边坡模板测设边坡

六、路面施工测设

路面施工时，先要在恢复路线的中线上打上里程桩，沿中线进行水准测量，必要时还需测部分路基横断面。然后在中线上每隔 10 m 设立高程桩两个，使其桩顶为所建成的路表面的高程和路槽底部的高程，如图 10-24 所示路中心处的两个桩，在垂直于中线方向处向两侧量出一半的路槽，打两个桩，使其桩顶高程符合路槽的横向坡度。

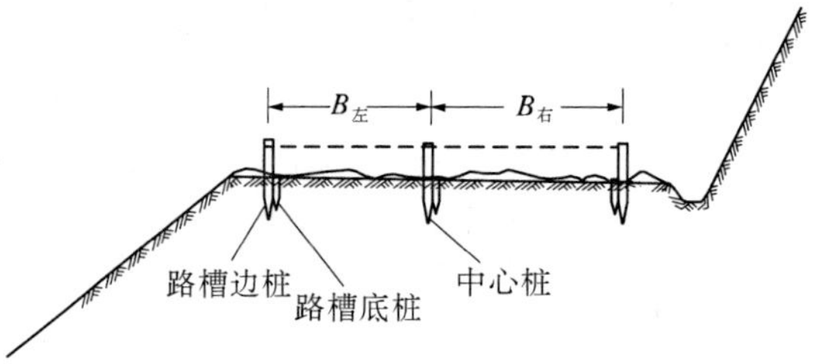

图 10-24　路面施工测设

第四节　桥梁施工测量

桥梁的大小按其轴长度一般可分为特大型（>500 m）、大型（100～500 m）、中型（30～100 m）、小型（<30 m）四类，其施工测量的方法和精度随桥梁轴线长度、桥梁结构和地形状况而定。桥梁施工测量的主要内容包括桥梁施工控制测量、桥梁墩台中心定位、墩台施工放样、桥梁竣工后的沉降及位移观测。

一、桥梁施工控制测量

在桥梁建筑施工的准备与实施阶段，需要进行桥梁平面控制测量和高程控制测量，桥墩、桥台的定位和轴线测设等施工测量。

（一）平面控制测量

桥梁平面控制测量的任务是放样桥梁轴线长度和墩台的中心位置，为测量桥位地形、施工放样和变形观测提供具有足够精度的控制点。

对于跨径较小的小型桥梁，一般用临时筑坝截断河流或选在枯水季节采用直接丈量法，即由道路中线来决定桥梁的轴线。

对于一些河面较宽的中型以上的桥梁，因河道宽阔，桥墩在河水中建造，所以无法采用直接丈量法。必须采用间接丈量法，即按常说的三角测量方法布设三角网，其常用布设形式如图 10-25 所示。图中点画线为桥梁轴线，为实测边长的基线。也可用全站仪或测距仪进行边角同测。桥梁三角网的布设，除要满足三角测量本身的要求外，还要求三角点选在不被水淹没、不受施工干扰的地方，桥轴线应与基线一端连接，成为三角网的一边，三角点的位置应便于放样桥墩，基线应选在岸上平坦开阔处，并尽可能与桥轴线相垂直，基线长度一般不小于桥轴线长度的 0.7 倍。基线测量可采用检定过的钢尺或光电测距仪施测，水平角观测按要求进行。中型桥位三角网主要技术要求见表 10-1。

（二）高程控制测量

在桥梁施工阶段，应将高程从河的一岸传到河的另一岸，以在两岸建立统一可靠的高程系统。当河宽超过规定的视线长度时，应当用跨河水准测量的方法，即用两台水准仪同时作对向观测，两岸测站点和立尺点布置如图 10-26 所示的对称图形，图中 A、B 为立尺点，C、D 为测站点，要求 AD 与 BC 距离基本相等，AC 与 BD 距离基本相等，且 AC 和 BD 长度不小于 10 m。

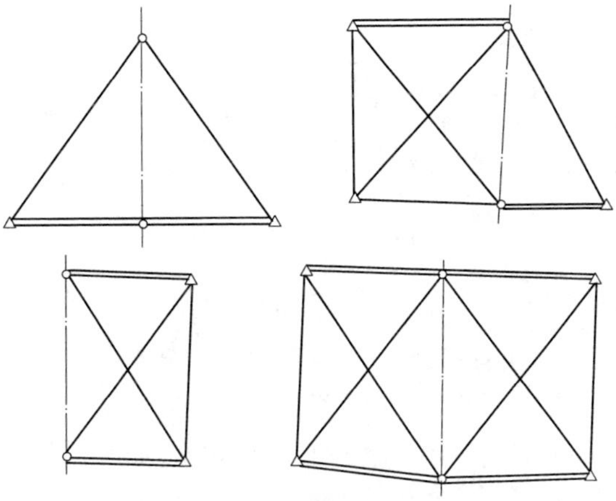

图 10-25　桥位三角网形式

表 10-1　桥位三角网精度表

等级	桥轴线的控制桩间距离(m)	测角中误差(″)	桥轴线相对中误差	基线相对中误差	丈量测回数		三角形最大闭合差(″)	方向观测法测回数		
					桥轴线	基线		J_1	J_2	J_6
二	>5 000	±1.0	1/130 000	1/260 000	3	4	±3.5	12	—	—
三	2 000～5 000	±1.8	1/70 000	1/140 000	2	3	±7.0	9	12	—
四	1 000～2 000	±2.5	1/40 000	1/80 000	1(3)	2(4)	±9.0	6	9	12
五	500～1 000	±5.0	1/20 000	1/40 000	(2)	(3)	±15.0	4	6	9
六	200～500	±10.0	1/10 000	1/20 000	(1)	(2)	±30.0	2	4	6
七	<200	±20.0	1/5 000	1/10 000	(1)	(1)	±60.0	—	2	4

注:丈量测回数一栏括号内测回数系指普通钢尺,其余指铟瓦基线尺。

大型桥梁的平面控制网还可以采用全球定位系统(GPS)测量技术布设。

用两台水准仪作同时对向观测时,C 站先测本岸 A 点尺上读数得 a_1,后在对岸 B 点尺上读数 2～4 次,取其平均数得 b_1,其高差为 $h_1 = a_1 - b_1$,此时在 D 站上,同样先测本岸 B 点尺上读数得 b_2,后在对岸 A 点尺上读数 2～4 次,取其平均数得 a_2,其高差为 $h_2 = a_2 - b_2$。取 h_1 和 h_2 的平均数,完成一个测回,一般进行 4 个测回。

由于过河观测的视线长,远尺读数困难,可以在水准尺上安装一个能沿尺面上下移动的觇牌,如图 10-27 所示,由观测者指挥立尺者上下移动觇牌,使觇牌的红白交界处与十字横丝重合,由立尺者记下水准尺上读数。

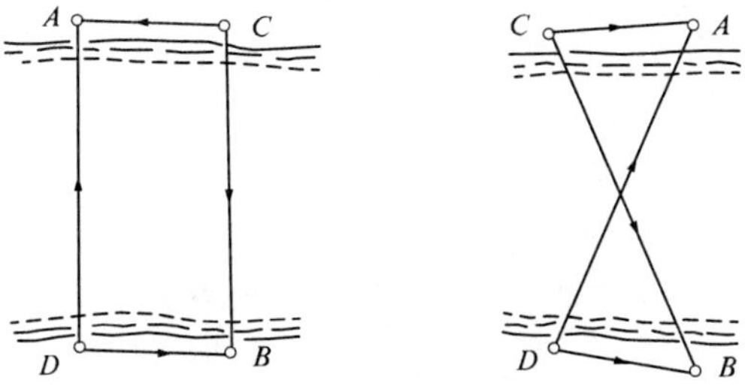

图 10-26　跨河水准测量

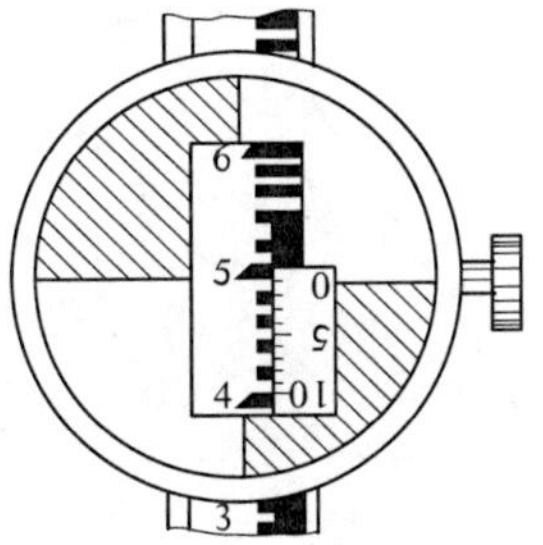

图 10-27　觇牌

二、桥梁墩台中心定位

桥梁墩台中心定位就是根据设计图纸上桥位桩号里程，以控制点为基础，放出墩台中心的位置，它是桥梁施工测量中的关键性工作，常用的测设方法有直接丈量法、角度交会法与极坐标法。

（一）直接丈量法

首先由桥轴线控制桩、两桥台和各桥墩中心的里程桩算出其间的距离，然后用钢尺或在轴线控制点上安置光电测距仪，沿桥梁中线方向依次放出各段距离，定出墩台中心位置。工人在各墩台中心位置上安置经纬仪，以桥纵轴线为基准放出墩台的横向轴线，以便指导基础施工。在纵横轴线上，基坑开挖线以外 5 ~ 10 m 处，每端至少要定出两个方向控制桩，如图 10-28 所示，用以恢复墩台中心位置。

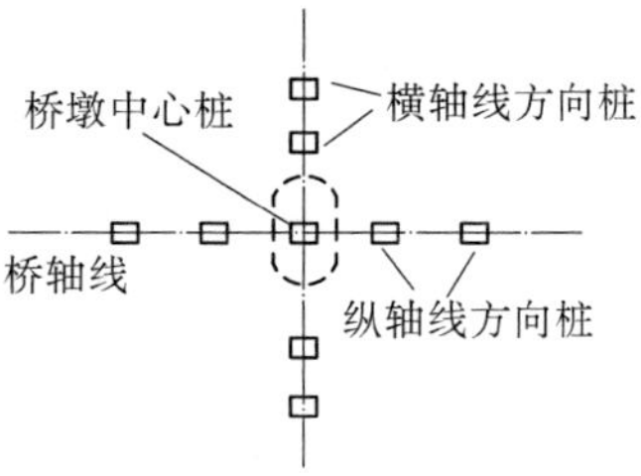

图 10-28 桥梁墩、台定位

（二）方向交会法

由于大中型桥梁的桥墩位于水中，它的中心位置是根据已建立的三角网，在三个控制点上安置经纬仪，从三个方向（其中一个为轴线方向）交会点位。如图 10-29 所示 AB 为桥轴线，C、D 为桥梁平面控制网中的控制点，P_i 点为第 i 个桥墩设计的中心位置（待测设的点）。在 A、C、D 三点上各安置一台经纬仪。A 点上的经纬仪瞄准 B 点，定出桥轴线方向；C、D 两点上的经纬仪均先瞄准 A 点，并分别测设根据 P_i 点的设计坐标和控制点坐标计算的 α、β 角，以正倒镜分中法定出交会方向线。

由于测量误差的影响，从 C、A、D 三点指来的三条方向线一般不可能正好交会于一点，而构成误差三角形 $\triangle P_1P_2P_3$。如果误差三角形在桥轴线上的边长（P_1P_3）在容许范围之内（对于墩底放样为 2.5 cm，对于墩顶放样为 1.5 cm），则取 C、D 两点指向方向线的交点 P_2 在桥轴线上的投影 P_i 作为桥墩放样的中心位置。

在桥墩施工中，随着桥墩的逐渐筑高，中心的放样工作需要重复进行，而且要求迅速和准确。为此，在第一次求得正确的桥墩中心位置 P_i 以后，将 CP_i 和 DP_i 方向线延长到对岸，设立固定的瞄准标志 C'、D'，如图 10-30 所示。以后每次做方向交会法放样时，从 C、D 点直接瞄准 C'、D' 点，即可恢复对 P_i 点的交会。

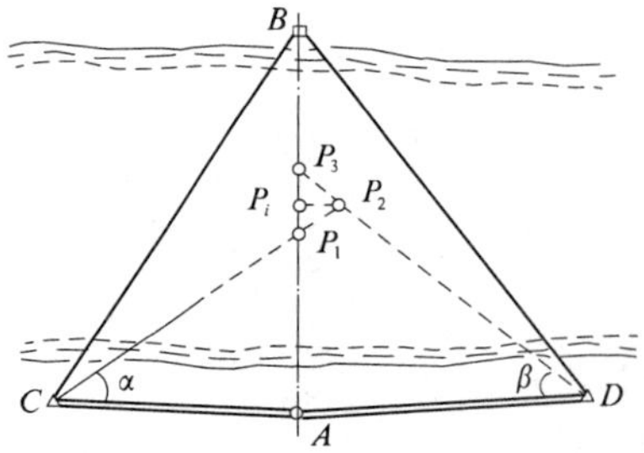

图 10-29 三方向交会中的误差三角形

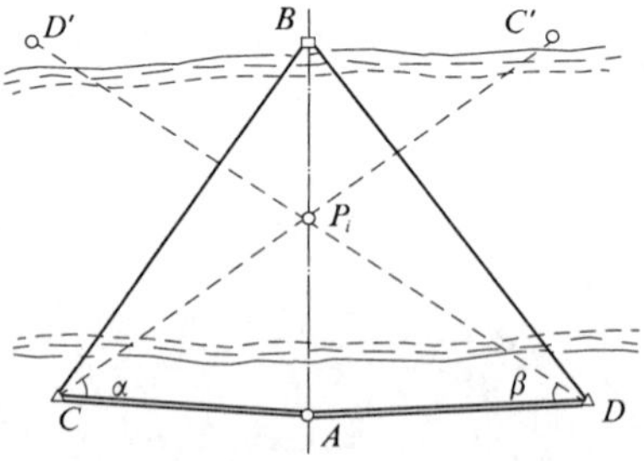

图 10-30 三方向交会的固定瞄准标志

(三)极坐标法

如果在桥梁设计中,墩台中心坐标(x,y)已设计出,则可用经纬仪加测距仪,或全站仪按极坐标法测设,原则上可将仪器放置在任何一个控制点上,根据墩台坐标和测站点坐标,求算出极坐标放样数据,即角度和距离,然后依此测设墩台的中心位置。但是若测设桥墩中心位置,最好是将仪器安置于桥轴线上的点 A(或点 B)处,瞄准轴线上的另一点 B(或点 A),定出轴线方向,然后指挥棱镜安置在该方向上测设 AP_i(BP_i)的距离即可定出桥墩的中心位置,如图 10-30 所示,具体方法在此不再赘述。

三、墩台施工放样

桥梁墩台主要由基础、墩台身、台帽或盖梁三部分组成,它的细部放样,是在实地标定好的墩台中心和桥墩纵、横轴线的基础上,根据施工的需要,按照施工图自上而下分阶段地将桥墩各部位尺寸放样到施工作业面上。

(一)基础施工放样

桥梁基础通常采用明挖基础和桩基础。明挖基础的构造如图 10-31 所示。根据已经测设出的墩身中心位置及纵、横轴线,已知基坑底部的长度和宽度及基坑深度、边坡,即可测设出基坑的边界线。

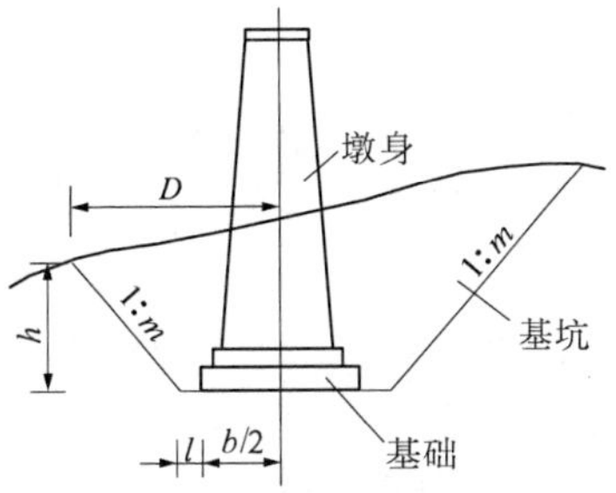

图 10-31　明挖基础施工放样

边坡桩至墩、台轴线的距离 D 按下式计算

$$D = \frac{b}{2} + l + mh \qquad (10\text{-}19)$$

式中　b——基础宽度,m;

l——预留工作宽度,m;

m——边坡系数;

h——基底距地表的深度,m。

桩基础可分为单桩和群桩,单桩的中心位置放样方法同墩台中心定位。群桩的构造如图 10-32(a)所示,在基础下部打入一组基桩,再在桩上灌注钢筋混凝土承台,使桩和承台连成一体,然后在承台以上浇筑墩身。基桩位置的放样如图 10-32(b)所示,它以墩台纵横轴线为坐标轴,按设计位置用直角坐标法逐桩测设桩位。

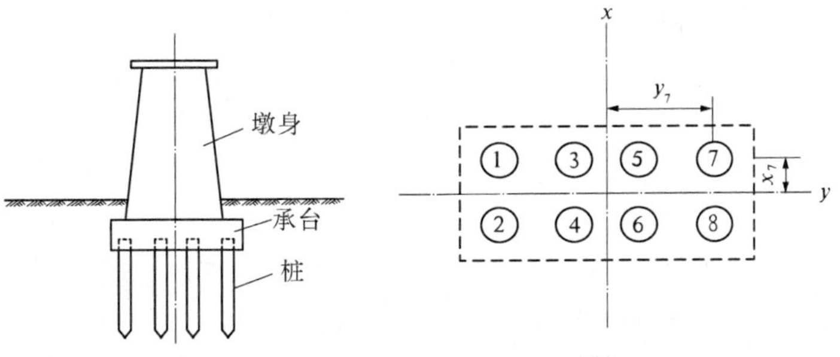

图 10-32　桩基础施工放样

（二）桥墩细部放样

基础完工后，应根据岸上水准基点检查基础顶面的高程。细部放样主要依据桥墩纵、横轴线或轴线上的护桩逐层测设桥墩中心和轴线，再根据轴线设立模板，浇灌混凝土。

圆头墩身的放样如图 10-33 所示。设墩身某断面长度为 a、宽度为 b、圆头半径为 r，可以墩中心 O 点为准，根据纵、横轴线及相关尺寸，用直角坐标法可放出 I、K、P、Q 点和圆心 J 点。然后以 J 点为圆心，以半径 r 作圆可放出圆弧上各点。同法放样出桥墩的另一端。

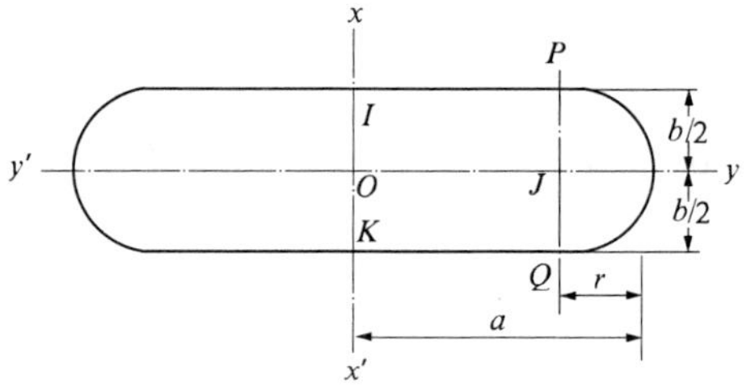

图 10-33　圆头墩身的放样

（三）台帽或盖梁放样

墩台施工完成后，再投测出墩中心及纵、横轴线，据此安装台帽或盖梁模板、设置锚栓孔、绑扎钢筋骨架等。在浇筑台帽或盖梁前，必须对桥墩的中心线、高程、拱座斜面及各部分尺寸进行复核，并准确地放出台帽或盖梁的中心线及拱座预留孔（拱桥）。灌注台帽或盖梁至顶部时应埋入中心标及水准点各 1 ~ 2 个，中心标埋在桥中线上并与墩台中心呈对称位置。台帽或盖梁顶面水准点应从岸上水准点测定其高程，作为安装桥梁上部结构的依据。高程传递可采用悬挂钢尺的办法进行。

四、桥梁竣工后的沉降及位移观测

桥梁墩台在修建和使用期间可能发生沉陷和位移，如果数值较大，将直接影响到桥梁使用寿命和行车的安全，应及时采取补救措施。为确定其变形的数值，应对桥梁进行周期性的沉降和位移观测，一般在桥梁建成初期，间隔时间较短，而在其后则间隔时间可长些。

（一）沉降观测

为进行沉降观测，必须在桥墩的两边适宜于立尺的地方各埋设一个顶端是球形的水准标志，作为观测点，供沉降观测使用。

水准线路可采用闭合或附合水准线路。如图 10-34 所示，每岸至少埋设三个永久性水准点，并使其近似地在同一圆弧上，这样在每天观测时，水准仪可安置在圆弧中心处。若三个水准点的三段高差无变更，说明各水准点是稳固的。有时，往往需与设立在远处的土质较坚硬地区的水准基点进行联测。

为使观测的沉降数值可靠，每次观测的水准线路要求相同，各次观测最好都使用同一台水准仪。在同一桥墩上的两个观测点有时因视线受阻而不通视，这时，各墩台观测点要用两条水准线路连接，一条在上游，一条在下游，又因水准仪只能隔一桥墩设一测站，所以每条水准线路实际上必须施测两次，才能把墩顶上全部观测点与岸上固定水准点连接起来。

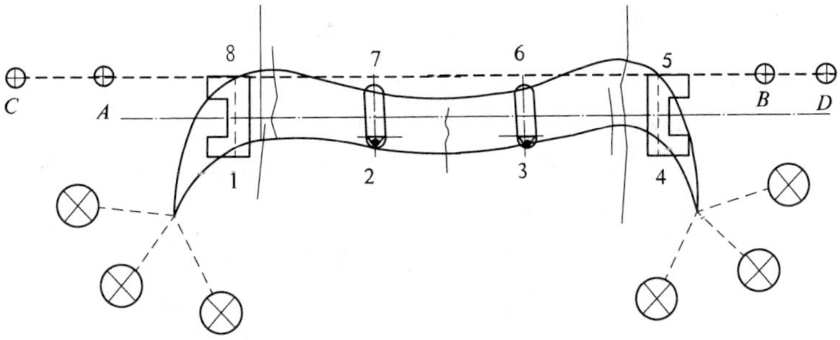

图 10-34 沉降观测所用标志布设示意图

根据各时期观测结果，编制出墩台沉降一览表，绘出沉降曲线，直接表明墩台沉降的相应数值和速度。

（二）位移观测

由于受水流压力等各方面力的作用，墩台的平面位置产生一定的位移。桥墩横轴线方向位移的观测，可用方向线法。为此，在桥墩上跨越结构的右侧或左侧的同一方向线上设置观测标志，同时在同方向的两岸稳固地方各埋设两个固定标志，使岸上的四个标志在一条直线上，如图 10-35 中的虚线所示。观测前先检查 C、A、B、D 是否在同一直线上，即这四个固定点本身是否稳固，若有变动，应求出其变动数值，以便用来改正观测结果。

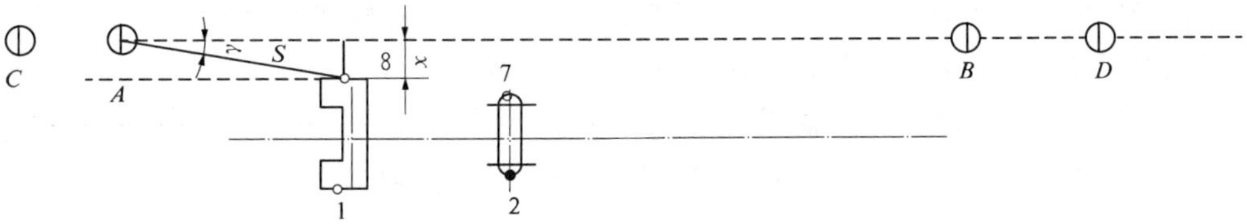

图 10-35 桥墩位移观测

如图 10-35 所示，观测时在 A 点上安置经纬仪，在 B 点和各桥墩的观测标志上安置观测觇牌，观测 AB 方向与 A 点到各桥墩点间的小角 γ 值。观测的测回数可根据使用的仪器精度而定，一般要求测角中误差不得大于 0.8″～1.0″。根据测得的小角 γ 以及仪器到桥墩的距离 S，可按下式计算桥墩的位移值：

$$x = \frac{S \cdot \gamma}{\rho''} \tag{10-20}$$

式中 $\rho'' = 206\ 265''$

由于 x 值与 S 成正比，因此在 A 点可由近至远依次观测各桥墩的小角 γ。到达桥中部后，将经纬仪迁至 B 点，觇牌设置 A 点，再在 B 点由远至近依次观测到最近一个桥墩。

除此以外，水平位移观测可采用前方交会法进行观测。

第五节　隧道施工测量

随着交通现代化建设的发展，在公路、铁路、城市道路等工程建设中，隧道工程已成为重要的组成部分。隧道按功能分有公路隧道、铁路隧道、城市道路隧道、联系地下工程的隧道、地下给排水隧道，以及矿山地下巷道等。

由于工程性质和地质条件的不同,地下工程的施工方法也不相同。施工方法不同,对测量的要求也有所不同。隧道施工测量的主要工作包括在地面上建立平面和高程控制网的地面控制测量、建立地面地下统一坐标系统的联系测量、地下控制测量、隧道施工测量。

所有这些测量工作的作用是:在地下标定出地下工程建筑物的设计中心线和高程,为开挖、衬砌和施工指定方向和位置,保证各开挖面的掘进中,施工中线在平面和高程上按设计的要求正确贯通,开挖不超过规定的界线。同时保证所有建筑物在贯通前能正确地修建,设备能正确安装,为设计和管理部门提供竣工测量资料等。

一、地面控制测量

(一)地面平面控制测量

地面平面控制测量主要是对施工隧道进行定位、定向和控制,根据隧道的长度以及隧道在贯通面上的横向贯通误差要求确定平面控制测量等级。一般大于 6 000 m 的特长隧道应进行二等三角测量;4 000 ~6 000 m 特长隧道应进行三等三角或导线测量;2 000 ~4 000 m特长隧道应进行四等三角或导线测量;1 000 ~2 000 m 中长隧道应进行一级小三角或导线测量;小于 1 000 m 隧道应进行二级小三角或导线测量,对于长度较短的直线隧道,可以采用直接定线法。由于 GPS 定位系统的广泛应用,GPS 也已用于隧道施工的洞外控制测量。

地面控制测量一般要求在每个洞口应测设不少于三个平面控制点和两个高程控制点。直线隧道上,两端洞口应各设一个中线控制桩,以两控制桩连线作为隧道的中线。平面控制应尽可能包括隧道洞口的中线控制点,以利于提高隧道贯通精度。在进行高程控制测量时,要联测各洞口水准点的高程,以便引测进洞,保证隧道在高程方向上正确贯通。

1. 中线法

中线法就是沿直线隧道的中线方向在地面上按一定距离测设出中线点,施工时作为中线控制桩使用。如图 10-36 所示,安置经纬仪于 A 点,按 AB 的概略方位角定出 $1'$点。然后迁站至 $1'$点以正倒镜分中法延长直线定出 $2'$,按同法逐点延长直线至 B'点。在延长直线的同时测定 $A1'$、$1'2'$、$2'B'$的距离和 BB'的长度,可按下式求得 2 点的偏距 f_2 为

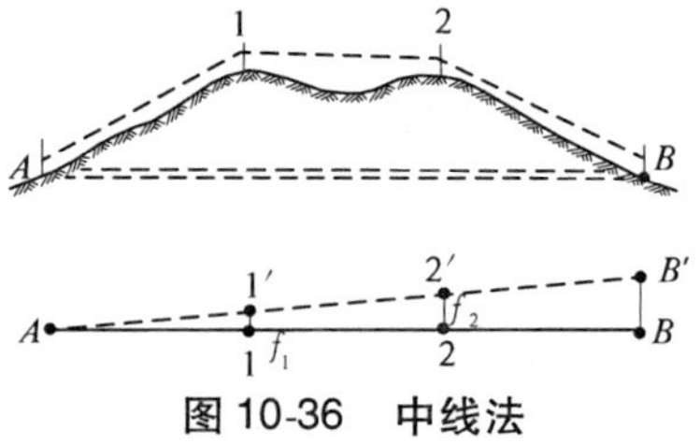

图 10-36 中线法

$$f_2 = \frac{A2'}{AB'}B'B \qquad (10\text{-}21)$$

在 $2'$点按近似垂直 $2'B'$方向量取 f_2 定出 2 点,安置仪器于 2 点。同理,延长直线 $B2$ 至 1 点,再从 1 点延长至 A 点,若不和原 A 点重合,再进行第二次趋近。直至 1、2 两点位于 AB 直线上为止。最后用光电测距仪分段测量 AB 间的距离,其测距相对误差 $K \leqslant 1/5\ 000$。

2. 导线测量法

洞外地形复杂,钢尺量距又特别困难时,光电测距导线作为洞外控制,已是主要的方法。施测导线时尽量使导线为直伸形,减少转折角,使测距误差和测角误差对贯通的横向误差影响减小。为了提高精度和增加检核条件,一般都将导线布置成闭合或附合导线,也可采用复测支导线,转折角用 DJ_2 级经纬仪多测回观测,边长用光电测距,测距相对误差

不大于 1/10 000。图 10-37 为我国已建成的长达 14. 295 km 的大瑶山隧道,其地面控制网就是采用了由 5 个闭合环组成的导线网。

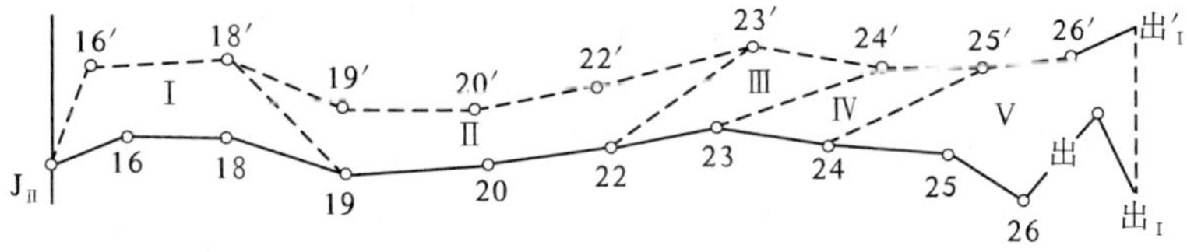

图 10-37　大瑶山隧道导线网

3. 三角锁法

对于隧道较长、地形复杂的山岭地区或城市的地下隧道,地面平面控制网一般布设成线形三角锁形式,如图 10-38 所示。测定三角锁的全部角度和若干条边长,或测定全部边长成为边角锁。三角锁的点位精度比导线高。一般长隧道测角精度为 ±2″。起始边精度要达到 1/300 000。因此,要付出较大的人力和物力。如果有较高精度的测距仪,应多测几条起始边,用测角锁计算,比较简便。用三角锁作为控制网,最好将三角锁布设成直伸形,并且用单三角构成,使图形尽量简单。这时边长误差对贯通的横向误差影响大为削弱。

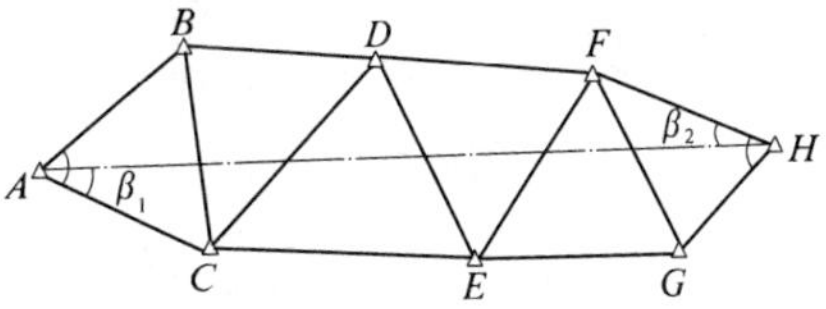

图 10-38　隧道的单三角锁控制网

4. GPS 定位法

利用 GPS 定位技术建立洞外的隧道施工控制网,工作量小、精度高、可以全天候观测,适用于建立大、中型隧道地面控制网。布设 GPS 网时,一般只需在洞口处布点。对于直线隧道,洞口点选在线路中线上,另外再布设两个定向主要控制点包括在网中。图 10-39中 *ACDFEB* 组成四个三角形。三台套 GPS 接收机可观测四个时段点,四台套 GPS 接收机可观测两个时段。除要求洞口点与定向点通视外,定向点之间不要求通视。对于曲线隧道,还应把曲线上的主要控制点如曲线起、终点,切线上的两点纳入网中。如果需要与国家高级控制点联测,可将两个高级点与该网组成整体网,或联测一个高级点和给出一个方位角。

GPS 网首先获得的是 WGS－84 坐标系的成果,应将其转换为以 *A* 点子午线为中央子午线,以 *A*、*B* 平均高程为投影面的自由网的坐标数据,然后进行平差计算,从而获得控制网的成果。

GPS 网数据处理时,注意用水准测量联测一部分 GPS 点高程,以便求得其他 GPS 点的高程。

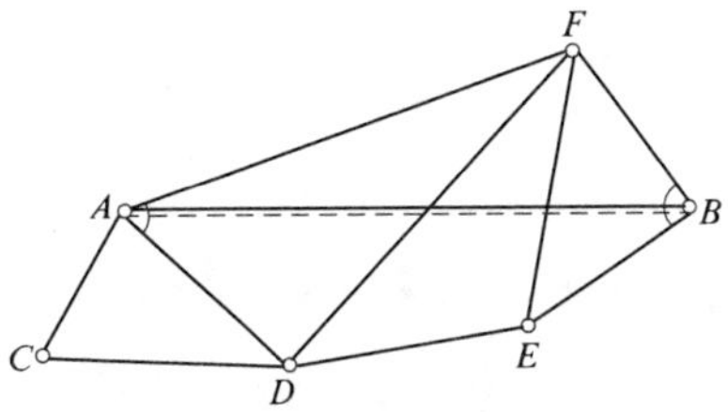

图 10-39　隧道地面控制网

(二)地面高程控制测量

高程控制测量的任务是按照规定的精度,测量隧道洞口附近水准点的高程,以建立隧道施工时的统一高程系统,作为高程引测进洞的依据。

每一洞口埋设的水准点应不少于两个,两个水准点的位置以能安置一次仪器即可联测为宜。水准线路应选择连接各洞口较平坦和最短的路线,且形成闭合环或敷设两条互相独立的水准路线，以达到测站少、观测快、精度高的要求。对于一次相向贯通的隧道，在贯通面上对高程要求的精度为 ±25 mm。对地面高程控制测量分配的影响值为 ±18 mm，分配到洞内高程控制的测量影响值是 ±17 mm。

二、竖井联系测量

在隧道施工中，常用竖井在隧道中间增加掘进工作面，从多向同时掘进，可以缩短贯通段的长度，提高施工进度。为保证隧道的正确贯通，必须将地面控制网中的坐标和高程，通过竖井传递到地下，这些工作称为竖井联系测量。

（一）竖井定向

竖井定向就是通过竖井将地面控制点的坐标和直线的方位角传递到地下，井口附近地面导线点的坐标和边的方位角，将作为地下导线测量的起始数据。

竖井定向的方法一般采用连接三角形法。

在竖井中悬挂两根细钢丝，为了减小钢丝的振幅，需将挂在钢丝下边的重锤浸在液体中以获得阻尼。阻尼用的液体黏度要恰当，使得重锤不能滞留在某个位置，也不因为黏度小而使振幅衰减缓慢。当钢丝静止时，钢丝上的各点平面坐标相同，据此推算地下控制点的坐标。

如图 10-40 所示，D、C 为地面控制点，其坐标是已知的，C_1、D_1 为地下控制点，为求 C_1、D_1 两点的坐标，在竖井上方 A、B 处悬挂两条细钢丝，由于悬挂钢丝点 A、B 不能安置仪器，因此选定井上、井下的连接点 B 和 C_1，井上、井下的连接点 C 和 C_1，从而在井上和井下组成了以 AB 为公用边的三角形 $\triangle ABC$、$\triangle A_1B_1C_1$。一般把这样的三角形称为连接三角形。

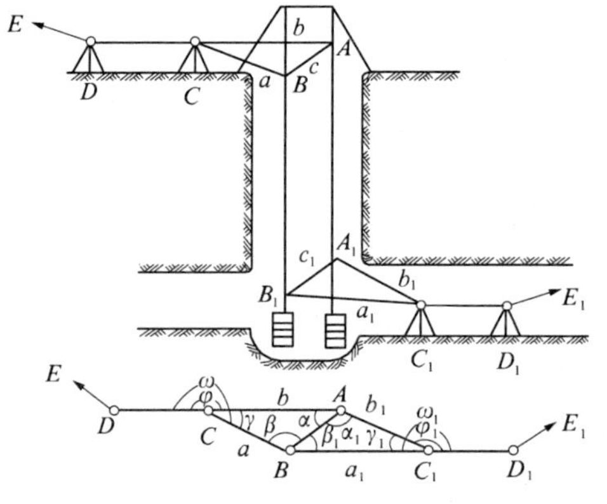

图 10-40　竖井定向联系测量及连接三角形法

由图 10-40 可看出，当已知 D、C 点的坐标时，即可推算出 DC 边的方位角，若再测出地面上 $\triangle ABC$ 的 $\angle BCA = \gamma$ 和三边长 a、b、c 及连接角 $\angle DCB = \omega$，便可用三角形的边角关系和导线测量计算的方法，计算出 A、B 两点的平面坐标及其连线的方位角。同样在井下根据已求得的 A、B 坐标及其连线方位角和测得 $\triangle ABC_1$ 的 $\angle BC_1A = \gamma_1$，以及三边长 a_1、b_1、c_1，并在 C_1 点测出 $\angle AC_1D_1 = \varphi_1$，即可求得井下控制点 C_1、D_1 的平面坐标及边 C_1D_1 的方位角。

为保证测量精度，在选择井上、井下 C 和 C_1 点时，应满足下列要求：

（1）C_1D_1 和 DC 的长度应尽量大于 20 m。

（2）点 C 和 C_1 应尽可能地在 AB 延长线上，即角度 α（$\angle CAB$）、γ（$\angle ACB$）及 β_1（$\angle C_1BA$）、γ_1（$\angle AC_1B$）均不应大于 2°，以构成最有利三角形，称为延伸三角形。

（3）点 C 和 C_1 应适当地靠近最近的垂球线，使 a/c 及 a_1/c_1 一般不超过 1.5。

（二）高程联系测量

高程联系测量的任务是把地面的高程系统经竖井传递到井下高程的起始点，导入高程的方法有:钢尺导入法、钢丝导入法、测长器导入法及光电测距仪导入法,在此仅介绍钢尺导入法。

如图 10-41 所示,在竖井地面洞口搭支撑架,将长钢尺悬挂在支撑架上并自由伸入洞内。钢尺下面悬挂一定质量的垂球,待钢尺稳定时开始测量。假设在离洞口不远处的水准点 A 上立尺,在水准点和洞口之间架设水准仪,分别在水准尺和钢尺上读取中丝读数 a、b,同时,在地下洞口和地下水准点 B 之间架设水准仪,在钢尺和水准尺上读数 c、d,这时,地下水准点 B 与地面水准点 A 之间的高差为

$$h_{AB}=(a-b)+(c-d)=(a-d)-(b-c) \tag{10-21}$$

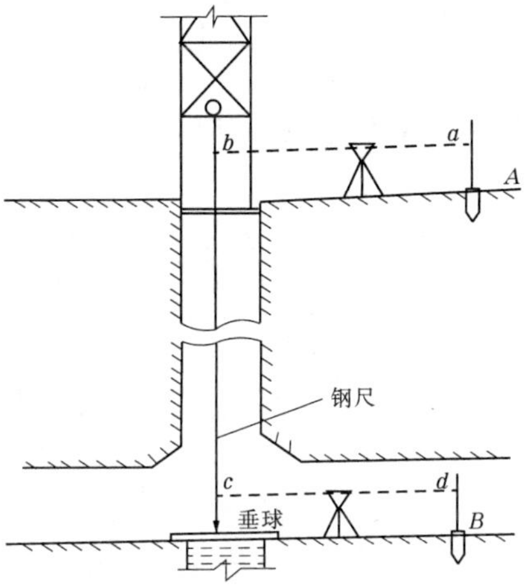

图 10-41　竖井高程联系测量

$(b-c)$为上、下视线间钢尺的名义长度,实际计算中一般须加上尺长修正、温度修正、拉力修正和钢尺自重修正的四项总和 $\sum\Delta l$,因此

$$h_{AB}=(a-d)-\left[(b-c)+\sum\Delta l\right]=(a-d)-(b-c)-\sum\Delta l \tag{10-22}$$

这样,根据地面水准点的高程,可以计算地下水准点的高程

$$H_B=H_A+h_{AB} \tag{10-23}$$

导入高程均需独立进行两次(第二次需移动钢尺,改变仪器高度)测量,加入各项修正数后,前后两次导入高程之差一般不应超过 5 mm。

三、地下控制测量

隧道地下平面控制一般采用导线测量。其目的是以规定的精度建立与地面控制测量统一的地下坐标系统,根据地下导线点坐标,放样出隧道中线及其衬砌的位置,指导隧道开挖的方向,保证隧道贯通符合设计和规范要求。

(一)地下导线测量

地下导线测量的目的是以必要的精度,按照与地面控制测量统一的坐标系统,建立地下的平面控制系统。根据地下导线点的坐标,就可以标定隧道中线及其衬砌位置,保证贯通施工。地下导线的起始点通常设在隧道的洞口、平洞口、斜井口。起始点坐标和起始边方位角由地面控制测量或联系测量确定。

对于短隧道,可以用隧道中线放样洞内其他建筑物,这时的地下导线测量,就是将隧道中线和水准路线向前延伸。对于长隧道延伸中线很难满足精度要求,为此必须进行导线测量,必要时可布设两根导线,对掘进方向发生的偏移及时纠正。

在隧道施工中,地下导线一般分为四种:

(1)趋近导线。竖井不一定直接打到隧道坑道内,而是打在坑道的一侧,然后由通道连接到坑道内,因此就需将导线由竖井底引入坑道中,以便取得与地面统一的坐标,这种

导线称为趋近导线，其边长一般为 10 ~ 50 m。

(2)施工导线。在开挖面向前推进时，用以进行放样且指导开挖的导线测量。施工导线的边长一般为 25 ~ 50 m。

(3)基本控制导线。当掘进长度达 100 ~ 300 m 以后，为了检查隧道的方向是否与设计相符合，并提高导线精度，选择一部分施工导线点布设边长较长、精度较高的基本控制导线。

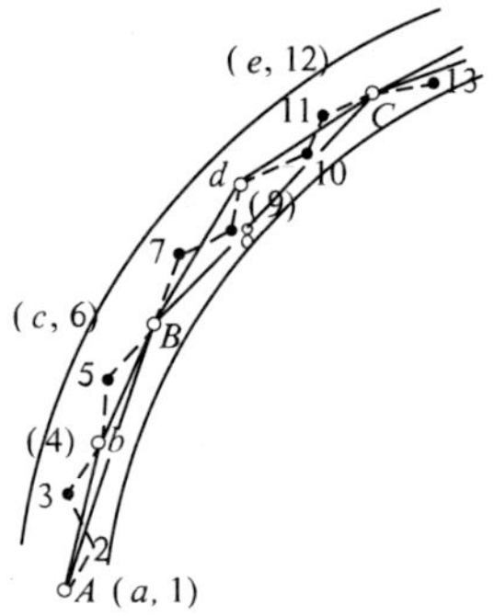

图 10-42 地下导线布设形式

(4)主要导线。当隧道掘进大于 2 km 时，基本控制导线已不能保证贯通的精度要求，就要布设主要导线，可选择一部分基本导线点布设主要导线，主要导线的边长一般可选 150 ~ 800 m(用测距仪测边)。地下控制导线布设方案如图 10-42 所示，其中 A、B、C…为主导线；a、b、c…为基本导线；1、2、3…为施工导线。

在隧道施工中，一般只布设施工导线与基本控制导线。当隧道过长时才考虑布设主要导线。导线点一般设在顶板上岩石坚固的地方。隧道的交叉处须设点。考虑到使用方便，便于寻找，导线点的编号尽量做到简单，按次序排列。

由于地下导线布设成支导线，而且测一个新点后，中间要间断一段时间，所以当导线继续向前测量时，需先进行原测点检测。在直线隧道中，检核测量可只进行角度观测；在曲线隧道中，还需检核边长。在有条件时，尽量构成闭合导线。

由于地下导线的边长较短，仪器对中误差及目标偏心误差对测角精度影响较大，因此应根据施测导线等级，增加对中次数。井下导线边长丈量可用钢尺或测距仪进行。

(二)地下中线测设

根据隧道洞口中线控制桩或已建立的地下控制点和中线方向桩，在隧道开挖面上测设中线，并逐步向洞内引测中线上的里程桩。一般来说，隧道每掘进 20 m，要埋设一个中线里程桩，中线里程桩可以埋设在隧道的底部或顶部。

(三)地下水准测量

竖井联系测量将地面高程系统传递到洞内，为建立地下水准测量提供了条件。洞内水准测量，一般每隔 50 m 左右设置一个固定水准点。为控制洞底和洞顶的开挖标高及满足衬砌放样要求，在两个水准点之间，要布设 1 ~ 2 个临时水准点。

放样洞顶高程时，在洞底水准点上正立水准尺，以此为后视点，在洞顶倒立水准尺，以此为前视点，如图 10-43 所示，此时两点的高差仍为 $h = a - b$，但应注意：后视读数为正，前视读数为负，然后用常规计算方法，计算洞顶高程。

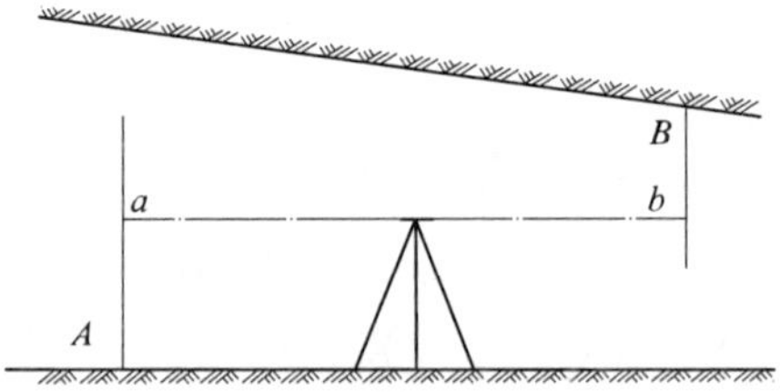

图 10-43 地下水准测量

洞内水准测量要进行往返观测，并满足三、四等水准测量的精度要求。洞内水准点要经常复测检核，以及消除施工造成的影响。

（四）腰线的测设

在隧道施工中，为了控制施工的标高和隧道横断面的放样，通常要在隧道的岩壁上每隔一定的距离（5～10 m）测设出比洞底设计地坪高出 1 m 的标高线，称为腰线。腰线的高程由引测入洞内的施工水准点进行测设。由于隧道的总断面有一定的设计坡度，因此腰线的高程按设计坡度随中线的里程而变化，它与隧道底设计地坪高程线是平行的。

四、隧道贯通误差测量

在隧道施工中，往往采用两个或两个以上的相向或同向的掘进工作面分段掘进隧道，使其按设计的要求在预定的地点彼此接通，称为隧道贯通。由于施工中的各项测量工作都存在误差，从而使贯通产生偏差。贯通误差在隧道中线方向的投影长度称为纵向贯通误差；在横向即水平垂直于中线方向的投影长度称为横向误差；在高程方向上的投影长度称为高程误差。纵向误差只对贯通在距离上有影响；高程误差对坡度有影响；横向误差对隧道质量有影响，通常称该方向为重要方向。不同的工程对贯通误差有不同的要求。

（一）贯通测量误差预计的一般方法

贯通测量误差预计是对贯通精度的一种估算。它不是预计贯通实际偏差的大小，而是预计贯通偏差最大可能出现的限度，以做到心中有数，避免由于精度不够造成工程上的损失。预计方法如下：

（1）掌握贯通工程概况，搜集与工程有关的地面控制网资料，并对原始图纸资料的精度和可靠性进行鉴定和分析。

（2）绘制隧道贯通测量设计平面图。在图上绘出与贯通工程有关的一切隧道、地面和地下控制点、导线点、水准点和预定的贯通相遇点等，以便进行测量设计。

（3）根据规定的贯通允许偏差值，结合工程的具体情况，编制测量方案，规定所采用的仪器、作业方法和限差要求。

（4）确定各种测量误差参数，利用有关公式，计算各项测量误差引起贯通相遇点在贯通重要方向上的误差值。

（5）取 2 倍中误差作为贯通的预计误差，再与贯通允许偏差进行比较。若预计误差小于贯通允许偏差，则所采用的测量方案是可行的，否则应对原拟测量方案进行必要的调整。调整测量方案时，应首先分析各种误差的影响关系，拟定相应措施，以提高测量精度。然后根据调整后的方案，再进行估算，直到符合设计要求为止。最后按选定的方案进行施测和计算。

（二）贯通测量误差测定的一般方法

隧道贯通后，应进行实际偏差的测定，以检查其是否超限，必要时还要做一些调整。贯通后的实际偏差常用以下方法测定：

（1）中线延伸法：隧道贯通后把两个不同掘进面各自引测的地下中线延伸至贯通面，并各定一临时桩，如图 10-44（a）所示的 A、B 点，丈量出 A、B 之间的距离，即为隧道的实际横向偏差。A、B 两临时桩的里程之差，即为隧道的实际纵向偏差。

（2）求坐标法：隧道贯通后，两不同的掘进面共同设一临时桩点，由两个掘进面方向各自对该临时点进行测角、量边，如图 10-44（b）所示。计算临时桩点的坐标，其坐标 x 的差值即为隧道的实际横向偏差;其坐标 y 的差值即为隧道的实际纵向偏差。

贯通后的高程偏差,可按水准测量的方法,测设同一临时点的高程,由高差闭合差求得。

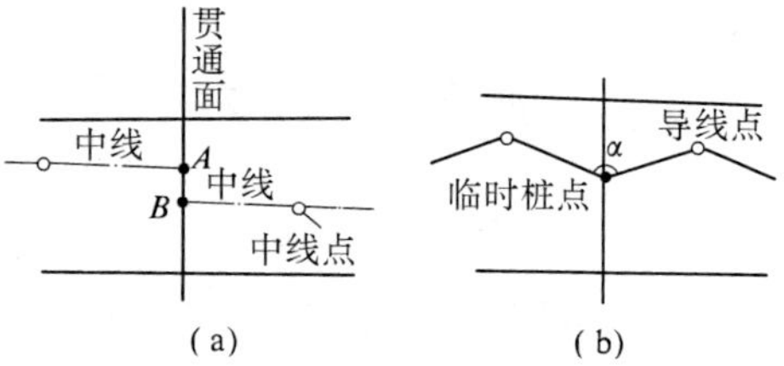

图 10-44 隧道贯通误差测算

复习思考题

10-1 什么是施工测量?

10-2 试述在地面上测设已知长度的水平距离的方法。

10-3 简述怎样用导线控制点测设中线。

10-4 路基边桩测设有哪些方法,如何进行?

10-5 设某一竖曲线半径 $R=3\ 000$ m,相邻坡段的坡度 $i_1 = +3.1\%$,$i_2 = +1.1\%$,变坡点的里程桩号为 K16 +770,其高程为 396.67 m。如果曲线上每隔 10 m 设置一桩,试计算竖曲线上各桩点的高程。

10-6 简述桥梁墩台定位的几种常用方法。

10-7 什么是竖井联系测量? 它包括什么内容?

10-8 地下导线有几种形式? 分别适用于什么情况?

10-9 什么是贯通误差? 怎样预计贯通误差?

参考文献

[1] 中华人民共和国国家标准. GB 7929—87 1∶500,1∶1 000,1∶2 000 地形图图示[S]. 北京:测绘出版社,1998.

[2] 中华人民共和国国家标准. JTJ 061—99 公路勘测规范[S]. 北京:人民交通出版社,1999.

[3] 中华人民共和国国家标准. JTJ/T 066—98 公路全球定位系统(GPS)测量规范[S]. 北京:人民交通出版社,1998.

[4] 钟孝顺,聂让. 测量学[M]. 北京:人民交通出版社,2003.

[5] 李仕东. 工程测量[M]. 北京:人民交通出版社,2005.

[6] 姜远文,唐平英. 道路工程测量[M]. 北京:机械工业出版社,2002.

[7] 聂让. 全站仪与高等级公路测量[M]. 北京:人民交通出版社,1997.

[8] 党星海,郭宗河,郑加柱. 工程测量[M]. 北京:人民交通出版社,2006.

[9] 刘培文. 公路施工测量技术[M]. 北京:人民交通出版社,2003.